전남대학교 동아시아연구소 총서 ④

현대 중국의 지식인론과 문화비평

전남대학교 동아시아연구소 총서 ④

현대 중국의 지식인론과 문화비평

인 쇄 | 2019년 10월 21일
발 행 | 2019년 10월 28일

저 자 | 엄영욱 · 김종현 · 이종민
발행인 | 정병석
발행처 | 전남대학교출판문화원

등록 | 1981. 5. 21. 제53호
주소 | 61186 광주광역시 북구 용봉로 77
전화 | (062) 530-0571～2 마케팅 530-0573
팩스 | (062) 530-0579
홈페이지 | http://www.cnup.co.kr
이메일 | cnup0571@hanmail.net

값 14,000원

ISBN 978-89-6849-663-9 (93820)

이 도서의 국립중앙도서관 출판예정도서목록(CIP)은
서지정보유통지원시스템 홈페이지(http://seoji.nl.go.kr)와
국가자료공동목록시스템(http://www.nl.go.kr/kolisnet)에서 이용하실 수 있습니다.
(CIP제어번호 : CIP2019043209)

전남대학교 동아시아연구소 총서 4

현대 중국의 지식인론과 문화비평

엄영욱 · 김종현 · 이종민 지음

전남대학교출판문화원

머리말

사드사태 이후 중국에 대한 감정이 복잡해졌다. 중국이 북한의 비핵화보다 미국에 대한 안보 울타리로 활용하고 있다는 점이 드러나면서, 중국이라는 존재에 대한 의심이 더욱 증폭되었다. 무엇보다 근대 이전 한중관계의 역사에서, 한반도의 울타리를 통해 외부의 침입을 방어하려는 이이제이以夷制夷의 시선이 연속되고 있다는 사실을 반증하기 때문이다. 중국의 역할에 대한 부정적 인식이 확산되면서 한반도 비핵화의 명분이 약해지고, 전술핵 재배치를 포함한 자강론이 부각되고 있다. 게다가 중국의 지속된 경제보복으로 한국경제가 심각한 타격을 입으면서, 한중관계를 전면 재검토하자는 강경한 목소리도 부상하는 실정이다.

그러나 중국이 자국의 안보이익을 우선한다고 하여 중국의 역할을 포기할 수도 없고, 경제의 중국 의존도를 단시일 내에 바꿀 수 있는 상황도 아니다. 이럴 때일수록 냉정하게 현실을 직시해야 한다. 중국이 한국을 위해 자신의 안보이익을 양보할 가능성이 없고, 중국의 경제성장에 있어 한국의 가치가 갈수록 줄어들고 있기 때문이다. 현명하지 못한 대응의 결과는 결국 한국의 고통으로 되돌아오게 된다. 국제정세가 긴박한 국면으로 치닫고 있지만, 미래 희망의 길은 직면한 딜레마를 풀어나가는 과정에서 발견될 수 있을 것이라고 생각한다.

이 책은 현재중국의 지식인론과 문화비평 그리고 디아스포라와 작가정신을 다루고 있다. 작금의 현실문제를 다루고 있지는 않지만, 중국인들의 사유와 심리 그리고 욕망을 이해할 수 있는 통로가 될 것이라 생각된다. 최근 중국의 행위는 정치적인 시각으로만 보아서는 안된다. 그러한 행위를 추동하는 중국인의 내면과 문화를 깊이 들여다보아야 이해 가능한 일이기 때문이다.

이 책이 중국이라는 딜레마를 풀고 나아가 한국이 새로운 단계로 도약하는데 조금이라도 도움이 되길 바란다.

2019년 10월

남녘의 끝자락에서

차례

머리말 _09

Ⅰ. 지식인론

마오쩌둥의 지식인관 고찰 _11

중국 현대 격변기의 지식인 _48

8,90년대 문혁소설을 통해 바라 본 중국 지식인의 의식 전환 _74

Ⅱ. 문화비평

왜 다시 루쉰인가 _109

루쉰의 시각으로 본 공자와 『논어』 _158

21세기 중국의 문명국가론과 공자 _201

Ⅲ. 디아스포라와 작가정신

디아스포라 문학의 정체성 연구 _245

양쿠이와 장혁주 비교 연구 _265

Ⅰ. 지식인론

마오쩌둥의 지식인관 고찰

중국 현대 격변기의 지식인

8,90년대 문혁소설을 통해서 바라 본 중국 지식인의 의식 전환

마오쩌둥의 지식인관 고찰

– 연안 정풍운동 시기 까지

1.

중국의 근현대사 속에서 지식인 개인 또는 지식인 집단이 남긴 흔적은 다른 계층의 구성원에 비해서 파란만장한 질곡의 역사를 가지고 있다. 그 역사 속에서 지식인은 역사를 이끈 주체로서의 화려한 영광과 칭송을 받기도 했지만, 견디기 힘든 비난과 고통을 감수해야만 했다. 20세기 초입 중국 현대사의 서막을 알렸던 신문화운동부터 시작해서 지금 이 순간까지 중국의 지식인들은 모든 사회적, 역사적, 이념적 가치를 둘러 싼 갈등의 한 가운데에 처해 있다.

중국의 현대사를 '계몽'과 '구망'의 이중 변주[1]로 설명할 때

1 이택후 저, 김형종 역(1992) 『현대사상사의 굴절』 지식산업사. 이택후는 중국의 현대사를 '계몽과 구망의 이중 변주'로 설명하고 있다.

그 주요 동력이었던 지식인은 중국 혁명 과정에서 점차적으로 교육의 대상, 사상개조의 대상으로 변하다가 급기야는 '십 년 대재난十年浩劫'이라고 비판 받는 문화대혁명의 최대 피해자가 되었다. 그런데 이러한 지식인의 지위에 질은 변화가 있게 된 과정을 살펴보면 마오쩌둥이라는 한 인물의 커다란 그림자를 발견하게 된다. 조금 더 분명하게 얘기하자면, 마오쩌둥이 지식인들에 대해서 어떤 생각을 가지고 있었고 또 어떤 평가를 내리고 있느냐가 곧 지식인들의 운명을 좌우하는 결정적 근거가 되었다는 뜻이다.

물론 20세기 초기부터 그들의 운명이 그렇게 결정 지워졌던 것은 아니다. 이 시기 중국 지식인들은 반봉건반식민지 상태에 처해 있는 중국의 현실을 어떻게 극복할 것인가에 관해 다양한 경로를 놓고 고민을 하였고, 그 결과 진보적 지식인들은 천 년 봉건의 역사를 단절하고 새로운 중국을 건설하는 이념적 가치로서 마르크스주의를 받아들였다. 그러나 새로운 중국을 건설하는 이념적 가치로서 마르크스주의를 받아들인다는 것은 곧 자신의 몸과 머리 일부에 남아 있는 착취자로서의 그림자를 지워야만 하는 과제를 떠안게 되었다. 물론 착취자로서의 자기 모습이 자신의 선택에 의해서 이루어진 것은 아니었지만, 각성된 지식인은 이러한 자기 모습을 적극 변화시켜야 했으며, 그들은 혁명에 적극 참여함으로써 자신들의 참회의식을 대중들에게 보여줄 수 있었다. 그리고 노동자 농민들로부터 노동의 가치를 배우고, 혁명의 진정성을 학습하였다. 오랜 역사 시기 동안 교육자로서의 역할을 담당했던 지식인이 자각적이고 주체적으로 피교육자의 역할을 담당한 것이다.

그러나 지식인의 이러한 진정한 참회는 종교 행사로서의 참회와는 달랐다. 종교적으로는 인간의 원죄를 인정하고 참회함으로써 새로운 인간으로 거듭남을 인정받았지만, 적어도 중국 혁명사 속에서의 지식인은 일회적 참회로 끝나지 않았다. 끊임없이 자기를 부정해야 했으며, 그 부정은 자기 비하까지 이를 정도로 엄격하게 이루어졌다. 연안에서의 정풍운동부터 시작해서 중화인민공화국의 건국 이후 끊임없이 이어지는 사상개조운동은 지식인들에게 반복되는 자기반성과 학습이 요구되었다. 무훈전비판운동, 홍루몽연구비판운동, 후펑문예사상비판운동, 반우파투쟁, 반수정주의운동 등등 셀 수 없는 사상투쟁 속에서 지식인들의 사회적 위상과 가치는 한없이 위축되었다. 지식인에 대한 이러한 요구는 당의 이름으로 이루어졌지만, 실제적으로는 마오쩌둥의 요구였다고 해도 과언이 아니다. 마오쩌둥은 신민주주의혁명과 사회주의 건설 과정에서 지식인의 지위와 역할에 대해 끊임없는 주문을 하였으며, 마오쩌둥의 이러한 발언들이 매 시기 지식인에 대한 평가의 가장 주요한 척도로 작용했다.

문화대혁명이 끝나고 개혁 개방의 노선이 채택된 1981년 11기 6중전회에서 결의한 「역사결의」[2]에서는 마오쩌둥의 공과에 대한 평가를 내리고 있다. 대체적으로 중국혁명과 사회주의 중국의 건설 속에 보여 준 마오쩌둥의 공헌을 높이 평가 하면서도 그의 후반기에 이루어진 일련의 정책, 특히 문화대혁명의 발동이 그의 가장 두드러진 과오로 평가되고 있다. 그러나 마오쩌둥의 과오는 단지 문화대혁명의 발동에만 그치지 않는다. 어쩌면 거의 편집증에 가까울 정도의 과도한 주관주의, 종파주의와의 투쟁이 그러한 과오를 낳게 했는지도 모른다. 그리고 이 과도한 투쟁은 지식인 문제에 더욱 집중되었는데, 특히 50년대 후반부터 말년에 이르기까지 이루어진 지식인에 대한 과도한 부정적 판단은 많은 지식인 개개인의 비극적 운명을 가져왔을 뿐만 아니라, 중국 사회의 발전에 절대적으로 필요한 지식인의 역량을 최소화 시켜버림으로써 사회발전의 퇴행을 가져오고 말았다.

---

2 이는 1981년 6월 27일 중국 공산당 제11기 제6차 중앙위원회 전원회의에서 통과시킨 결의로서 정식 명칭은 '건국 이래 당의 약간의 역사문제에 관한 결의(建國以來党的若干歷史問題的決議)'이며, 이후 '역사결의'로 약칭한다.

2.

기록으로 남은 마오쩌둥의 지식인에 대한 공식적인 언급은 1927년부터 시작해서 세상을 떠나기 1년 전 1975년 국무회의에 이르기까지 꾸준히 이어졌다. 그 내용은 대체적으로 지식인에 대한 정확한 개념을 정의하고, 중국 혁명과 사회주의 건설 속에서 그들의 역할을 규정하고 환기시키기 위한 내용들이 많았다. 이러한 그의 언론들을 크게 나누면 중화인민공화국 건립 이전과 이후의 발언으로 나눌 수 있으며, 조금 더 세밀하게 나누자면 1942년 연안 정풍운동과 「문예강화」[3] 이전과 이후, 그리고 건국 이후에는 다시 1957년 반우파투쟁 이전과 이후로 나누어서 모두 4단계 정도 분류할 수 있다. 이렇게 분류하는 데는 1942년 연안에서의 정풍운동, 건국, 반우파투쟁이 지식인에 대한 마오쩌둥의 인식을 변화시키는 주요한 전환점이 되기 때문에 이 시기를 중심으로 나누어 볼 수 있다.

지식인에 대한 마오쩌둥의 언급 중 가장 일찍 출현한 것은 1927년이었다. 1925년 5·30 운동부터 시작되어 중국 국민당과 공산당이 합작한 '국민혁명'은 1927년 국민당 장개석에 의해 합작은 깨지고, 공산당은 거의 궤멸되다시피 했다. 그 결과

3 본래의 명칭은 '연안문예좌담회에서의 연설(在延安文藝座談會上的講話)'인데, 이를 약칭하여 '문예강화'라 한다.

1927년 광저우 코뮌이 12월 유혈진압 됨으로서 5만 8천의 당원을 보유했던 공산당은 1만이 채 되지 않은 지리멸렬한 지경에 이르렀다.[4] 이러한 실패 이후 국제 코민테른에서는 이 실패의 책임을 중국 공산당에서 찾고, 중국 공산당 지도부에 지식인들이 너무 많아서 이렇게 되었으며, 노동자들이 지도부에 더 많이 합류해야 한다고 주장했다. 그 결과 당내에서는 일시적으로 지식인들을 경시하고 배척하는 풍조가 생겨났다.[5] 이 시기를 회고하면서 마오쩌둥은 다음과 같이 발언했다.

> 그 때 근거지와 수많은 지식인들과는 완전히 격리되었고, 중심 도시에 있는 사람들과도 격리되었다. 그래서 지식인 문제에 대해 또 다시 잘못을 저질러 지식인을 경시하고 지식인들은 그저 쓸모가 없는 존재라고 여기기도 했다.[6]

마오쩌둥은 이 시기 당내의 지식인에 대한 이러한 풍조에 대해 매우 냉정한 태도를 유지하고 있었다. 그러기에 상공인과 지식인에게 혁명에 참여할 것을 독려하는 글에서도 "지식

---

4 모리스 마이스너/김수영 역(2004) 『마오의 중국과 그 이후 1』, 이산, 51-57쪽.

5 范守信, 許广亮, 「解讀毛澤東心目中的知識分子」, http://www.mzdlib.com/libszzy/maozedongxingjiushujuku/6903.html

6 위와 같은 출처.

인이 만약에 혁명에 참가하기만 한다면, 노동자 농민 계급은 모두 그들을 받아들일 것이다. 그리고 그들이 가진 재능에 따라 그에 상응한 업무를 분장 받을 것이다"[7]고 선언함으로써 노동자 농민계급과 지식인 사이의 융합과 협력에 자신감을 보여주었다.

그 뒤 1933년 마오쩌둥은 소비에트 공화국 임시 중앙정부 주석의 명의로 기술인원을 모집하는 공고를 낸다.

> 중화소비에트 중앙정부는 기술인원이 부족하여 현금으로 급료를 주는 인재를 초빙 하고자 합니다. 중국 내 전 지역에 있는 의사, 무선통신, 군사기술 인재 중에서 소비에트 혁명에 찬성하고 또 참여하고자 하는 자는 각 지역 공산당 조직이나 혁명적인 군중단체에 연락하시기 바랍니다.[8]

이 공고문을 보면 당시 공산당은 기술요원으로서의 지식인을 절실히 필요로 하고 있었고 그들의 동참을 간절히 바라고 있었음을 알 수 있다. 이 공고문과 함께 같은 해 10월 마오쩌둥이 주도하여 제정한 「토지투쟁 중에 발생하는 일련의 문제에 관한 결정(關于土地斗爭中一些問題的決定)」에서도 지식인에 대

7 「告商人及知識分子書」, 위와 같은 출처.

8 「徵求專門技術人員啓事」, 위와 같은 출처.

하여 구체적으로 언급하고 있다.

> 지식인은 (독립된) 하나의 계급 성분으로 볼 수 없다. 지식인의 계급 성분은 그가 속한 계급에 의해서 결정된다…… 모든 지주계급 출신의 지식인은 소비에트 법령에 복종한다는 조건 아래 소비에트를 위해 복무해야 한다……지식인은 교사, 편집인, 신문기자, 사무원, 작가, 예술가 등 다른 사람을 착취하지 않는 직업에 종사하며 지적 노동을 하는 노동자이다. 이와 같은 지적 노동자는 마땅히 소비에트 법률의 보호를 받는다……최근 여러 지역에서 지식인을 무조건 배제하고 있는데, 이는 잘못된 것이다. 지주 자산계급 출신 지식인에게 소비에트를 위해 복무하도록 하는 것은 소비에트 혁명에 도움이 되는 정책이다. 그들이 소비에트를 위해 복무하는 동안 그들의 생활상 문제는 반드시 해결되어야 한다. 교사와 같은 일을 노동으로 보지 않는 것도 잘못된 것이다.[9]

1934년 1월 마오쩌둥은 「소비에트 문화교육 방침과 임무(蘇維埃文化教育方針和任務)」 속에서 이렇게 말하고 있다.

> 혁명적 지식인을 육성하고, 문화교육을 발전시키기 위해서 지주계급 출신 지식인에게 소비에트를 위해 복무하도

---

9 「關于土地斗爭中一些問題的決定」, 위의 같은 출처.

록 하는 것은 소비에트의 문화정책 중 소홀히 할 수 없는 대목이다.[10]

그 뿐만이 아니었다. 마오쩌둥이 주도하는 당 중앙은 다양한 문건과 성명을 통해서 지식인의 적극적인 동참을 호소했다. 그 해 12월 공포된 「부농정책의 변환에 관한 결정」과 「최근의 형세와 당의 임무에 관하여」와 같은 문건에서 중국 공산당 중앙은 소비에트 혁명에 지식인들의 참여를 환영한다는 점을 보다 분명히 했다.

일본을 반대하고, 매국적 행위를 반대하는 모든 지식인은 그들이 과거에 국민당원이었거나 국민정부에서 일을 했던 사실을 불문하고 소비에트 정부의 우대를 받을 수 있으며, 그들에게 직업을 주어 실업을 면하게 하며, 그들이 문화, 교육, 예술, 과학, 기술 분야의 재능을 발전시킬 수 있는 기회를 줄 것이다. ……그 모든 혁명적 지식인, 문학가, 예술가, 과학자, 기술자, 신문기자(그들의 출신 성분이 지주, 부농 또는 자본가였음을 불문하고)들에게 소비에트는 선거권과 피선거권을 줄 것이다.[11]

10 「蘇維埃文化教育方針和任務」, 위의 같은 출처.

11 「關于改變富農政策的決定 關于目前形勢与党的任務」, 위의 같은 출처.

다시 말해서 현재의 혁명노선에 동의하고 적극적으로 참여를 원한다면 그 누구든 출신 성분에 관계없이 혁명에 참여할 수 있고 권리를 누릴 수 있다는 뜻이다. 그 어느 때보다도 마오쩌둥의 태도는 지식에 대하여 우호적이었고, 그들의 참여를 적극적으로 유도하고 있었다. 그 해 12월 어느 회의에서는 국민당 통치 지역에서의 학생운동을 높이 평가하면서 청년 학생이야말로 "민족 해방투쟁의 선봉"[12]이라고 높이 평가했다. 뿐만 아니라 소비에트에서의 그들의 권리를 다시 한 번 공개적으로 확인했다. 즉 "도시 소자산계급과 지식인, 그리고 반제반봉건의 강령을 옹호하는 자는 인민공화국에서 발언을 하고, 일을 할 수 있는 권리를 가지며, 선거권과 피선거권을 가진다"는 것이다.

이러한 마오쩌둥의 지식인에 대한 입장은 1936년, 1937년에도 연이어 이어졌다. 1936년 7월 에드가 스노우와의 대담에서 행한 그의 발언은 "소비에트 운동이 시작된 이래 우리는 지식인의 참여를 끊임없이 환영하고 있다. 자유직업을 가진 모든 사람들은 평등하게 소비에트 시민으로서의 권리를 지닌다"[13]라고 말하고 있다. 1937년 3월과 4월에도 지식인에 관한 언급

12 위의 같은 논문, pp.3 "青年是民族解放斗爭的先鋒".

13 『毛澤東年譜』(1893-1949) 上卷, 人民出版社 559쪽.

은 계속 이어졌다.

> 중국 공산당은 지식인과의 관계에 대하여 과거와 현재 모두 일관된 보호정책을 유지하고 있으며, 기술자와 문화 관계자, 그리고 예술가들을 존중하는 태도를 갖추고 있다.[14]

> 전국적인 공산당의 발전 속에서 지식인의 성분도 일정 수를 차지해야만 한다.[15]

이상의 지식인에 대한 마오쩌둥의 발언들을 종합해보면 대체적으로 혁명 속에서의 지식인의 역할을 높게 평가하고, 그들의 참여를 적극적으로 요구하고 있었다.

1939년에는 지식인에 대한 마오쩌둥의 언급 중 가장 중요한 분석인 「중국혁명과 중국공산당」이 발표되었다. 이 글에서 마오쩌둥은 지식인의 계급적 속성과 그들의 사상적 경향에 대한 분석을 다음과 같이 하고 있다.

---

14 "中國共産党對知識分子的關系, 過去与現在也是一貫的保護政策, 优待技術人員, 文化人員与藝術家, 對他們都采取尊重的態度。" 이 내용은 미국의 여기자 스메들리(Agnes Smedley)의 질문에 답한 내용이다. 주5번의 인용 논문에서 재인용.

15 "党在全國發展中, 知識分子的成分要占一个數目": 이 내용은 1937년 4월 22일 중앙정치국 회의에서 행한 마오쩌둥의 발언 내용이다. 주5번의 인용 논문에서 재인용.

지식인과 청년학생들은 하나의 계급이나 계층이 아니다. 그들의 출신성분이나 생활조건 , 또는 그들의 정치적 입장에 근거해서 평가할 때, 현대중국의 지식인과 청년 학생들은 대부분 소자산계급의 범주에 귀속시킬 수 있다. (수십 년 동안 중국에는 이미 커다란 지식인 집단과 청년학생 집단이 생겨났다.) 이들 가운데 제국주의와 대자산계급을 추종하며 이를 위해 봉사하면서 (민중을 반대한) 일부를 제외한 대부분은 (제국주의와) 봉건주의, 대자산계급의 압박을 받았으며, 실업과 실학의 위협을 받았던 사람들이다. 따라서 그들은 커다란 혁명성을 지니고 있다. 그들은 적든 많든 간에 어느 정도 자본주의적 과학지식을 갖고 있고, 정치적 감각이 풍부하며, 현 단계 중국 혁명에 있어서 항상 선봉적 역할과 교량적 기능을 담당하고 있다. ……이러한 지식인들도 대중의 혁명투쟁(과 하나가 되고), 대중의 이익을 위해 복무하고 인민과 결합하기로 결심하기 전에는 간혹 주관주의와 개인주의의 성향을 가졌으며, 공허한 사상과 (동요하는)불확실한 행동을 나타내기도 했다. 따라서 중국의 많은 혁명적 지식인들이 선봉적 역할과 교량적 기능을 하지만 모든 지식인이 철저하게 혁명적이라고 말할 수는 없다. 그 중 일부는 혁명의 긴급한 고비에 이르러서는 혁명의 대오를 떠나 소극적 태도를 취할 수도 있고, 심지어 혁명의 적이 될 수도 있다. 지식인의 이러한 결점은 장기적인 대중투쟁을 통해서만 극복될 수 있다.[16]

이 분석은 마오쩌둥이 지식인에 대해서 어떻게 생각하고 있는가를 가장 분명하게 보여주고 있으며, 여기에서 지적한 지식인의 한계 역시 평생 동안 지식인을 바라본 마오쩌둥의 주요한 인식이었다. 이 글에서 마오쩌둥의 지식인에 대한 인식은 매우 분명했다. 즉 지식인이 대중과 결합되어 완전히 대중의 이익과 지식인의 이익이 하나가 되었다고 판단될 때는 그들이 동지일 수 있지만, 지식인들은 그들의 본원적 한계 때문에 항상 동요하고 있으며 언제든지 적이 될 수 있다고 보고 있었다. 그러므로 지식인들은 그 동요성 때문에 끊임없이 '장기적인 대중투쟁'을 해야만 하며, 이 '장기적인 대중투쟁'의 형식이 어떤 모습인지를 구체적으로 밝히지는 않았지만, 대중 앞에서 자신의 입장과 태도를 밝힐 수 있는 그 모든 투쟁을 가리키고 있음에 분명했다.

마오쩌둥은 이처럼 지식인 계층이 갖는 속성과 한계성을 정확하게 인식하고 있었지만, 중국혁명 과정에서의 지식인은 매우 중요한 존재였으며, 그들이 혁명에 끼친 영향 또한 지대했음을 마오쩌둥은 잘 알고 있었다. 그러기에 "혁명적 지식인이 없으면 혁명은 승리할 수 없다"[17]고 단언 했고, "노동자 농민

16 「中國革命和中國共産党」, 『毛澤東選集』 第二卷 604쪽.

17 "沒有革命的知識分子革命不能胜利", 「反投降提綱」, 주5와 같은 출처.

은 지식인의 도움 없이는 자신들과 사업의 수준을 높일 수 없고, 지식인 없이는 나라와 당과 군을 잘 운영할 수 없다"[18]라고까지 말했다.

연안은 1931년 수립되어 3년간 존재했던 중화소비에트공화국이 국민당의 대공세에 쫓겨 1년 동안의 간고한 투쟁을 거쳐 겨우 자리잡은 혁명근거지였다. 1935년 10월 연안으로 들어온 마오쩌둥은 대장정을 통해서 당과 군의 권력을 잡기는 했지만,[19] 연안 근거지의 군사적, 경제적으로 불리한 악조건 속에서 자신이 꿈꾸고 있었던 중국식 사회주의 혁명의 기초를 다져야만 했다. 그리고 1945년 2차 세계대전이 끝나고 본격적으로 국민당과의 내전으로 들어가지 전까지 10년의 연안시기는 마오쩌둥 자신에게도 지극히 중요한 시기였다. 이 기간 동안 마오쩌둥은 자신의 혁명사상을 체계화 하는 시기였고,[20] 또 농

18 "工農沒有革命的知識分子帮忙, 不會提高自己, 工作沒有知識分子, 不能治國治党治軍" 위와 같음.

19 1934년 8만 명으로 시작된 대장정은 겨우 1만에 가까운 생존자 만이 연안으로 들어 온 이 작전은 이후 혁명의 불길을 다시 불사를 수 있는 근거지의 확보였고, 홍군의 대부분을 잃는 군사적 패배였으나, 공산주의 혁명의 승리를 여는 전주곡이었고, 마오쩌둥으로서는 당내에서 권력을 완전히 장악하는 정치적 의미가 있었다.: 모리스 마이스너, 위의 같은 책 66-67쪽 참조.

20 이 시기에 마오쩌둥은 마르크스 레닌주의에 관한 체계적인 학습과 함께 자신의 사상적 체계를 완비하는 수 많은 저작을 내놓았다. 소위 마

민혁명을 특징으로 하는 중국 혁명의 실험기간이기도 했기 때문이다.

토지혁명을 통해 혁명의 주력군은 확보했지만 , 무엇보다도 우선 마오쩌둥은 혁명의 동력을 조직해야 했다. 그래서 그들과 함께 하면서 그들의 발전에 도움을 줄 수 있는 지식인의 참여가 주요한 동력으로 필요했다. 1939년 12월에 쓴 「대량으로 지식인을 받아들이자(大量吸收知識分子)」라는 글에서 마오쩌둥은 "공산당은 반드시 지식인들을 잘 받아들여야만 위대한 항일의 역량을 조직하고, 천백만 농민대중들을 조직할 수 있고, 혁명적 문화운동과 혁명적 통일전선을 발전시킬 수 있습니다. 지식인들이 참여하지 않는다면, 혁명의 승리는 불가능합니다"[21]라고 밝히고 있다. 이처럼 마오쩌둥이 지식인의 참여를 촉구하고, 지식인이 없이는 혁명의 승리를 보장할 수 없다고까지 하는 데는 분명 당 내에 지식인들을 배척하는 일부 움직임이 있었기 때문이다. 그래서 이러한 글들을 발표하기 6개월 전에 마오쩌둥은 이미 당내의 이러한 움직임과 분위기를 경고하는 말도 잊

오쩌둥사상을 구성하는 주요 저작 중 「모순론」(1937.7), 「실천론」(1937.8), 「지구전론」(1938.5), 「중국혁명과 중국공산당」(1939.12), 「신민주주의론」(1940.1) 「연안문예강화」(1942) 등의 발표가 이 시기에 집중적으로 이루어졌다.

21 『毛泽东选集』 第二卷, 581쪽.

지 않고 있었다.

> 지식인을 보호해야 합니다. 과거의 전철을 밟지 않아야 합니다. ……군대는 반드시 대량의 혁명적 지식인을 받아 들여야만 합니다. 그들을 충분히 소화해 낼 수 있고, 그들을 두려워할 필요 없다고 노동자 농민 간부들을 설득해야 합니다.[22]

당시 혁명의 주력군이었던 노동자 농민들은 지식인 대부분이 자신들의 적인 지주계급 출신이었다는 점에서, 그리고 그런 지식인들의 행위 양식이나 작풍에 상당한 거부감을 가지고 있었을 것이다.[23] 그러기에 마오쩌둥은 노동자 농민계급의 당 간

---

22 「反投降提綱」, 주17과 같음.

23 당시 노동자 농민 간부들의 이러한 태도는 마오쩌둥이 직접 기초한 「지식인을 대량으로 흡수하는 결정」이라는 문건에서 열거한 구체적 사례에 잘 드러나 있다. 마오쩌둥은 이 문건에서 “군대 내의 많은 간부들이 아직도 지식인의 중요성을 의식하고 있지 못하고 있고, 아직도 지식인을 두려워하거나 심지어는 지식인을 배척하는 심리를 가지고 있다. 뿐만 아니라, 우리가 세운 많은 학교에서는 아직도 많은 청년들을 대담하게 받아들이지 못하고 있다. 또 많은 지방 간부들은 지식인들의 입당을 원치 않고 있다. ……이러한 현상들은 혁명 사업에 대한 지식인들의 중요성을 잘 모르기 때문에 일어나고 있다.……모든 작전 지역의 당과 모든 당의 군대는 많은 지식인들이 우리의 군대에 들어 올 수 있도록 해야 하고, 우리들의 학교에 가입하고, 우리의 정부에 들어와 일을 하도록 해야 한다. 뿐만 아니라 구체적 상황에 따라

부와 군 간부들이 지식인에 대해 서 가지고 있었던 편견을 없애고 자신있게 그들을 받아들이라고 호소하면서 동시에 지식인들이 갖추어야 할 태도를 제시하고, 그들의 한계를 지적하는 것도 잊지 않았다.

> 지식청년과 청년 학생이라는 조직에만 의존해서 반제반봉건 혁명의 승리는 이룰 수 없습니다. 그러므로 전국의 지식 청년과 청년 학생들은 반드시 이 광대한 노동자 농민 대중과 하나로 결합되어 한 몸이 되어야만 강력한 힘을 갖춘 군대를 형성할 수 있을 것입니다.[24]

> 지식인이 노동자와 농민들과 결합하지 않으면 커다란 힘을 갖출 수 없으며 커다란 사업을 이루어낼 수도 없습니다. 지식인은 오로지 노동자 농민들과 정확하게 결합했을 때 비로소 강고하고도 결코 넘어지지 않는 힘을 가질 수 있습니다.[25]

입당 조건의 일부만 갖춘 지식인도 입당을 할 수 있도록 받아들여야 한다. 이후 모든 지방과 군대에서 지식인에 대한 옳지 않은 태도는 결코 다시 일어나서는 안된다"고 하고 있다. 『毛澤東選集』 第二卷, pp. 581-582.

24 毛澤東, 「五四運動」: 주15 인용 논문에서 재인용.

25 毛澤東, 「一二九運動的偉大意義」 상동.

혁명의 주력군인 노동자 농민에게는 혁명의 주요 동력인 지식인을 적극 수용하라고 요구하면서 다른 한편으로는 지식인들에게 자신들만의 힘으로는 이 혁명을 승리로 이끌 수 없으니 혁명의 주력군인 노동자 농민과 적극 합류하여 그들과 하나가 되라고 호소하고 있다. 이처럼 마오쩌둥은 당시 중국 혁명의 현실적 조건에 근거하여 노동자 농민과 진보적 지식인의 연합을 통한 혁명의 주력군을 형성하려고 했으나, 지식인의 개인주의적 성향과 정치적 동요성에 대한 경계 또한 놓치지 않았다. 이와 같은 지식인에 대한 경계는 1926년 발표한 「중국사회 각 계급에 대한 분석」에서부터 이미 소자산계급의 기본적 성향을 분석하고 그에 속한 지식인 계층에 대한 경계의 눈길을 거두지 않고 있었다. 인용문이 길지만 지식인에 대한 마오쩌둥의 인식을 살펴보기에는 가장 중요한 자료이므로 자세히 살펴 볼 필요가 있다.

> 소자산계급, 예를 들어서 자영농, 수공업자, 소지식인 계층인 학생, 초중등학교 교사, 하급 관리, 사무원, 변호사, 소상인 등이 모두 여기에 속한다. 이 계급은 숫적으로나 계급적 속성으로나 상당한 주의를 기울여야 할만한 가치가 있다. 자영농과 수공업자가 경영하는 것은 모두 소생산경제이다. 소자산계급 내부의 각 계층은 모두 소자산계급의 경제적 지위에 처해 있기는 하지만 세 부류로 나뉘어진다.

첫 번째 부류는 경제적 여유가 있는 부류로서 육체적 정신적 노동으로 얻은 소득에서 소비하고 매 년 일정 부분의 잉여소득이 있는 사람들이다. 이들은 경제적 부를 축적해야 한다는 생각이 매우 깊은 부류들이어서 재물신에게 극진히 기도를 올리기도 한다. 비록 큰 돈을 벌겠다는 망상을 하지는 않지만, 그래도 항상 중산계급의 지위로 상승하기 위해 노력하고 있다. 이들은 사람들에게서 존경을 받는 소자산가를 보게 되면 그들을 상당히 부러워 한다. 이 부류에 속하는 사람들은 용기가 부족하고, 관리를 무서워하며 혁명에 대해서도 약간 두려움을 가지고 있다. 왜냐하면 그들의 경제적 지위가 중산계급과 가까이 하고 있기 때문에 중산계급의 선전을 상당히 믿고 혁명에 대해서는 회의적 태도를 가지고 있다. 이 부류의 사람들은 이 계급의 우익을 이루고 있다. 두 번째 부류는 경제적으로 자급자족하는 정도의 사람들이다. ……그들은 현재는 과거와 같은 (정도의) 노동만으로는 생활을 유지할 수 없다고 생각한다. (그래서) 노동시간을 연장하고 아침 일찍부터 밤 늦게까지 일하고, 지금보다 일에 훨씬 더 많은 신경을 써야 생활할 수 있다고 본다. ……반제 반군벌 운동은 성공하지 못할 것이라고 회의한다(그 이유는 서양인과 군벌의 세력이 크기 때문에). 그래서 일시적인 기분으로 혁명에 참가하려 하지 않고, 중립을 지키려고 한다. 그러나 결코 혁명을 반대하지는 않는다. 이 부류에 속하는 사람은 숫적으로 가장 많으며 소자산계급의 거의 반을 차지한다. 세 번째 부류는 생활이 점차 어려워져 가는 사람들이다.……이들은 예전에는 그래도 살 만했는데 점차 형편이 어려워지고 빚만 늘어나 생활이 점점 더 힘들어지고 있다고 생각한다. ……이들이 정신적으로 느끼는 고통은 더욱 크다. 그들은 과거와 현재를 비교하기 때문이다. 혁명운동에 있어 이들은 매우 중요하다. 이들은 숫적으로도 많은 대중이며, 소자산계급의 좌익을 이루기 때문이다. 이상의 소자산계급 세 부류가 혁명에 대해 가지는 태도는 평시에는 각기 다르다. 그러나 전시에 혁명의 물결이 높아져 승리의 서광이 비칠 때는 소자산계급의 좌익뿐만 아니라 중도파 역시 혁명에 참가한다. 그리고 우익세력은 무산계급과 소자산계급 좌파의 혁명 물결에 휩쓸려 혁명에 따를 수밖에 없다.[26]

마오쩌둥의 소자산계급에 대한 분석을 자세히 들여다보면, 소자산계급을 우선 좌파, 우파, 중도파로 구분한 뒤 좌파는 혁명에 적극적, 중도와 우파는 혁명에 반대하지는 않지만 회의적이거나 동요하는 그룹으로 평가하고 있다. 그러나 혁명의 열기가 고조된다면 중도파나 우파도 혁명에 참가하는데, 그것은 적극적이거나 주도적 참여가 아니라 무산계급과 소자산계급 좌파의 물결에 "휩쓸려서(裹挾)" 참여하게 될 것이라고 보고 있다.

26 『毛澤東選集』 第一卷, 5-6쪽.

마오쩌둥이 1926년에 분석한 지식인계층은 소자산계급에 속했다. 그리고 1939년에 바라 본 지식인계층 역시 독립적으로 계급을 형성할 수 없으며 여전히 소자산계급에 귀속시켰다. 그러나 그들을 바라보는 마오쩌둥의 시각은 훨씬 더 위험하게 바라보고 있었다. 1926년에 바라 본 지식인은 매우 동요하는 계층이며, 혁명을 반대하지는 않으면서도 결코 주도적으로 나서지는 않고, 그러나 혁명의 열기가 고조되면 혁명에 휩쓸릴 수밖에 없는 기회주의적인 집단으로 보았다. 그러나 1939년에 바라 본 지식인의 속성은 여전히 주관주의와 개인주의에 사로 잡혀 있으면서 1926년에 바라 본 지식인과는 달리 혁명이 어떤 고비에 이르렀을 때는 오히려 "혁명의 대오를 떠나 소극적 태도를 취할 수도 있고, 심지어 혁명의 적이 될 수도 있는" 그런 집단이었다.

지식인이 갖는 정치적 동요성 때문에 그들에 대한 경계의 수위가 한층 더 높아진 마오쩌둥은 이후 지식인에게 지속적인 사상개조를 요구했다. 위에서 바라 본 바와 같이 그동안 마오쩌둥은 지식인의 혁명 참여를 적극 호소하였고, 혁명의 대오 속에서 지식인에 대한 의구심을 갖고 있는 집단들에게 지식인에 대한 거부는 잘못된 것이라고 지적하기까지 했다. 그러나 연안시기에 이르러서는 이미 혁명에 참여한 지식인들의 동요성이 오염도를 높여가고 있다고 판단되어 대규모 정풍운동을 일으키고, 나아가서 문예 작가들을 대상으로 하고 있기는 하지만 사실상 지식인 전체에게 했다고 볼 수 있는 「문예강화」를 하기에 이른다. 그러므로 이 시기 지식인 문제에 관한 마오쩌둥의 언급은 곧 건국 이후까지 계속된 지식인 문제에 적용된 각종 사상개조운동의 형식과 내용에서도 똑 같이 적용되는 대원칙으로 기능하였다.

그러므로 연안시기의 정풍운동과 「문예강화」, 왕스웨이 문예사상 비판운동은 비록 그 시기가 중화인민공화국의 건립 이전이기는 하지만, 공산당 정권의 조직과 사상의 토대를 다지는 시기였기에 지식인 문제에 대한 공산당의 입장과 마오쩌둥의 생각을 정리하기에는 가장 중요한 시기라고 할 수 있다.

3.

연안은 대장정이라는 패주의 끝자락에 있는 단순한 도시만은 아니었다. 1934년 10월 초에 시작된 대장정은 368일에 걸친 퇴각 끝에 1년 만에 섬서성 끝자락 연안에 당도했다. 이 대장정은 엄청난 인력의 손실을 입은 힘겨운 고난이었지만 1935년 1월에 있었던 준의회의에서는 코민테른의 지휘에서 벗어나 마오쩌둥을 주석으로 하는 중국 공산당의 독립노선이 세워지는 중대한 변화도 있었다. 이처럼 퇴각의 끝자락에 정착한 공산당에게는 안정적 발전을 할 수 있는 기회가 왔다. 다름 아닌 서안 사변으로 인한 제2차 국공합작이었다. 제2차 국공합작은 공산당이 국민정부 속으로 들어가는 형식을 취하기는 했지만, 섬서성, 감숙성, 영하성을 공산당이 관할하는 '섬감녕변구陝甘寧邊區'라는 특별행정구역으로 지정하고 국민정부의 경제적 지원도 받았다는 점에서는 긍정적 측면이 많았다.

그러나 연안은 자연적 조건이 매우 척박한 땅이었고, 경제는 국민당의 지원에 의존하였으며, 전국 각 지역에서 몰려든 혁명적 인사들로 넘쳐나고 있었으나[27] 그들이 모두 통일된 의식을 갖추지 못하고 있었다.[28] 실제로 당시 연안 당국은 "대도시의 비군사적 생활에 습관이 되어 있는 지식인과 학생의 유입은 이 사회 내부규율에 어긋나는 행위들을 보편적으로 일으킬 수도

---

27 당시의 상황에 대한 기록에 의하면, "당시 연안으로 온 학생, 작가, 예술가, 지식 청년 은 대략 6만명에 이르렀으며, 현지 주민의 수 십배에 달했다.": 「野白合花与延安文學新潮」, 『延安大學學報』, 2000年 12期.

28 대규모 지식인의 유입은 현지 지식 수준을 높이고 항일의식을 고양시키기는 했을지 모르나 다른 한편으로는 전국 각 지에서 모여든 지식인들은 현지 지식인들과의 차별로 종파주의적 정서가 싹텄고, 국민당 통치 지역에서도 온갖 위험과 곤란을 무릅쓰고서도 현실을 비판하고 풍자했던 자산계급 지식인들의 자유주의적 속성을 쉽게 바꾸지는 못했다. : 「從王實味遭遇看知識分子命運」, 『三峽大學學報』, 2008年 12月 第30卷.

있다"[29]는 점에 관심을 기울였다.

연안에서도 역시 문제의 대상은 지식인이었다. 당시 공산당 중앙에서는 혁명의 열정을 품고서 성지나 다름없는 연안으로 달려 온 이 지식인들을 대대적으로 환영하면서도 그들을 어떻게 통일된 혁명적 대오로 엮어낼 것인가에 고민하지 않을 수 없었다. 그 고민이 구체적으로 드러난 것이 1939년 8월 25 중국 공산당 중앙정치국에서 발표한 「당을 공고히 하는 것에 관한 결정(關于鞏固党的決定)」이었다. 이 결정문에 의하면 각 급 당조직에서는 더 이상 당원을 받아들이는 것을 중지하고, 당원들의 성분 심사를 하며, 당내 마르크스레닌주의 학습을 강화하라는 것이었다.[30] 다시 말해서 항일혁명의 정세와 열정이 고양됨에 따라 전국 각 지역에서 공산당을 지지하는 사람들이 늘어나고, 심지어 섬서성 끝자락에 있는 연안까지 찾아들어 폭발적으로 늘어나는 당원들의 양적 성장을 일시 중지하고 당원들의 사상적 혼란을 막기 위해서 성분 조사와 학습을 강화하라는 지시였다.

이렇듯 당내부 사상의 통일을 위해서 교육과 학습의 필요성

29 상동.

30 "要求各級党組織暫停發展, 審査党員的成分, 并加强党內馬列主義教育", 상동.

을 여기고 있었던 당 중앙이 본격적으로 정풍운동을 일으킨 것은 1941년 9월에 있었던 중앙정치국 정풍회의라고 할 수 있다. 이 정풍운동은 1943년 9월의 정치국 정풍회의를 거친 뒤, 1944년 5월 21일 6전대회 7중전회에서 마오쩌둥이 정치국을 대표하여 당내 역사문제에 관한 의견을 제기함으로써 마무리 되었다. 3년에 걸친 정풍운동이었다.

정풍운동의 배경에 관해서는 많은 연구자들의 다양한 의견이 있지만, 정치적으로는 무엇보다도 1941년 초기에 발생한 환남사변皖南事變과 가장 밀접한 관계가 있다.[31] 이 사건은 중국 혁명의 실정을 무시한 전형적인 좌경노선의 실패를 보여주는 것으로서 아직까지 당내에서 일정한 위세를 떨치고 있었던 왕명의 좌경 노선을 제압하기 위한 것이었다. 결국은 정치국의 정풍운동을 가장 먼저 실시함으로써 당내에서 좌경노선을 견지하고 있었던 고급 당 간부들의 자아비판을 이끌어 냈다.[32] 이런 점에서는 당내 권력투쟁적 성격을 띄고 있었고, 발언자들

---

31 김시준, 「연안정풍운동과 '문예좌담회상에서의 강화'에 관한 연구」, 『중국현대문학』 제2호 참조

32 1941년에 있었던 정치국 정풍회의에서는 장문천張聞天, 박고博古, 왕가상王稼祥 등이 차례로 자신의 과거 잘못된 노선을 비판했으며, 1943년의 정치국 정풍회의에서는 저우언라이 역시 자신의 과오를 비판했다.: 「毛澤東与延安整風運動」, 『毛澤東与鄧小平理論研究』』 64-67쪽, 2012年 第6期.

은 대부분 왕명의 노선을 비판하고 마오쩌둥의 노선에 찬성하며 마오쩌둥의 저작을 성실하게 학습할 것을 주장했다. 실제로 정풍운동이 진행되는 동안 왕명은 병가를 내고 일체 회의에 참가하지 않았으나 결국 그도 마오쩌둥과 중앙정치국 앞으로 부인이 대필하고 자신이 서명한 반성문을 제출할 수밖에 없었다.

1941년 5월에 행한 마오쩌둥의 연설 「우리들의 학습을 개조하자(改造我們的學習)」는 정풍운동을 주도하고 그 방향을 결정짓는 내용이었다. 그런 성격의 연설이었기에 마오쩌둥은 실제에서 벗어난 이론을 비판하고 실사구시적 태도를 요구했지만, 이 연설에서 사용된 용어들이 매우 신랄했으며, 조롱에 가까운 풍자와 흥분된 어조를 사용했다. 그리고 정풍운동이 결국은 혁명의 실제에서 출발하지 않는 소자산계급 출신의 지식인들이 자아낸 좌경노선을 대상으로 하고 있음을 밝히고 있다. 마오쩌둥은 1944년 2월 하순 한 정치국 정풍회의에서 정풍운동을 마무리 하는 발언을 다음과 같이 한다.

> 과거에는 과오를 범한 동지들에게 징벌만 가해졌다. 그렇지만 이번에는 사상을 분명히 하고, 경험과 교훈을 총괄해서 동지들이 과오를 범한 것이 개인의 우연한 현상이 아니라 사회적 현상이며, 소자산계급의 조급증이라는 것을 알게 해야 한다.[33]

마오쩌둥의 이 발언을 음미해보면, 정풍운동 동안 내세웠던 반주관주의, 반종파주의는 곧 소자산계급 지식인들의 특성을 반대한 것이며, 이러한 주관주의와 종파주의라는 특성을 가진 소자산계급 지식인들이 결국 좌경노선을 만들어내고 있다는 말이었다. 연설 속에서 마오쩌둥은 비록 지식인을 구체적으로 지칭하지 않고 '과학적 태도를 갖추지 못한 자'라고 했지만, 그것은 분명 소자산계급 출신의 지식인들을 지칭하고 있었다. 그리고 그들의 나약함과 공허함을 신랄하게 비웃고 있다. 그가 예를 든 대련을 보면 더욱 그 분위기를 알 수 있다.

> 담벼락에 피어난 억새풀, 머리는 무겁고 다리는 가벼워 뿌리가 얕고,
> 산 속의 죽순, 주둥이는 뾰쪽하고 겉은 두껍지만 속은 텅 비어 있네.
> (墻上芦葦, 頭重脚輕根底淺, 山間竹笋, 嘴尖皮厚腹中空)[34]

소자산계급 출신의 지식인은 그들의 이론이 실제에서 출발하고 있지 않기 때문에 뿌리가 얕아 항상 동요하는 갈대와 같고, 뭔가 논리가 날카롭고 두터워 보이지만 실제로는 텅 비어

33 위의 논문 67쪽.

34 「改造我們的學習」, 『毛澤東選集』 第3卷, 人民出版社, 1953, 758쪽.

공허한 죽순과 같다고 비아냥거리고 있는 것이다. 그러기에 그들은 당연히 그러한 자신을 개조해야 하고, 또 개조하기 위해서는 학습을 해야만 했다.

이처럼 정풍운동의 출발은 당내 좌경노선, 특히 왕명노선을 걷는 고급간부들을 대상으로 시작했지만, 연안으로 모여든 모든 지식인들을 대상으로 확대되었다. 사실 당내의 정풍운동이 지난 뒤 1945년 5월 21일 마오쩌둥은 정치국 회의에서 정풍운동을 한 마디로 규정 짓는다.

> 정풍의 성질은 바로 무산계급과 소자산계급이 치른 전투다.[35]

정풍운동은 1941년 정치국 정풍회의를 시작해서 1943년 정치국 정풍회의를 거쳐, 1944년 6중전회에서 당내역사문제에 관한 결의를 마침으로서 3년 만에 공식적으로 마무리 되었다. 그러나 사실 이 주관주의와 종파주의를 대상으로 하는 마오쩌둥의 끊임없는 투쟁은 연안시기 이후에도 계속된다. 1949년 건국이후에 계속되었던 각 종 사상투쟁과 사상개조운동은 주로 지

35 "整風的性質就是无産階級与小資産階級的作戰, 明飛龍, 「1942 延安文學事件中的歷史与小故事-王實味命運考察」,『「文史天地理論月刊』 2012年, 第8期, 77쪽.

식인들을 대상으로 하고 있었고, 그들이 아무리 개조되었다고 자기 선언을 할지라도 마오쩌둥의 의심스런 눈초리는 거두어들이지 않았다.

1942년 2월 1일 행한 「당의 작품을 정돈하자(整頓党的作風)」라는 연설에서 마오쩌둥은 '종파주의에 기운 당의 기풍(黨風), 주관주의(學風), 그리고 당원이나 작가들이 형식주의적이고 교조주의인 문장이나 보고문에 매몰되어 있는 현상(文風)'을 바꾸자고 호소한 것은 당 내부 상층부에 싹트고 있었던 관료주의에 대한 경계였다. 앞에서 언급했듯이 본래 종파주의와 주관주의와의 투쟁은 당내에 존재했던 왕명 좌경노선에 대한 투쟁 선언이었다. 그리고 나머지 하나 문풍, 즉 당팔고黨八股에 대한 반대는 전적으로 당시 지식인의 대부분을 차지하고 있었던 문인들, 특히 '계몽'적 지식인상에 머물러 있었던 문인들에 대한 경고였다. 그 부분만을 특별히 강조해서 2월 8일 다시 행한 연설이 바로 「당팔고에 반대한다(反對党八股)」였다.

당팔고党八股에 반대하는 마오쩌둥의 연설 내용을 자세히 분석해보면, 마오쩌둥은 중국의 지식인이 여전히 신문화운동 시기의 가치를 금과옥조처럼 받들고 있어서 새로운 혁명적 현실에 부응하는 지식인의 자세를 확립하지 못하고 있다고 비판하고 있다.

우리가 이미 알고 있듯이 중국의 신문화 운동을 주도했던 지식인들의 운동 목적은 "국민성의 개조이고 낡은 전통의 파괴였다. 그것은 사회 진보의 기초를 이데올로기적인 사상개조, 민주주의적 계몽사업에 두고 있었다."[36] 이러한 계몽을 목적으로 한 지식인들은 낡은 정치 세력에 맞서 강력한 투쟁을 진행했고, 당시 지식인들의 투쟁 무기는 낡고 부패한 정치세력과 그들을 폭로하고 비판하고 고발하는 문예투쟁이 주를 이루었다. 문학예술의 사회비판적 기능으로 대중들을 각성시켜 개인의 자유와 인격의 존엄을 인식하도록 했던 것이다. 그렇지만 중국의 혁명적 정세는 계몽적 지식인들의 투쟁을 그 수준에만 머물게 하지는 않았다. 혁명적 지식인들은 정강산 투쟁에서 다시 대장정으로 이어지는 생사의 투쟁 속에서 새로운 변모를 필요로 했다.

> 엄준하고 고통스럽고 장기적인 정치 군사투쟁 속에서, 이른바 생사가 걸린 계급 민족의 대투쟁 속에서 요구된 것은 물론 자유, 민주주의 등 계몽의 선전도 아니었고, 개인의 자유와 인격의 존엄을 권장하거나 제창하는 따위의 사상도 아니었다. 오리혀 가장 두드러진 것은 모든 것을 반제 혁명투쟁 혹에 복종시키는 것, 철의 기율, 통일된 의지와 집단의 역량이었다. 어떠한 개인의 권리나 개성의 자유,

36 이택후 저, 김형종 역(1992) 『현대사상사의 굴절』 지식산업사, 19쪽.

> 개인의 독립과 존엄 등도 이와 비교하면 사소하고 실제에 맞지 않는 것이 되어버렸다. 개인의 자아는 여기서는 사소한 것이고 소멸될 수밖에 없는 것이었다.[37]

이렇게 변해버린 중국 혁명의 현실, 그것도 험난한 대장정을 마치고 이제 겨우 섬서성 북쪽 끝자리에 자리 잡은 연안 근거지에서 여전히 사회비판적 기능의 지식인 역할에 충실하고자 했던 지식인 작가들은 연안 사회의 열악함과 공산당 내부에 대한 비판을 시작했다. 문예 정풍운동과 「문예강화」의 동기가 된 이러한 문예현상은 1941년 10월 23일 정령丁玲이 주편으로 있던 해방일보의 부간에 「우리는 잡문을 필요로 한다(我們需要雜文)」을 발표하면서 시작되었다.[38] 그 이듬 해에 「문예강화」가 발표되고, 곧 이어서 '왕스웨이 문예비판'이 시작되기 전까지 계속 이어졌던 이러한 문예현상은 중국 공산당 지도부의 분노를 자아냈을 뿐만 아니라 마오쩌둥의 직접적인 개입을

37 이택후의 위의 같은 책, 45쪽.

38 대표적인 작품으로는 정령 이외에 샤오쥔蕭軍의 「동지의 사랑과 인내를 논함(論同志的'愛'与'耐')」, 아이칭艾青의 「작가를 이해하고 작가를 존중하자(了解作家,尊重作家)」, 왕스웨이王實味의 「야백합화(野百合花)」, 「정치가와 예술가(政治家,藝術家)」를 꼽을 수 있다. 이러한 작가들은 사회의 어두운 면을 폭로하고 '잡문'을 썼던 루쉰의 방법이 당시의 현실에서도 필요하다는 입장을 견지했다.: 「從王實味遭遇看知識分子命運」, 『三峽大學學報』, 2008年 12月 第30卷, pp.239 참조.

필요로 하기에 이르렀다. 당내에서는 군 간부였던 하룡賀龍과 왕진王震은 왕스웨이를 반동분자로 몰면서 비판의 날을 세웠고, 1942년 4월 22일자 해방일보에 애사기艾思奇는 「실사구시를 오해하지 말라(勿誤解實事求是)」를 실어 왕스웨이를 비판했다[39].

그러나 무엇보다도 이러한 문예현상에 대해서 당시 지식인들의 동요하는 의식 수준을 정확하게 간파하고 문예문제에 대한 원칙적 가이드라인을 설정해준 사람은 마오쩌둥이었다. 그리고 「문예강화」는 이러한 과정에서 문인 작가, 즉 지식인들에게 요구한 정풍운동, 사상개조운동의 구체적인 기준이기도 했다.[40] 「문예강화」를 단순하게 문학예술 내부의 문제이자 창작방법론의 문제로만 볼 수 없는 이유가 여기에 있다.

문학예술 창작방법 또는 창작방침으로서의 「문예강화」가 아니라, 지식인들에게 요구한 사상개조의 기준으로서 설명하면 다음과 같다. 「문예강화」의 종합평가 부분에서 분류하고 있는 네 가지를 요약하면 그 내용이 정확하게 드러난다. 그 중에서

---

39 김시준의 같은 논문, 19쪽.

40 마오쩌둥은 어느 날 저녁 말에 달린 등과 횃불을 들고서 벽보판 『矢與的』에 실린 왕스웨이의 문장을 보고 난 뒤 바로 "사상투쟁의 목표가 생겼군"이라고 했다.: 溫濟澤(1993), 『王實味冤案平反紀實』, 北京, 群衆出版社, 210쪽.

도 「문예강화」의 직접적인 배경이 되었던 1941년과 1942년 연안의 문예현상 중 '찬양과 폭로'의 문제에 대한 마오쩌둥의 언급을 보면 더욱 분명해지는데, 마오쩌둥은 많은 분량과 강한 어조로 문학 작품의 '찬양과 폭로'의 문제는 창작방법의 문제가 아니라 작가의 세계관의 문제일 뿐이라고 단언한다.

우선 그는 소자산계급 출신의 작가는 단 한 번도 "광명"을 찾아 본 적이 없으며, 그들의 작품은 단지 암흑을 폭로하고 있기 때문에 "폭로문학"일 뿐만 아니라 나아가서 전적으로 비관주의와 염세주의를 선전하고 있다고 비판한다. 단적으로 폭로와 비판을 일삼는 작가는 소자산계급 출신의 지식인들의 전문영역이며, 이는 찬양과 폭로의 대상을 잘못 이해하고 있는 작가들의 세계관 문제라는 의미였다.

무엇보다도 커다란 이유는 인민은 비판과 폭로의 대상이 될 수 없기 때문이다. 인민은 폭로와 비판의 대상이 아니라, 교육과 제고의 대상[41]이라고 규정했다. 그래서 교육하고 그 수준을 높여야 하는 인민들을 '우매하거나 거칠은' 모습으로 묘사하는 것은 반혁명적 작가나 할 짓이었다. 마오쩌둥은 사회비판적 문예현상을 이끌었던 정령의 「우리는 잡문이 필요하다」를 정면

41 "對于人民, 基本上是一个教育和提高他們的問題" 『毛澤東選集』 第3卷, 828쪽.

으로 비판하면서 당시의 지식인들에게 경고했다. 주로 사회의 어두운 면을 비판하고 폭로하는데 사용하였던 루쉰의 문장체인 '잡문'은 어두운 세력의 통치 아래 언론의 자유가 없는 상황에서 냉소와 풍자 위주의 잡문 형식으로 싸워야만 했었고, 그러한 루쉰은 정확했다. 그러나 '어두운 세력이 통치하고, 언론의 자유가 없던 지역'에서 사용했던 창작 기법을 연안에서 사용한다는 것은 "동지를 적으로 대한다면 그건 바로 자신을 적의 입장에 서게 하는 것이다"[42]는 말로 잡문 형식을 사용하여 비판과 폭로의 문장을 쓸 수 없음을 강조하고 있다.

마지막으로 사회비판적 잡문의 형식으로 연안의 현실을 풍자하거나 비판했던 작가들은 결국 올바르지 못한 입장을 지녔기 때문이라고 결론짓는다. 이 부분은 마오쩌둥의 전형적인 화법이 가장 잘 드러나는 부분이면서 지식인들에게 주관주의적 태도를 벗어나 실제적이고 효과를 고려하는 실사구시적 태도를 요구한다. 그는 우선 당시 지식인들의 입장에서 할 수 있는 말들을 전제로 삼는다. 즉 "(비판적 내용의 창작은) 입장의 문제가 아니다, (우리들의) 입장은 틀림이 없으며, 좋은 뜻 선의에서 한 것이며, 의미는 충분히 이해될 수 있었다. 단지 표현이

42 "如果把同志当作敵人來對待，就是使自己站在敵人的立場上去了"，『毛澤東選集』 第3卷，829쪽.

좋지 않아 결과적으로 좋지 않은 작용을 일으켰을 뿐이다"는 당시 연안 작가들의 입장을 대신한다. 그런 뒤 마오쩌둥은 그들의 이러한 주장이 얼마나 주관적인지를 지적한다.

> 동기와 효과의 변증법적 유물론의 관점에 대해서는 이미 이야기 했다. 지금 묻겠다. 효과의 문제는 입장의 문제가 아닌가? 어떤 사람이 일을 하는데 동기만 따질 뿐 효과를 따지지 않는다면, 이거야 말로 의사가 처방만 생각하고 환자가 그 약을 먹고 살든지 죽든 지는 상관하지 않겠다는 것과 같은 것이다. 그것은 또 정당이 선언만 해댈 뿐 실행 여부는 따지지 않는 것과 같다. 묻건데, 이런 입장도 정확한 것입니까? 이런 마음도 선의의 것입니까?[43]

물론 이 단락은 당시 연안에서 일어났던 이러한 문예현상이 국민당에게 역선전으로 이용되어진 정치적 상황을 배경으로 하고 있다. 그러나 「연안문예강화」의 끝 부분에 집중되어진 폭로와 찬양에 관한 문제는 당시 문예현상에 대한 총괄이면서 동시에 당시 연안의 문학예술을 주도했던 지식인들과의 사상투쟁적 성격을 띠고 있었다.

43 『毛澤東選集』 第3卷, 830쪽.

4.

마오쩌둥의 지식인에 대한 인식은 기본적으로 일관되어 있었다. 혁명과정에서 혁명의 동력을 조성해야 하는 마오쩌둥으로서는 지식인에 대해 상당히 실용적인 면을 보여주기도 했지만, 기본적으로는 소자산계급 출신의 지식인들이 갖는 정치적 동요성에 대해서는 경계의 끈을 놓지 않았다.

당내 좌경 노선과의 투쟁 과정, 그리고 당내 정치적 입지가 확립되기 이전까지의 마오쩌둥이 행한 지식인 문제에 관한 언급은 대체적으로 그들의 동요성을 인정한다고 할지라도 지식인을 배척해서도 안되며, 궁극적으로는 그들 없이 혁명을 완수할 수 없다고 생각했다. 일부 당내에서 일었던 지식인에 대한 부정적 입장을 오히려 지적하고 그들과 함께 할 것을 호소하는 실용적이며 균형적인 감각을 가지고 있었다.

그러나 연안에서의 정풍운동과 1941년부터 1942초 사이에 있었던 문예현상에 대한 마오쩌둥의 대응방식은 사뭇 달랐다. 이제까지 경계의 수준에 그치고 있었던 지식인에 대해서 매우 적극적이고 강력하게 사상개조를 요구하기 시작했다. 「문예강화」가 단지 문예계 내부의 문제이거나 창작방법과 원칙의 문제로만 읽을 수 없는 이유는 이제까지 혁명과정에서 노정되었던 모든 지식인 문제에 대한 자신의 입장을 밝힌 것이기 때문이다. 마오쩌둥의 지식인에 대한 이러한 태도는 문예 창작에서는 문예원칙 또는 문예방침으로 작용했으며, 건국 이후에도 계속된 사상개조운동과 사상투쟁의 준칙으로 작용되기도 했다.

그러나 이러한 「문예강화」가 나오게 된 가장 직접적 배경이 된 당시 연안에서의 문예현상과 그것이 소위 '왕스웨이 문예비판운동'에 이어 '반당집단'으로까지 확대되어가는 과정, 또 그 과정에서 다른 '계몽적' 작가와 지식인이 보여주었던 태도 등에 관한 분석이 필요하다고 본다. 그러한 연구화 함께 했을 때 연안시기까지의 마오쩌둥의 지식인문제에 관한 인식이 보다 완전하게 고찰 될 수 있을 것이다.

중국 현대 격변기의 지식인
— 건국 초기 무훈전 비판과 사상개조운동

1.

90년대 중국의 지식계 저변에 흐르고 있었던 상실감과 위기의식은 과연 어디에서 연유된 것일까? 시장경제의 도입 때문이라는 설명은 중국 사회의 커다란 변화를 읽게 해주는 중심이기는 하지만, 이 물음에 대한 완전한 답변이 되기에는 부족함이 있다. 그래서 소위 '인문정신의 상실과 위기'라는 주제 아래 많은 토론이 열리면서 다른 한편으로는 '인문학의 부흥'을 외치는 소리가 높아졌지만[1], 90년대 후반을 치달아 가면서 이러한 외침은 오히려 더 힘을 잃어만 가고 있을 뿐이었다.

사실 90년대의 중국을 바라보면, '인문정신'이나 인문학은 더

1 이에 관한 논의들에는 다음과 같은 글들이 있다. :「要重視對文化市場的理論研究」『人民日報』1993.4.7.,「關于社會主義市場經濟條件下文藝領域面臨的新問題」『文藝理論与批評』1944.4, 125-131.

이상 사회적 정체성을 보장해주지 못하고 있고, 인문학에 종사하고 있거나 인문정신을 외치는 지식인들 역시 자기 정체성에 심한 회의감을 느끼고 있었다. 그러나 이러한 평가는 중국의 지식인들이 자임하고 있었던 전통적 지식인의 모습을 기준으로 했을 때 가능할 것이다.

이탈리아의 마르크스주의 이론가 안토니오 그람시(Antonio Gramsci)는 철학자, 성직자, 학자, 과학자를 전통적 지식인으로 삼고서 유기적 지식인과 구분하였다[2]. 그러면서 유기적 지식인으로는 엔지니어와 경제학자를 들었는데, 오늘날에는 텔레비전 저널리스트나 영화 시나리오 작가, 방송작가, 광고 자문인과 같은 사람이 이에 포함될 것이다. 그렇다면 중국인들이 생각하고 있었던 전통적 지식인의 모습은 어떤 지식인일까. 오늘날 중국 지식인들이 생각하고 있는 전통적 지식인의 모습은 5.4운동을 중심으로 고통받는 민중의 생존을 위한 이익을 자신의 근본적인 가치체계로 삼았던 민족주의적인 지식인들을 가리키며, 그들의 가치체계는 어느 정도 전통적인 가치 속에 있었던 "대동大同", "균부均富"라는 이상과도 일치되었다.

이러한 가치체계를 가지고 있었던 중국의 지식인들은 중국혁명 과정에서 중국적 마르크스주의, 즉 마오쩌둥사상으로 통

---

2 앤드류 밀러 지음, 이승렬 옮김, 『우리 시대의 문화이론』. 한뜻. 24쪽.

일되었으며, 이렇게 통일된 중국 지식인들의 가치체계는 문화대혁명이 종식되고 개혁개방이 이루어진 뒤 시장경제 체제가 본격적으로 도입되기 전까지는 커다란 변화가 없었다. 신시기에 접어들어 지금까지의 사회주의 혁명과정에서 저질러졌던 폐해를 지적하거나 마오쩌둥사상의 시기적 부적절성을 여러 가지 다양한 모습으로 비판하기는 했지만, 민중의 이익을 최우선으로 삼는 민족주의적 지식인의 모습에는 여전히 변화가 없었다.

그러므로 5.4 이래 중국의 현대사에 각인된 지식인의 역할을 두고 말한다면, 리저허우李澤厚의 '계몽과 구망救亡'의 이중변주의 조율사라는 표현이 가장 적합한 표현이라고 본다. 그러나 사회적 책임감에 투철한 전통적 지식인 자체는 "개인주의와 인도주의의 모순에 찬 통일체"라고 할 수 있다.[3] 어쩌면 선진적인 지식인 일수록 이 양자가 빚어내는 갈등의 진폭은 더 클 것이며, 지식인 자신의 이상과 자신이 발딛고 있는 사회의 성숙도 사이의 간극이 큰면 클수록 지식인의 비극성 역시 증대될 수밖에 없다.

---

3 왕푸런 교수는 『중국 반봉건 사상혁명의 거울』에서 루쉰의 「납함」과 「방황」에 나타나는 지신인 형상 분석에 이 틀을 사용함으로써 루쉰의 작품에 대한 기존의 어떤 작품분석 보다 작가의 본래 의도와 작품의 예술적 완성도에 가깝게 접근했다고 본다.

중국의 현대사는 이러한 지식인을 수 없이 탄생시켰으며, 현대문학사 역시 이러한 지식인의 모습을 유감없이 형상화 시켜 내고 있다. 그러나 그 중에서도 이러한 지식인들에 대한 뜨거운 애정과 동정심을 보내거나 아니면 그들의 허위와 나약함을 낱낱이 해부하고 고발한 작가는 루쉰魯迅이 으뜸일 것이다. 그러기에 루쉰이 자신의 소설집 『납함』과 『방황』 속에서 그려내고 있는 다양한 모습의 지식인과 그들의 비극은 가장 진실된 모습의 지식인상이라고 할 수 있다.

대중을 각성시키고 그들을 설득하여 선두에 서서 이끌었던 자들이 비록 지식인이기는 했지만, 앞에서 말한 바와 같은 지식인의 본질적인 속성을 너무도 잘 알고 있었던 마오쩌둥으로서는 그들의 손에 혁명의 운명을 맡길 수 없었음은 너무도 자명하다. 마오쩌둥은 피와 땀을 요구하는 시기에 민중들의 감정을 격발시키고 그 힘을 집중시키는 메가폰 역할은 지식인에게 맡겼을지라도 혁명의 주요 역량은 순수하고 방황하지 않으며 자신들의 삶과 혁명의 목적이 일치했던 민중에게서 찾고 있었다.[4]

중국의 혁명이 최고조에 달하고 있었던 40년대, 혁명의 근거

---

4 마오쩌둥은 자신의 「중국혁명과 중국 공산당」에서 소자산계급 출신의 혁명적 지식인들을 중국혁명의 동맹군으로 분류하면서도 대중과 결합하지 않으면 개인주의에 빠지기 쉬운 존재임을 분명히 하고 있다.

지 연안에서 일어났던 중국 공산당 내부의 숙정운동(연안정풍운동)과 그 숙정운동 이후 지식인의 책무에 관한 강한 메시지가 담긴 「연안문예강화(延安文藝講話)」가 발표되었다. 이것은 1940년부터 삼광정책三光政策[5]으로 더욱 거세어진 일본의 공략에 대처하기 위한 자구적 성격도 강했지만, 내부에서 싹트고 있었던 혁명에 대한 회의적 분위기와 그 주도 세력인 동요하는 지식인들에 대한 경고의 성격도 띄고 있었다. 특히 모든 비판과 자아반성은 왕스웨이王實味가 발표한 「야백합화(野白合花)」를 중심으로 지식인들의 자유주의적 경향에 초점이 맞추어져 있었다[6].

그렇다면 왕스웨이의 「야백합화」는 어떤 성격의 글이었던가. 왕스웨이는 일본의 침략과 국민당의 봉쇄에 저항하는 최후의 보루인 연안에서조차 발생하고 있는 관료들의 위선과 허위, 그리고 그것을 고발할 수 없는 언로의 차단 현상, 뿐만 아니라 그 위선과 허위에 의해 가리워진 민중들의 삶을 동정하는 내용의 글을 썼다. 어찌보면 지식인의 특성상 가질 수밖에 없었던

---

5 1940년 일본군이 항일 무장근거지를 섬멸하기 위해서 채택한 군사작전으로서 '모조리 죽이고 태우고 약탈해버린다'는 내용이다.

6 왕스웨이의 글을 자유주의적 경향으로 비판한 대표적인 글로는 범판원란范文瀾의 「왕스웨이 동지의 사상의식을 논함(論王實味同志的思想意識)」, 천뽀따陳伯達의 「왕스웨이에 관하여(關于王實味)」 등이 있다.

'개인주의와 인도주의'의 내적 갈등의 한 모습이었다. 그렇지만 한 지식인의 이러한 갈등은 「연안문예강화」에서 분명하게 언급했던 '폭로와 찬양'의 논쟁 속에서 '폭로는 결국 적을 이롭게 할 뿐'이라는 논리[7] 앞에 '찬양'의 깃발만 드높아지고 왕스웨이는 그 주요한 비판의 대상이 되었다. 이미 문예논쟁이 아니라 정치논쟁이었기 때문에 한 개인의 갈등과 번뇌가 아름답게 보일 수 없었다.

물론 지식인의 이러한 갈등하는 모습이 어떤 시기에는 허용되고 어떤 시기에는 허용되지 않는다는 준칙이 작동된다면, 당시 연안이 처한 엄중한 상황 속에서 왕스웨이는 분명 정치적이지 못한 행동을 한 것이고 정풍운동을 통해 그 충분한 대가를 치러야만 했다. 당시 이러한 내재적 갈등구조를 가지고 있었던 연안의 작가 및 지식인들은 왕스웨이 정도까지는 아니었지만 철저한 자기비판을 해야 했고 정치학습을 받아야만 했다.

이러한 정풍운동을 매듭지으면서 1942년 5월 마오쩌둥은 「연안문예강화」를 발표했다. 「연안문예강화」의 주요 내용을 이루고 있는 작가의 '입장의 문제', '보급과 질적 제고의 문제', '문학과 정치의 관계', '문예비평의 기준', 그리고 '폭로와 찬양

---

7 왕스웨이의 사상의식을 비판한 판원란은 "왕스웨이는 반당의식에 가득 차 있으며 「야백합화」 역시 반공분자들에 의해 반공의 도구로 사용되어졌다고 주장한다.

의 문제'들은 궁극적으로 지식인에게 ' 혁명에 대한 철저한 종사'를 요구했고, 그 방법은 '정치노선에 대한 순응과 정책의 찬양'을 통해서 이루어질 수 있다고 강조했다. 반봉건 사상혁명의 가장 유력한 무기였던 개성의 실현이나 자아의 발견들은 부르조아적이며 자유주의적인 것으로 낙인찍혔고, 설사 그 가치를 인정한다고 할지라도 혁명의 완수 때까지 유보되어야만 했다. 인도주의 역시 그 보편적 가치 보다는 사회주의의 정치적 이상을 분명히 지향하는 '사회주의적 인도주의'만 인정되었다[8].

이제 지식인은 더 이상 '개인주의와 인도주의'의 모순의 통일체가 아니었고, 사회주의적 이상의 실현에 대해 그 어떤 회의도 품지 않고 그 속에서 개성을 발견하고 자아를 실현할 수 있다고 굳게 믿었다. 어떤 의미에서 이 시기의 지식인들은 정신적으로 가장 행복했을 지도 모른다. 갈등없는 자아와 모순없는 사회 속에서 정책은 하나 하나 현실화 되었던 승리의 시기였기 때문에 지식인들의 발언은 모두가 자발적이었고 일치된 것이었다.

---

8 마오쩌둥은 「연안문예강화」에서 인성에 관하여 이렇게 말한다. "인성이라는 것이 있습니까? 물론 있습니다. 그러나 오직 구체적인 인성만이 있을 뿐 추상적인 인성은 없습니다. 계급사회에서는 계급성을 지닌 인성만 있을 뿐 어떤 초계급적인 인성은 없습니다. 우리는 프로레타리아계급의 인성, 인민대중의 인성을 주장하지만, 지주계급과 부르주아계급은 지주계급과 부르주아계급의 인성을 주장합니다."

2.

1949년 이후 마오쩌둥이 바라 본 지식인은 연안 정풍운동 당시의 지식인과 크게 다를 바 없었다. 지식인은 항상 동요하는 계급이었고, 개인주의적 성향을 완전히 버리지 못하고 있을 뿐만 아니라, 독버섯처럼 민중을 오염시키고 더 나아가서 새로운 부르조아의 탄생을 가능케 하는 계급이라고 생각했다. 그렇기 때문에 1949년부터 문화대혁명이 끝나는 1976년까지의 모든 정치적 격변은 항상 지식인을 둘러싸고 일어났으며, 그 원인 또한 지식인들의 공고하지 못한 사상성 때문이라고 규정했다. 1950년대 초기에 있었던 3대 사상비판운동이 그랬고, 1957년의 반우파 투쟁도 마찬가지였으며, 문화대혁명 역시 반우파 투쟁의 극좌적 표현이었다[9]. 그런 점에서 1951년의 무훈전비판과 1956년 쌍백운동을 거친 뒤 57년에 일어났던 반우파투쟁은 이후 중국의 현대사에서 지식인들이 단선적인 행위양태를 취할 수밖에 없게 만들어버린 가장 중요한 사건들이라고 본다.

우선 영화『무훈전(武訓傳)』비판은 건국 초기 지식인들의 사상적 경향과 언론을 형성하는 형태를 규정짓는 결정적인 사건이었다. 그리고 이 무훈전 비판의 결과 지식인들의 언론과

9 소위 3대 사상개조운동은 무훈사상비판, 홍루몽연구비판, 후펑 문예사상 비판을 가리킨다.

행위는 언제든지 정치 지도자의 정치적 판단에 따라 결정된다는 것이 확인되었다. 그러기에 그 이후 지식인은 여론과 시대의 흐름을 주도하는 것이 아니라 정치 지도자가 허가한 내용을 단지 자신들의 입과 글을 통해 반복하는 존재임에 불과했다.

우리는 『무훈전』 비판의 전말을 통해 지적인 탄력성을 잃고서 굳어져만 가는 중국 지식인들의 모습을 쉽게 발견할 수 있다. 영화 『무훈전』은 청말 봉건통치 아래서 농민들의 교육을 위해 구걸이라는 방식으로 돈을 모으고, 그 돈으로 학교 세 곳을 세워 농민 교육을 직접 실천했던 무훈의 일생을 영화화 한 작품이다. 1917년 미국 유학에서 돌아 온 타오싱즈陶行之는 무훈의 이러한 실천적 삶을 민중교육의 모범으로 평가했고, 당시 좌익 영화운동가였던 쑨위孫瑜가 무훈의 일대기를 영화를 만들었다.

이 영화는 영화가 상연된 1951년 2월 상해와 남경의 비평가들과 관객들에 의해 상당한 호평을 받았으며 북경의 각계 지도자급 인사들도 교육적 가치가 있는 작품으로 평가했다[10]. 그러나 관객과 일부 지도층 인사들의 찬사가 있었다고 해서 그 작품의 사상성에 대한 최종적 평가를 얻은 것은 아니었다. 그렇지만 당시 지식인들은 무훈의 행위가 봉건통치라는 시대적 한

10 戴知賢, 『文壇三公案』, 河南人民出版社, 1989, 192쪽.

계 속에서 이루어진 것이었기 때문에 그의 민중 교육에 대한 열정 자체만으로도 상당히 칭송할만한 가치가 있다고 보았다. 이처럼 무훈이 지식인들에게는 인도주의적 삶의 구체적 체현자로 보여졌을지 모르지만, 중국 공산당이 정권을 잡은 1951년이라는 그 시점에서도 이러한 가치가 여전히 유효한가 라는 의문이 남았다. 물론 이 의문은 당시 지도층 중에서도 마오쩌둥이 거의 유일하게 제기 했던 것으로 보여진다[11].

마오쩌둥은 1951년 「인민일보」의 사설 '영화 무훈전에 관한 토론을 당연히 중요시 해야 한다'라는 제목의 사설을 통해 무훈전에 관해 벌어지고 있는 지식인들의 사상적 혼란을 지적하고, 당사자들은 철저한 자아비판과 정치학습을 거쳐 사상개조를 해야 한다고 주장했다. 마오쩌둥은 전 인민의 80%를 차지했던 혁명의 주력군인 농민과 무장한 농민인 병사들의 문화적 욕구를 어떻게 충족시켜 줄 것이가를 고민하고 있었다. 뿐만 아니라 이들 노동자 농민 병사들을 사상적으로 각성시키고 또 교육하기 위해서는 그들의 삶과 정서에 부합되는 예술작품의

11 1951년 2월 하순 베이징의 중남해에서 이 영화가 상영되지 참석했던 모든 고위층들이 높이 평가를 했고, 당시 선전부와 문화부를 맡고 있었던 저우양周揚, 후자오무胡喬木까지 문제를 제기하지 않았을 뿐만 아니라, 이 영화에 대해서 문제를 제기했던 장칭江青의 의견에 반대까지 했다. 何平華, 「中共開國后第一个文化罪案考」, 『二十一世紀』 42期 92-94쪽 참조.

창작이 절실하게 필요했다. 그래서 무훈전을 비판했던 초기에는 실존 인물인 무훈의 교육정신을 높이 평가했던 타오싱즈의 교육사상에 대해서도 상당히 너그러웠다[12]. 그런데 왜 마오쩌둥은 무훈전에 관한 토론을 무훈전 비판운동으로 전환시키고, 이 비판운동을 통해서 많은 지식인들을 우파분자로 처단했을까?

여기에는 몇 가지 해석이 가능하다[13]. 첫째는 1951년의 중국은 당시 한반도에서 미국이라는 초강대국과 전쟁을 치르고 있었으며, 무훈의 교육정신을 찬양했던 교육학자 타오싱즈는 미국에서 유학을 한 뒤 미국의 유명한 교육학자 존 듀우이(John

12 실제로 저우양에 의해서 무훈전을 비판하도록 지시를 받아 글을 썼던 가제지賈齊之 마저도 타오싱즈가 무훈정신을 드높였던 시기는 국민당의 백색테러가 심한 상황이었기 때문에 무훈정신을 통해서 민중교육의 실천을 내세웠던 타오싱즈의 사상과 교육실천은 이해할 수 있다고 말했다. 『文藝報』 4卷 1期, 1951年 4月.

13 하평화는 이에 대해서 1)연안문예강화를 통해서 문예부문까지 완전히 권위를 장악한 마오쩌둥으로서 당시 교육분야에 대한 권위가 여전히 타오싱즈에게 남겨져 있다는 점을 좌시할 수 없었다. 2) 중국이 당시 처하고 있었던 친소반미 외교정책의 일환으로서 미국의 교육사상이라고 할 수 있는 타오싱즈의 교육이론을 좌시할 수 없었다, 3) 타오싱즈의 경험주의적 교육사상을 비판함으로써 그의 최대 저작이라고 할 있는 「실천론」의 경험주의적 경향에 대한 비판을 사전에 차단하기 위해서였다고 해석하고 있다. 하평화, 위와 같은 논문 「21세기」 98-101쪽 참조.

Dewey)의 교육사상을 전파했던 대표적인 인물이었다. 그런 타오싱즈는 호적과 함께 당시 지식인 사회를 이끌고 있었던 미국 유학파 출신의 대표였으며, 마오쩌둥은 그런 미국 유학파들에게 강력한 경고의 메시지를 주어야 할 필요가 있었다. 실제로 마오쩌둥은 타오싱즈가 주장했던 교육실천 활동과 생활교육 이론이 가지고 있는 진보성과 인민성을 상당히 긍정적으로 평가했으며[14], 1946년 타오싱즈가 세상을 떠났을 때 루띵이陸定一의 추도사를 통해 타오싱즈의 교육사상을 "신민주주의 교육사상이자 인민을 위한 교육사상이다"[15]라고 그의 업적을 칭송했다. 그런 마오쩌둥이 중화인민공화국이 건립되자 마자 완전히 180도 입장을 뒤바꿔 비판운동을 전개했다는 것을 설명하기 위해서는 1951년 당시의 정치적 상황을 고려하지 않을 수 없다.

두 번째로는 당내 지식인들의 사상적 혼란을 경계하기 위해서 무훈전 비판운동을 이용했다고 볼 수 있다. 마오쩌둥이 발표한 인민일보 사설을 세밀하게 분석해보면 이에 대한 그의 우려가 사설 속에 짙게 드리워져 있음을 알 수 있다.

---

14 周恩來, 「學習毛澤東」, 『周恩老選集』 上卷, 北京, 人民出版社, 1980, 333쪽.

15 『解放日報』 1946.8.12.

……특히 주의해야 할 사람들은 마르크스주의를 학습했다고 하는 공산당원들이다. 그들은 사회발전사인 사적유물론을 학습했다고 하면서도 구체적인 역사적 사건과 역사적 인물(예컨대 무훈)과 구체적인 반역사적 사상(영화 무훈전과 기타 무훈에 관한 저작물들)을 접하게 되면 비판의 능력을 잃어버리고 만다. 심지어 어떤 사람들은 이런 반동사상에 투항해버리기까지 하고 있다.

결국 위의 사설에 드러나 있는 마오쩌둥의 생각은 1942년 연안 정풍운동을 거쳤다는 지식인들의 사상이 여전히 완전한 사상개조를 이루지 못했으며, 새로운 정권이 수립된 지금 오히려 다시 그들의 사상을 검증을 해야 할 필요가 있다는데 이르고 있었다. 그러니까 1942년 「야백합화」에 대한 비판을 통해 정풍운동을 일으켰던 마오쩌둥은 영화 『무훈전』 비판운동을 통해 다시 한 번 사상개조운동을 일으켜야겠다는 생각을 한 것이다.

영화 『무훈전』에 대한 평가에서 드러난 당시 지식인들의 사상적 경향과 그들의 본원적 특질을 다시 한 번 살펴볼 필요가 있다. 신문화운동 이후 지식인들에게는 개인의 인성과 자아의 발전을 억누르는 봉건사상에 대한 저항과 수 천년 봉건의 질곡에서 헤어나지 못하고 있는 민중들을 구해야 한다는 인도주의적 이상의 실현욕구로 가득차 있었다. 계몽주의적 반봉건의식이라고 할 수 있다. 그런데 문제는 지식인의 반봉건 의식의 한 축을 이루고 있는 민중을 위한 인도주의적 이상을 실현하기 위해서는 반봉건의 또 다른 한 축인 개인의 인성과 자아의 발전을 어느 정도 억제해야만 하는데서 갈등이 싹트고 있었다. 이런 내적 갈등구조를 가지고 있었던 지식인들은 무훈의 삶 속에서 자신들과 같은 갈등구조가 없는 완전한 인민성과 인도주의의 실현이라는 가장 모범적 형태를 발견했다.

당시 지식인들의 이러한 판단은 이 영화를 감독했던 손유가 "무훈의 개인적이고 비극적인 투쟁방식이 50년대 초반의 중국에서는 혁명적인 의미가 없다고 할지라도 오랜 봉건의 질곡에서 이제 겨우 해방된 민중들의 문화적 수요를 인식시키고, 근검과 절약을 통한 자기 희생정신으로 대변되는 무훈의 행적은 새로운 사회의 건설을 눈 앞에 둔 당시 상황에서는 여전히 가치가 있다고 생각했다"[16]는 고백에서 가장 잘 드러나 있다. 그러나 당 지도부는 이를 두고서 '불가피하게 존재하지만 비판해야만 하는 사상'이 아니라, '본래부터 존재해서는 안되는 사상이 존재하는 것'으로 보았다.[17] 그래서 마오쩌둥은 『무훈전』

16 영화의 제작과 방영을 결정하기 위한 상해 문화당국의 『무훈전』 시나리오에 대한 좌담회에서 하연夏衍 등이 사상성에 대하여 문제를 제기하기는 했지만, 쑨위의 생각은 당시 영화 제작을 결정한 상해 문화국의 전반적인 분위기였다.

자체가 봉건적 경제 토대와 그 상부구조는 털끝 만큼도 건드리지 않았던 작품이라고 판단했고, 그래서 이에 대한 모든 인도주의적 접근 자체가 부정되었다. 뿐만 아니라 역사와 세계에 대한 모든 인도주의적 접근 자체 마저도 부정되는 결과를 가져왔다. 지식인이 인도주의를 실현할 수 있는 유일한 방법은 유물론에 입각한 계급투쟁만이 유일한 길이었다.

중국 건국 초기 『무훈전』 비판운동의 결과 속에서 우리는 당시 지식인이 자기실현을 위해서 갖추어야 할 개인주의와 인도주의라는 두 요소 중 인도주의적 요소의 정치적 한계를 엿볼 수 있다. 그렇다면 나머지 한 요소인 개성주의의 실현은 가능했던가? 5.4 신문화운동 시기의 지식인들이 실현하고자 했던 개성주의는 봉건 통치와 봉건사상에 대한 투쟁을 통해서 가능했다. 이처럼 개성주의의 실현을 위한 반봉건 투쟁은 당시 공산당이 규정한 중국혁명의 성격인 '반제반봉건혁명'에 적극 참여함으로써 인도주의와의 충돌을 피한 채 역사적 추동력을 발휘할 수 있었다. 그러나 건국 초기 인도주의의 실현에 분명한 한계가 지워지고 난 뒤, 개성주의 역시 실현될 수 없는 분명한 조건이 형성되기 시작했다. 그것은 관료주의였다. 이 관료주의

---

17 丸山昇, 『문화사상 투쟁의 문제』, 「중국혁명의 해부」, 동경대학출판부, 이삭, 1984, 299쪽.

는 봉건적 등급사상에서 파생된 것으로서 혁명을 완수한 공산당 내부에서 싹트고 있었다. 그리고 지식인의 지식과 창발성을 억압하고 함으로써 모든 사회적 기제들을 경직화 시켜갔다. 관료주의에 가리워진 지식인의 개성주의는 더 이상 숨 쉴 수 없게 되었다.

이처럼 조직과 사고의 경직화는 관료주의에 의해 나날이 심화되었다. 지식인은 이 관료주의의 심각성을 발견하고 관료주의에 의해 억압된 개성주의를 발현시킴으로써 이 문제들을 해결하고자 했다. 그것이 바로 1956년 일어난 소위 "쌍백운동(百花齊放,百家爭鳴)"이었다. 이러한 문제의식의 출발은 1956년 저우언라이周恩來가 행한 「지식인 문제에 관한 보고」 속에 잘 나타나 있다.

> 사회주의 경제를 건설하는 가장 근본적인 목적은 고도의 기술을 기초로 해서 생산력을 끊임없이 발전시켜 사회 전체적으로 계속 증가하고 있는 물질적 문화적 수요를 최대한 만족시켜주는 것이다. …이는 반드시 육체노동과 정신노동의 긴밀한 협력과 노동자, 농민, 지식인의 형제적 연맹에 의존해야 한다[18].

18 『中國共産党』, 解放軍出版社, 1984, 455-456쪽.

지금까지 지식인에게 보냈던 의심의 눈초리에서 탈피해 사회적 발전을 위해서는 그들의 역량이 필요하다는 점을 인정하고 있다. 동시에 지식인과 노동자 농민 계급과의 '형제적 연맹' 관계를 강조하고, 정신노동을 육체노동과 동등한 가치로 인정하기 시작했다. 그렇다면 정신노동의 발현을 어떻게 이끌어낼 것인가? 단순히 당 내부에서의 지위를 보장하는 것만으로는 부족했다. 그 유일한 방법은 지식인의 본원적인 속성인 개성주의가 잘 발현될 수 있도록 도와주는 것이다. 쌍백운동의 구호인 '백화제방, 백가쟁명'이 갖는 의미처럼 '자기의 주장을 마음껏 발표하고 그 어떤 제재의 제약이 없는 자유로운 창작활동을 허용하는 것'이었다. 당시 선정부장이었던 육정일은 이에 대해 보다 구체적으로 설명하고 있다.

> 우리가 주장하는 백가쟁명, 백화제방은 문화예술 사업과 과학연구 사업 속에서 독립적 사고의 자유를 가지며, 변론의 자유를 갖고, 창작과 비평의 자유, 자신의 의견을 발표하고 자신의 의견을 견지하며, 자신의 의견을 보류할 수 있는 자유를 외치는 것이다.

이러한 방침은 지금까지 지식인의 개성주의를 억누르고 있었던 관료주의와 교조주의를 공개적으로 비판할 수 있도록 허용함으로써 경직화 되던 국가 조직에 활력을 부어넣겠다는 구상이었다. 지식인 역시 자신들의 존재 가치가 확인되는 개성주의를 마음껏 발현할 수 있다고 여겼던 이 쌍백운동에 적극 참여했다. 실제로 이 기간 동안 중국에서 금기시되었던 많은 학술 논쟁과 문예창작이 가능해졌다.[19] 예술 영역에서는 개념화 되고 공식화 된 교조주의를 비판하기 시작했고, 사회 각 영역에서 발생하고 있는 관료주의의 폐해를 지적하는 소설이 창작되었다. 뿐만 아니라 지금까지 계급성만으로 규정되었던 인성에 대해서도 활발한 토론이 이루어졌다. 그 결과 인성에는 계급적 속성만이 아닌 자연적 속성 역시 존재하고 있음을 인정하고, 더 나아가서 보편적 인성으로서의 '공통인성'의 존재를 제기하면서 마르크스주의의 인도주의적 특성을 강조하기도 했다.

그러나 쌍백방침의 구호 아래 활짝 열렸던 지식인들의 이러한 논의들은 1957년 반우파투쟁에 의해 종식되고, 쌍백운동을 개성주의를 발현할 수 있는 좋은 기회라고 여겼던 지식인들은 모두 우파분자라는 낙인이 찍혔다. 이들은 이후 문화대혁명이 끝나고 중국 공산당 11기 3중전회와 6중전회를 거쳐서 복권될

19 학술영역에서 교조주의의 예는 수없이 많았다. 예를 들면, 생물학 혹은 기타 자연과학 영역에도 '봉건', '자본주의', '사회주의', '무산계급'과 같은 표지를 붙이고서 '중의학은 봉건적 의술이며, 멘델과 모르간의 유전학은 자본주의적이다'라는 주장까지 했다.

때까지 역사의 모퉁이에 내팽겨졌다. 이 시기 이들을 비판했던 대표적인 인물인 야오원위엔姚文元의 논지 역시 1951년 무훈전 비판운동 당시의 논리와 같았고, 궁극적으로는 1942년 마오쩌둥의 「연안문예강화」를 교조적으로 충실히 이행한 것에 불과했다.

결국 중국의 지식인은 사회주의 중국의 건립 초기와 1956년 사회주의권 내부의 변화를 거치면서 개성주의와 인도주의 정신이 완전히 억압되는 상태로 전락되었다. 지식인으로서의 가치를 완전히 상실하기에 이르렀고, 당의 노선이나 당의 정책을 충실하게 선전하는 메카폰 역할을 하는데 불과했다. 그러나 1966년 문화대혁명이 시작되면서는 그것마저 인정되지 않았다. '추잡하게 냄새나는 아홉 번째 계층(臭老九)'으로 취급된 지식인들은 휘몰아치는 극좌적 광풍 앞에서 자아의 상실조차도 사치스러운 것이었다.

3.

문화대혁명 이후의 시기를 말하는 신시기는 개혁과 개방으로 그 시대적 특징을 설명할 수 있다. 무엇을 개혁하고 무엇으로부터 개방을 하겠다는 것일까? 떵샤오핑 정권의 출발 초기에 내세웠던 개혁과 개방은 가깝게는 문화대혁명이 만들어냈던 극좌적 정치사상, 비효율적인 관료주의 체제를 개혁해서 서구의 선진적인 과학기술과 자본을 끌어들이는데 필요한 개방을 추구했다. 그리고 경제특구를 통한 외국 자본의 유입과 그로 인한 경제발전은 계층별 지역별 불균등 발전이기는 했지만 적어도 기본적인 생활의 수준 향상을 가져왔다. 연평균 10%대 중반을 웃도는 고도성장을 이룩함으로써 일단 개혁 개방 정책은 성공했다.

개혁 개방 정책이 시행되었을 때 중국의 대다수 지식인들은 적극적인 지지를 보냈다. 문화대혁명이 종식되기까지 가장 커다란 피해자였다고 할 수 있는 지식인들로서는 당연한 태도였다. 정치경제적 개혁개방은 반드시 사상적 개혁 개방이 필요했으며, 그러기에 개혁개방 초기에 지식인들은 지난 권위주의적 체제가 얼마나 인간성을 경직시키고 황폐화시켰는가를 지적하는데 집중했다[20]. 그리고 자신들이 열중했던 폭로의 시기가 어느 정도 지나자 문화대혁명과 같은 시기가 있게 된 원인과 다시는 일어나지 않게 할 수 있는 방법을 모색하기 시작했다. 1980년대 들어서자 모든 영역에서 활발하게 일어났던 논쟁들

20 1976년 유심무의 「학급담임」이라는 소설이 발표되고, 곧 이어서 루쉰화의 「상흔」으로 이어지는 소위 '상흔문학' 계열의 작품들은 대부분이 문혁 시기에 겪었던 인간성의 파괴, 당 관료의 횡포 등을 고발한 작품이었다.

이 이를 대변해주고 있다. 논쟁이 뜨거웠던 모든 영역에서의 관심도는 약간 씩 달랐지만 그 원인을 분석 결과는 대체적으로 같은 결론에 도달했다. 1949년 중국의 건립 이후 진행된 사회주의 혁명의 역사는 오랜 역사 동안 중국인의 문화적 세포에 깊이 박힌 봉건적 잔재를 청산하지 못한 채 진행되었기 때문에 많은 문제점을 내포하고 있었다. 특히 봉건적 등급관념이 계급혁명의 외투를 걸치고 있었다는 지적이었다. 이러한 지적에 동의한다면 그 해결책은 '반봉건'의 기치가 여전히 유효하다는 주장에 모아졌고, 지식인들이 택할 수 있는 것은 개성의 발현, 계몽의 실시 같은 것이었다. 루쉰의 표현을 빌리자면 '개성주의와 인도주의'의 실현이라고 할 수 있다.

그러나 이러한 개성의 발현과 계몽의 실시를 위한 방법론의 채택에서는 약간의 차이가 있었다. 하나는 전통적인 민족주의적 태도였고, 다른 하나는 서구화를 통한 문제의 해결이었다. 문학의 영역에서 전자는 리얼리즘의 올바른 복원을 주장했고, 후자는 모더니즘의 수용을 주장했다. 어떻게 보면 전자는 인도주의의 강조였고, 후자는 개성주의를 강조한 측면이 있지만 지식인이 가지고 있는 근원적인 속성이라는 측면에서는 동일하다고 본다. 그래서 이 시기의 주요 논쟁들을 보면 대부분이 50년대 쌍백운동 시기의 문제의식과 비슷했다. 인성과 인도주의에 관한 논쟁이 그렇고, 모더니즘에 관한 논의가 그랬다. 결국

80년대는 '반봉건'을 위한 계몽과 현대화라는 두 축 아래 지식인은 존재했다. 그리고 이 두 축은 떵샤오핑 정권이 추구했던 개혁개방 정책과 어떤 의미에서는 같은 틀 내에 속했다. 적어도 1989년까지는 그랬다.

경제개발 위주의 개혁과 개방이 반봉건의 대상이 되는 정권에 의해 주도됨으로써 개혁개방의 과실과 개혁개방을 위한 정책결정이 그들에게 독점되어 또 다른 봉건적 신분질서를 만들고 있었기에 1989년 천안문 사건은 필연적이었다. 그리고 반봉건의 실행방법으로 택했던 서구적 합리주의는 일정 정도 정치적 민주화를 요구하게 되는데, 경제개발을 위해서는 정치적 민주화를 유보시킬 수밖에 없다고 생각했던 집권층과는 충돌을 피할 수 없었다. 중국의 경제개발 모델은 갈수록 심해져 가는 지역간 계층간 불균형을 야기시킴으로써 지식인들의 인도주의 정신을 억압했고, 당정일치의 정치 체제를 고집하는 당국의 태도는 지식인들의 개성을 억압했다. 지식인들의 입장에서 보면 그들이 이끌어 오고 소망했던 개혁개방은 오히려 자신들의 이상의 실현을 억압하는 굴레로 변해가고 있었다.

1990년대는 이 천안문 사건에 대한 분명한 답변이 필요한 시기였다. 전면적인 보수화도 그 답변의 하나가 될 수 있었으며, '부르조아 자유주의 반대운동'이나 '뇌봉학습운동'의 전개가 그런 징후를 보여줬다. 왜냐하면 천안문 사건 당시 광장에서는

'중국=봉건,낙후,전근대/서구=후현대,진보'라는 이분법적 주장이 난무했기 때문이다. 그렇지만 중국 정부는 보수화의 채택보다 오히려 시장경제의 완전한 결합을 선택했다. 소위 '사회주의 시장경제론'의 도입이다. 그리고 이 시장경제의 심화는 비로 '사회주의'라는 관형어가 붙기는 했지만 지식인들에게 가장 당혹스런 것이었고, 그들을 무력하게 만드는 것이었으며, 기존의 지식인 구조를 재편하게 만드는 것이었다. 연 10%를 훨씬 상회하는 경제발전, 엄청난 외국 자본의 유입, 소비형태의 변화, 모든 영역의 세계시장으로의 편입 등은 지식인들의 의식과 지식인층의 전통적 구조마저 뒤흔들어졌다. 왜냐하면 이러한 변화로 인해 지식인의 지적 생산물과 지식노동자 시장 역시 결국은 수요와 공급의 법칙에 의해 이루어져 가고 있었기 때문이다. 그래서 새롭게 깊이 들어온 시장이라는 괴물은 중국 지식계의 전통적 교환질서를 무너트렸을 뿐만 아니라, 전통적인 생존 방식과 질서를 무너트리기에 이르렀다. 특히 인문과학에 미치는 영향은 지대했다.

이 새로운 시장경제에 의해 무너져 내리는 인문정신을 드높이기 위한 여러 가지 대응이 있었다. 그러나 그 힘은 너무나 무력했다. 특히 80년대 중반부터 꾸준히 목소리를 높여 온 '신유가' 사상은 시장경제 질서 속에서 쉽게 공허해져버릴 수 있는 정신적 공백을 메우기 위해 '전통'에 대한 새로운 해석을 하기 시작했다. 소위 지금가지 전통이 가져 온 의미는 대체적으로 봉건전제를 옹호하는 의식형태이자 근대 중국의 굴욕과 낙후, 분열, 우매함을 상징했다. 그러기에 전통의 해체는 곧 구 체제의 와해이자 구 의식형태의 와해를 의미했다. 그 결과 당시의 지식인들은 '현대화=서구화'라는 틀을 쉽게 받아들였는데, 그 이유는 새로운 사회의 모형과 이론을 만들어내지 못했기 때문이다.

90년대 당시의 중국 지식인들 역시 전통의 이중구조를 이해하지 못하긴 마찬가지였다. 즉 '전통의 표층과 하드웨어(국가제도)는 밀접한 관계를 가지고 있지만, 심층은 민족의 생존, 발전, 그리고 풍부한 생명력이 의존하고 있는 곳이다. 그래서 그 심층은 전통 중에서 인류의 보편성을 가장 많이 가지고 있는 부분이며 종교적 의미의 신앙체계와 가치체계를 자기고 있다. 그래서 전통의 심층은 한 민족이 현대화 되는 것과 모순되지 않을 뿐만 아니라 현대화의 전제 조건이라고 할 수 있다. 이렇게 본다면 90년대 이후 시장경제의 확산 아래 인문과학 지식인들이 자기의 존재가치를 확인할 수 있는 것은 곧 시장경제가 다 해결해줄 수 없는 전통에 대한 재해석과 가치 주장에 있을 것이다.

4.

중국의 지식인은 사회의 변동기 때마다 억압 구조에 맞서 자신의 이상을 실현하기 위한 개성주의 정신과 '계몽과 구망'이라는 인도주의 정신을 발휘해 왔다. 크게 보자면, 5.4시기 지식인은 봉건통치와 봉건사상에 맞섰으며, 제국주의 침략과 싸워 자신들의 인도주의 정신을 실천할 수 있는 국가의 건설에 기꺼이 참여했다. 그러나 중국의 건립은 지식인들의 출신계급과 그 계급성에 대한 끊임없는 회의로 인해 사상비판, 사상개조의 대상이 되어 왔다. 무훈전비판(1951년), 홍루몽 연구 비판(1954년), 후평 문예사상 비판(1955년), 반우파투쟁(1957년), 수정주의 비판(1962년), 문화대혁명(1966-1976년)과 같이 건국 이후 거의 쉴 새도 없이 연이은 사상운동은 지식인의 개성주의와 인도주의 정신을 억눌렀다.

문화대혁명이 끝난 뒤의 신시기는 중국의 새로운 문예부흥기라고 할 수 있을 정도로 그 동안 억눌리고 획일화 되었던 지식인들의 사상적 금고를 풀어주고 그 지평을 넓혀주었다. 그렇지만 거기에는 정권 선전의 메가폰을 버리고 5.4 정신 속에 담긴 민족주의적 지식인의 모습을 회복하려는 사람들과 개혁개방의 당위성을 서구의 지적 체계 속에서 찾으려는 사람들로 나뉘어진다.

천안문 사건은 시대의 아픔을 담아내는 절실함과 새로운 시대를 열고자 하는 충정이 담겨져 있기는 했지만 좌절을 맛보아야만 했다. 그와 동시에 중국 정부의 과감한 시장경제의 도입으로 지식인들은 새로운 도전에 직면해야 했다. 시장경제는 중국인의 의식 속에 상품가치를 깊이 새기기 시작했고, 그 결과 지적생산물 역시 시장에서의 상품가치를 생각하도록 만들었기 때문이다. 지금까지 경험하지 못한 변화 앞에서 중국의 지식인은 엄청난 상실감을 느껴야 했고 이는 지금까지 누려왔던 문화권력의 상실이기도 했다. '인문정신의 위기'를 외쳐보기도 했지만 이는 전통적 지식인의 외침에 불과했고, 새로운 시대는 새로운 지식인의 탄생을 요구하고 있었다.

8,90년대 문혁소설을 통해 바라 본 중국 지식인의 의식 전환

1.

1966년부터 1976년까지 일어났던 중국의 문화대혁명은 중국인들에게 가장 기억하고 싶지 않은 역사이면서 동시에 가장 기억해야만 할 역사일 것이다. 가장 기억하고 싶지 않은 역사라고 한다면, 그것은 아마도 실패한 역사로 규정되고,[1] 그 실패한 역사에 대한 기억과 고발들은 수 없는 기록문, 소설, 영화 텍스트로 만들어져 중국인들에게 반복적인 각인이 이루어졌기 때문이다. 그러나 기억해야만 하는 역사라는 적극적 의미를 본다

1 1981년 6월 27일 중국공산당 제11기 중앙위원회 제6차 전체회의에서 만장일치로 채택된 「건국이래 당의 약간의 역사문제에 관한 결의」에서 "문화대혁명의 역사는 마오쩌둥 동지가 일으킨 문화대혁명의 주요 논점이 마르크스 레닌주의에 맞지 않았을 뿐만 아니라, 중국의 실정과도 맞지 않았다는 것을 증명해주고 있다"고 규정하고 있다.

면, 앞에서 말한 부정적 의미를 포함해서 문혁 10년간의 역사 행위와 의미를 재구성해보자는 의지가 담겨져 있는 표현이라고 하겠다.[2]

문화대혁명으로 대표되는 중국 사회주의 혁명의 역사적 실험과 그 이념적 중심이었던 마오쩌둥주의는 중국 본토 뿐만 아니라 당시 6,70년대 서구유럽의 좌파 지식인들이 경청하던 하나의 이념적 모델이 되기도 했다. 그리고 그 경이로운 인간사회의 실험에 관하여 서구 유럽 좌파 지식인들은 문혁을 앞 다투어 소개하면서 지지 의사를 표했었다. 우리 사회 역시 마찬가지이다. 서슬 퍼런 유신 시절 지식인들의 필독서로 여겨졌던 이영희 선생의 「8억 인과의 대화」는 문화대혁명 시기 중국 사회 전반에 걸친 현장 보고서였다.[3]

---

2 이욱연 「소설 속의 문하대혁명」 『중국현대문학』 제20호 : 이에 대해서는 이욱연의 글 속에 비교적 자세히 소개하고 있다. 소위 신좌파가 주장하듯이 문화대혁명과 마오쩌둥 사회주의의 합리적 요소의 재발견, 그리고 '10년 동안의 재난' 혹은 '10년 동안의 동란'으로 규정하는 것은 지식인의 시각에서 나온 것으로서 문화대혁명의 실상에 부합되지 않는다는 주장 등이 그것이다.

3 대부분이 60년대 후반에서 70년대 중반까지 중국을 방문했던 중국 관련 전문가들의 보고서를 편역한 이 책의 서문에서 이영희 선생은 "1) 현지의 민중 속에 들어가 직접 보고 듣고 살핀 체험 견문기록과 비교분석만으로 한다 2) 체험과 견문의 주체는 반드시 서방서계의 각 해당분야의 최고 권위자이거나 저명한 전문가로서 우리나라의 제반 실정에 부합되는 인물이어야 한다. 3) 이른바 '친중공적'인 편견을 가졌

주지하다시피 문화대혁명은 1976년 막을 내렸다. 그리고 2-3년에 걸친 내부투쟁을 통해 1978년 12월 11기 3중전회가 열려 떵샤오핑의 개혁개방의 시대가 열렸다. 이러한 정치적 변화에 따라 우리의 관심사인 문화적 기억행위 역시 발빠르게 이어졌다. 1977년 리우신우劉心武의 단편소설 『담임선생(班主任)』이 발표되고, 이어서 루신화盧新華의 『상흔(傷痕)』이 출현하면서부터 10년에 걸친 문화대혁명동안 중국 인민이 겪어야 했던 생활의 질곡들, 그리고 그 질곡으로 인한 정신적 상처들을 드러내 보여주는 작품들이 봇물처럼 쏟아졌다.[4] 이어서 소위 '반사문학反思文學'이 출현했다.[5]

다고 알려진 개인이거나 사회주의권 원전은 일체 배제한다 4) 문화혁명이 끝난 이후의 최근 견문을 주로 한다 5)이상의 기준을 만족시키는 원저 속에서도 과찬과 훼손에 치우친 듯한 느낌을 주는 글은 되도록 배제했다"는 매우 엄격한 기준을 제시하고 있다. 당시 시대적 상황을 감안한다고 할지라도 대단히 엄격한 기준이다.

4 김종현, 「상흔문학과 반사문학에 나타난 인간의 문제」, 『중어중문학』, 1990년 제12집, 56쪽.

5 보통 신시기 이후의 문학을 설명하면서 상흔문학과 반사문학을 구분지어 설명하거나, 더 나아가 상흔문학은 문혁을 제재로 한 초기 형태의 고발문학이고, 반사문학은 그 보다 심화 발전된 문학이라고 설명하고 있다. 그러나 시대적 기술의 편의성이나 문학현상을 설명하기 위해서는 이러한 구분도 가능하지만, 상흔문학과 반사문학 작품을 예술적 완성도 측면에서의 심화나 발전의 기준으로 그 둘을 나누기는 쉽지 않다. 대부분 단편소설로 이루어졌던 상흔문학 계열의 작품이라 할지라도 그 모두가 중장편을 위주로 하는 반사문학 보다 예술적 완

이러한 문학작품들이 선도한 문화대혁명에 대한 평가는 앞에서 언급한 「8억인과의 대화」속 보고서를 비웃는 수준이라고 해도 과언이 아니다. 상흔문학과 반사문학이 행한 기억행위 속에 드러난 문혁 기간 동안의 중국 사회는 인간성이 철저하게 파괴된 시기였다. 그리고 그들이 육성으로 들려주고 있는 문혁 시기에서는 새로운 사회에 대한 전망이나 희망의 씨앗을 찾을 수가 없다. 그저 뭉개지고, 파멸되고 소모 되어진 인물 군상들만 드러나고 있을 뿐이다. 무엇 때문일까? 그 누구보다도 문화대혁명에 대해 격렬한 열정을 가졌던 한 세대가 또 다시 가장 앞서서 문화대혁명을 철저히 부정하는 이 현상을 어떻게 해석해야만 할까. 「역사적 결의」에서 규정한 것처럼 한 지도자의 잘못된 역사적 판단 때문이었을까? 아니면 인간의 본원적인 속성 속에 폭력을 갈구하는 야만성이 자리 잡고 있기 때문인가? 이런 문제를 풀어가기 위해서 문혁의 기억행위에 관한 두 편의

성도가 뒤떨어진 것은 아니며, 또한 역사적 상처를 드러내놓는다는 것은 곧 지난 역사에 대한 반추이며, 이러한 반추의 동기 대부분이 상처의 발견으로부터 시작하고 있기 때문이다. 그런 의미에서 보면 상흔문학이 곧 반사문학이며, 반사문학이 곧 상흔문학이다. 뿐만 아니라 이 둘은 모두 주제와 제재 면에서 상당한 공통점을 가지고 있다. 이에 대해서는 이욱연의 「소설 속의 문하대혁명」 『중국현대문학』 제20호 288쪽과 졸고 「상흔문학과 반사문학에 나타난 인간의 문제」 『중어중문학』 제12집 56쪽을 비교 참고 바람.

논문과 대화를 해본다.

2.

문혁에 대한 문화적 기억행위를 평가하기 위해서는 다음의 두 가지 문제를 중심으로 대화가 이루어져야 한다. 우선 80년대 혁명소설[6]에 대한 평가의 문제가 가장 먼저 제기될 수 있다. 다시 말해서 문혁을 배경으로 하고 있는 80년대의 혁명소설은 개혁개방이라는 80년대 관방 이데올로기와 어떤 관계를 가지고 있는가를 따져보아야만 한다. 그러기 위해서 가장 우선시되는 질문은 지금까지 중국 당대문학이 걸어왔던 문예방침에 근거한 당 노선을 선전하는 적극적 확성기 역할을 담당했는가, 아니면 일정 정도 관방 이데올로기와 일치하는 부분이 있다고 할지라도 문혁에 대한 인식의 한계를 극복하기 위한 문학 내적 몸부림이 있었는가 하는 점일 것이다. 그 다음으로 토론할 문제는 89년 6월이라는 역사적 사건을 겪은 90년대의 문혁소설에 대한 평가가 이어져야만 한다. 왜냐하면 89년 6월을 겪지 않은 문혁소설의 문혁에 대한 기억행위와 89년 6월을 겪은 뒤

6 본 논문에서의 '문혁소설'은 문화대혁명을 시대적 배경으로 한 소설에 대한 통칭으로 사용한다. 그러기에 일반적으로 상흔문학, 반사문학, 지청문학 모두를 아우르고 있다.

출현한 문혁소설의 그것은 분명 다를 것이기 때문이다.

동일한 문제의식에서 출발한 이욱연은 소위'문혁 소설', 즉 그것이 상흔문학이던 반사문학이던 그 명칭에 상관없이 문화대혁명을 대상으로 하거나 배경으로 하고 있는 소설 작품에 대하여, "80년대와 90년대 중국 사이에는 시대정신이나 가치관, 그리고 지식인들의 현실인식에 있어서 중요한 차이가 나타나고 있다고 보는 것이고, 그러한 차이가 문혁에 대한 인식의 변화로 나타나고 있으며, 문혁을 다룬 소설에서도 드러나고 있다"[7]고 말한다. 즉, 문혁을 배경으로 한 80년대 작품들을 두부모 자르듯이 할 수는 없지만, 문혁을 배경으로 한 90년대 작품은 "질적 차이가 나며, 그 주요한 이유는 작가의 시대정신, 가치관, 현실인식에 있다"[8]는 것이다. 이를 논증하기 위해 이욱연은 80년대의 대표적 작품으로 『사람아, 사람아』와 『남자의 반은 여자』을 들고서 이 두 작품이 보여주는 시대인식과 가치관을 분석하고 있다.

이 두 작품은 80년대에 있었던 다른 지적 담론들을 다 아우르지는 못한다고 할지라도 80년대 중반까지 주요한 담론이었던 '인성론'에 관한 논쟁의 문학적 표현이라고 할 수 있다. 소

---

7 이욱연의 위의 논문, 287쪽.

8 상동.

위 '신시기'라고 불리우는 80년대 초중반에 이루어졌던 인성론 논쟁은 문혁 이후 어떤 사회체제를 구축할 것인가, 그리고 그러한 사회의 건설을 위해서는 인간을 어떻게 규정해야 할 것인가 하는 지극히 실천적인 논쟁이었다. 그러므로 "문화대혁명을 마무리 짓고 새로운 사회주의 체제를 건설해야 하는 고민에 접어든 중국 신시기의 인성에 관한 논쟁은 미래 사회 전반을 구상하는 문제였으며, 나아가서 이념으로서의 사회주의와 현실사회주의의 간극에서 오는 회의로 인해 마르크스주의에 대한 재점검"[9]이라는 성격을 띠고 있다.

이욱연 또한 이 두 작품이 "결국 문혁이라는 역사적 사건을 소설로 다루면서 인간이란 무엇인가라는 인간의 존재에 대한 질문을 제기하고 이에 대한 해답을 내놓음으로써 문혁 시기의 인간에 대한 이해가 철저하게 반인성적인 것이었음을 폭로하고 있다"[10]고 분석한다. 그리고 이러한 고민들이 "공상적인 사회주의 성격을 띠었고, 휴머니즘으로 마르크스주의를 개조하고, 그렇게 개조된 마르크스주의로 마오쩌둥의 반근대성적 근대화 이데올로기를 비판하였다"[11]는 왕후이의 논조에 동의를

9 김종현, 위의 논문, 57쪽.

10 이욱연, 위의 논문, 292쪽.

11 왕후이, 「중국 사회주의와 근대성 문제」, 『창작과 비평』 1994년 겨울호, 62쪽.

표한다. 나아가서 이욱연은 이러한 인성론 논쟁과 궤를 같이 하는 문혁소설 혹은 반사소설이 "초기 마르크스 사상에 경도되어 소외와 휴머니즘을 통한 사회주의 인간관의 재구성, 계급성과 인성의 재조정을 통해 인간 주체에 대한 새로운 인식을 추구하던 조류 등과 같은 맥락에 서 있는 것이다"[12]라고 비판을 한다.

결국 이욱연은 소외론과 휴머니즘론을 얘기하는 초기 마르크스주의에 대한 부정적 입장과 함께 80년대의 문혁소설, 즉 상흔문학과 반사문학에 대한 비판적 결론에 도달하고 있다.

> 이 같은 차원에서 보자면, 상흔문학이나 반사문학 속의 80년대 문혁 소설은 문학사적 차원에서 자리매김할 때, '신시기'에 어울리는 참다운 '새로운 문학'으로 보기는 어렵다. 상흔문학이나 반사문학 등의 80년대 문혁 소설은 80년대 개혁개방 시대의 지배 담론, 지배이데올로기의 공식적인 역사해석과 미래 전망을 공유하고 있었고, 심지어 그것을 촉진했다고 할 수 있다. 즉, 80년대 문혁 소설이 문혁 시기 문학과는 다른 형태로 지배이데올로기와 공모 관계에 있었거나 그것에 자진 복무했다는 것이다.[13]

12 이욱연, 위의 논문, 294쪽.

13 상동.

다시 정리하자면, 80년대 문혁소설은 사상적으로 초기 마르크스주의인 소외론과 휴머니즘론에 경도되어 있으며, 이는 곧 공상적 성격을 띤 '진정한 사회주의'인데, 이러한 사상은 80년대 지배이데올로기와 공모관계에 있거나 그것에 자진 복무했다는 과오를 지녔으므로 "신시기에 어울리는 참다운 새로운 문학"으로 평가할 수 없다는 것이다.

80년대 초기, 적어도 중반에 이르기까지 중국 지식계의 주요 담론이 인성론이었음은 분명하다. 문예계의 반사문학이 있었다면, 당시 인성론 논쟁은 사상계에서의 반사운동이었다. 이러한 논쟁의 출발은 단순히 사인방의 전횡에 문혁의 책임을 묻거나, 당 내부 정치투쟁에서 그 원인을 찾고자 하는 것이 아니라, 적어도 중화인민공화국이 들어선 이후 사회주의 혁명 과정에 대하여 전반적이고도 진솔한 자기 성찰을 도모했기에 가능했다. 이 인성론 논쟁은 주로 문학과 미학계를 중심으로 이루어졌으며, 특히 문예계에서는 인성을 인간의 자연적 속성에서 찾고서 '초계급적 인성'을 강조하는 주장,[14] 인간의 사회성과 계급성을 인성으로 보는 주장,[15] 인간의 자연적 속성과 사회적 속성의

14 朱光潛, 「關於人性,人道主義,人情美和共同美的問題」『文學硏究』 1973.3.

15 陸榮春, 「也談文藝與人性論,人道主義問題,兼與朱光潛同志商談」『社會科學集刊』, 1980.3.

대립통일로 보는 견해[16]와 함께 다양하게 전개되었다. 이 많은 논점들 속에 내재된 공통된 고민은 계급사회에서 계급관계에 의해 규정 및 제약을 받고 있지 않는 인간의 어떤 공통된 속성이 존재하는가의 여부였다. 그러므로 이러한 시대적 담론 속에 발표되었던 80년대 문혁소설은 "이러한 철학적 논의 틀들을 모두 반영해주고 있지는 못하지만, '계급적 인간'이 '진정으로 해방된 인간'으로 가는 과정에서 겪을 수밖에 없었던 왜곡된 삶의 형태들을 보여줌으로써 우리에게 인간에 대한 새로운 고민을 요구하는 충분한 가치를 가지고 있다"[17]고 본다. 그러기에 80년대 초 문예계에서는 루쉰을 다시 읽고, 그가 외쳤던 '반봉건'의 기치가 가지고 있는 의미를 되새겨보기도 했던 것이다.

이 논쟁이 80년대 초기에만 있었던 것은 아니다. 사회주의 건설 과정인 50년대 후반에 이미 있었으나 불행하게도 반우파투쟁에 의해서 중단되었던 역사를 가지고 있다. 1957년 빠런巴人이 「인정(人情)을 논함」[18]이라는 논문을 발표하고 '공통인성'과 '인류 본성으로서의 휴머니즘'에 관한 주장을 펴자, 그에 뒤이어 왕수밍王淑明, 치엔꾸롱錢谷融이 논쟁에 참여하였고,

---

16 劉大楓, 「人性的'異化'幷非人性的泯滅」 『南開學報』, 1981.2.

17 김종현, 위의 같은 논문, 58쪽.

18 巴人, 「論人情」, 『新港』, 1月, 1957.

이들의 주장은 문예의 개념화와 도식화 경향을 극복할 수 있는 근본적인 대안이자 건국 이후 끊임없이 강조 되어 온 문학의 '계급성'에 대한 재검토라는 의미를 가지고 있었다.[19] 그러나 이 논쟁은 야오원위엔姚文元을 필두로 한 당시 계급결정론자들에 의해 비판받았고, 인성론 논쟁에 뛰어 들었던 많은 사람들은 반우파투쟁의 물결에 휩쓸려버렸다.

이렇듯 80년대 인성론 논쟁은 50년대의 반우파투쟁, 대약진운동, 60년대의 수정주의 비판운동, 그리고 10년간의 문화대혁명을 거치고 난 뒤, 시대적 상황을 달리하여 다시 반복되어졌던 논쟁이다. 이 논쟁의 필연적 귀결을 말해보자면, 휴머니즘 논쟁은 반드시 소외의 문제를 낳고, 문학이 사회주의의 소외 문제를 떠맡게 되었을 때는 반드시 폭로와 찬양의 문제로 연결되기 마련이다. 그리고 이는 다시 현실의 모순에 대해 적극적 개입을 요구함으로써 비판적 현실주의의 가치를 인정하고 사회주의 현실주의와 그것과의 동맹문제를 고려하게 된다.[20] 그런 점에서 보았을 때 80년대 문혁소설을 '마오쩌둥 시대 혁명적 리얼리즘의 연장'[21]이라고 규정한 쉬즈둥許子東의 주장은 80

19 김종현, 『중국 당대문학 현실주의 이론 연구』(성균관대학교 대학원, 박사학위 논문, 1993), 192쪽.

20 그 대표적인 경우는 사회에서의 비판적 현실주의 가치를 인정하고 사회주의 현실주의와의 관계를 구상한 루카치를 들 수 있다.

년대 문혁소설의 특성을 개괄할 수 있는 것이라고 본다. 말을 조금 바꾸자면, 80년대 초기에 제기되었던 황웨이중黃偉宗의 '사회주의의 비판적 현실주의'[22]이며, 왕루어수이王若水의 '사회주의 휴머니즘'[23] 주장과 일맥상통한 것이다.

이처럼 사회주의 사회의 소외를 적극 제기하고 그러한 소외현상에 적극적인 개입을 주장하는 것은 '소외된 인간의 회복'이라는 구호 아래 '인간의 가치','인간의 존엄'을 강조하는 휴머니즘의 주장으로 연결된다. 적어도 문예계의 이러한 맥을 따라가 보자면, 4,50년대 후펑胡風의 문예이론 속에 담겨져 있던 인간의 문제, 앞서 얘기한 빠런 등의 인성론, 80년대 들어선 리우자이푸劉再復의 '문학주체성론'까지 이어진다고 할 수 있다.

그렇다면 이렇게 80년대의 주요 담론으로서의 인성론 혹은 휴머니즘론, 그리고 그것의 문학적 체현이라고 할 수 있는 80년대 혁명소설이 이욱연이 지적한 것처럼 과연 "떵샤오핑이 실권을 장악한 뒤 추진되던 개혁개방 정책의 이념과 궤를 같이하고 있다"고 할 수 있을까? 이욱연은 그 논리적 동의점을 후지이藤井省三와 리투어李陀에서 찾고 있다.

---

21 이욱연, 위의 논문 295쪽에서 재인용.

22 김종현, 위의 박사학위 논문, 247쪽.

23 김종현, 위의 박사학위 논문, 250쪽.

노농병문학의 신단계 내지는 최후의 인민문학으로 보는 것이 훨씬 타당할 것이다. 그것은 두 가지 측면에서 볼 때 그렇다. 우선 이들 문학은 중공당의 권위를 손상시키지 않으면서 문혁 비판을 기초로 하여 개방파가 추진하던 사회주의 현대화 이데올로기를 훌륭하게 대변했다는 점, 그리고 형식면에서도 모범적 인물을 축으로 한 영웅서사, 낙관적 전망, 뚜렷한 이분법적 작품 전개 등 마오쩌둥 시대 인민문학의 창작규범을 답습하였다는 점에서 그렇다.[24]

우선 위에서 지적한 두 가지 측면 중 '마오쩌둥 시대 인민문학의 창작규범을 답습'했다는 주장에 대해서는 상당한 오해의 소지가 있다. '모범적 인물을 축으로 한 영웅서사, 낙관적 전망, 뚜렷한 이분법적 작품 전개'가 80년대 초기 문혁소설이 보여준 한계로서는 인정한다고 할지라도 '마오쩌둥 시대의 인민문학의 창작규범을 답습'했다는 주장에는 동의할 수 없다. 여기서 말하는 '마오쩌둥 시대의 인민문학의 창작규범'은 과연 무엇을 말하는가? 우리는 그것을 「연안문예강화」로부터 시작해서 50년대 중반의 '혁명적 현실주의와 혁명적 낭만주의 양결합론', 그리고 문혁시기의 '삼돌출론'에 이르는 일련의 창작방법론으로 이해하고 있다. 그러나 80년대 초기의 문혁소설은 앞에

24 이욱연, 위의 논문 35쪽.

서도 애기했듯이 오히려 이러한 단선적 계급결정론에 의한 문학적 체현만을 요구했던 문예창작 방법론에 대한 저항에 뿌리를 두고 있었다.

그럼에도 불구하고 후지이와 리투어는 왜 상흔문학이나 반사문학을 '노농병문학의 신단계 내지는 최후의 인민문학'이라고 보았을까. 아마도 이들이 지적한 상흔문학과 반사문학은 1979년과 80년에 발표된 루즈쥐엔茹志鵑의 『잘못 편집된 이야기(剪輯錯了的故事)』, 가오샤오성高曉聲의 『리순다의 집짓기(李順大造屋)』, 루이엔저우魯彦周의 『천운산전기(天雲山傳奇)』와 같은 작품을 두고서 하는 평가일 것이라고 본다. 잘못된 당의 노선을 추종하는 부정적 인물인 당권파와 그의 박해에도 불구하고 진정한 인민의 이익을 위해 자신의 소신을 굽히지 않는 영웅적 인물의 이항 대립이 설정된다. 그리고 이 긍정적 인물의 낙관적 전망에 기초한 영웅적 행위로 이루어진 상흔문학과 반사문학 일부 작품들은 후지이와 리투어가 지적했듯이 '혁명적 낭만주의와 혁명적 현실주의의 양결합'에 기초하고 '폭로와 찬양'을 적절하게 구사한 그야말로 '마오쩌둥 시대 인민문학의 창작규범'을 준수한 작품이라고 할 수 있다.

그러나 이러한 작품군들이 문학사의 서술상 범주화 시킨 '상흔문학'이나 '반사문학'계열에 속한 작품이라고해서 당의 정책 또는 당 노선에 서사의 중심축을 잡고 있는 작품이라고 규정해버릴 수는 없다. 뿐만 아니라 "문혁이라는 역사적 사건을 소설로 다루면서 인간이란 무엇인가라는 인간의 존재에 대한 물음을 제기하고 이에 대한 새로운 해답을 내놓음으로써 문혁 시기의 인간에 대한 이해가 철저하게 반인성적이고 반인간적인 것이었음을 폭로"[25]하고 있는 작품까지 지배이데올로기와 공모관계에 있었거나 그것에 자진 복무했다"[26]라고 평가하긴 어렵다고 본다. 더욱이 이러한 인간과 인성의 문제를 천착했던 논쟁은 관방 이데올로기를 책임지고 있었던 후쟈오무胡喬木에 의하여 "부르조아 휴머니즘론을 선양할 위험이 있으며, 이는 곧 '부르조아 인성론'에 다름 아니다"[27]고 단죄되었던 점을 고려한다면, 『사람아, 사람아』와 『남자의 반은 여자』와 같은 작품들을 개혁개방 시기 관방 이데올로기를 대변했다고 평가할 수는 없다. 오히려 이러한 작품들이 중국 사회, 특히 권력 집단 속의 여전한 봉건성과 전근대성을 우려했다는 점은 몇 년 지난 뒤 천안문사태와 그 폭력적 해결이라는 점과 비교했을 때 관방 이데올로기와의 공모가 아니라 오히려 관방 이데올로기에 대한 지성적 경계였다고 할 수 있다.

25 이욱연, 위의 논문 292쪽.

26 이욱연, 위의 논문, 294쪽.

27 김종현, 위의 논문, 249쪽: 胡喬木, 『關於人道主義和異化問題』(人民文學出版社, 1984) 재인용.

다음으로 우리는 80년대 문혁소설은 쉬즈동許子東이 지적처럼 '혁명적 리얼리즘'의 연장에 불과 하느냐의 문제를 제기할 수 있다. 우리는 문화적 기억행위로서의 텍스트를 접하면서 그 기억행위는 현재성에 의해서 굴절, 왜곡, 변형되어진다고 알고 있다. 그런 점에서 80년대 문혁소설은 문혁에 대한 지식인들의 문화적 기억행위였다. 그리고 그들의 기억행위는 개혁개방 시기라는 현재성과 만나 재구성되었다. 이러한 재구성의 주체들은 1968년 마오쩌둥의 새로운 지시인 '상산하향'의 구호 아래 실시된 지청운동의 중심 인물들이었다. 1,700만 명에 이르는 이들 젊은 지식청년들은 지청운동의 막이 내린 1980년 전후에 이르기까지 변방과 시골로 내려갔다.[28] 그러나 천신만고 끝에 다시 돌아온 지식청년들 앞에 놓인 것은 실업과 무능력, 도시 생활에 대한 부적응 같은 것들뿐이었다. "뜨거운 열정과 혁명적 이상으로 시대적 거사에 온 몸을 던졌다고 생각했으나, 결과적으론 온 몸에 먼지만 뒤집어 쓴 채 정신적 육체적 상처만을 얻었을 뿐"인 지식청년들이 기억해 낸 지난 세월은 문화대혁명의 전부였던 것이다.

문제는 이들의 기억행위가 갖는 진실성일 것이다. "기억이

28 張紅秋, 「文革時期知識青年的文化生活與寫作道路」, 『中國現代文學』, 제40호 293-294쪽.

공간과 시간의 현재성 속에서 이루어지는 회상행위라면, 기억된 내용이 말해주는 것은 과거와 관련된 어떤 것이 아니라 기억하는 주체의 현재적 상황"[29]이라고 할 수 있을 것이다. 그러기에 문혁소설 속에 풀어헤쳐져 있는 기억이 문학적 틀 내에서 독자들에게 감동을 통한 믿음을 줄 수 있는 서사적 구조를 갖추고 있다면 '서사적 진실'[30]은 획득할 수 있을 것이다. 그러나 이처럼 '서사적 진실 '을 갖추었다고 할지라도 문혁소설 작가들의 기억행위는 그 기억의 공간적 시간적 현재성 때문에 역사적 진실에 멀어져 있고, 과거는 여전히 선택되어지고, 왜곡 굴절되어질 뿐이다.

그렇다면 80년대 문혁소설의 기억행위가 갖는 현재성은 무엇인가. 극단적으로 이상화 되어 있는 '자기연민'과 '보상 심리'라고 본다. 이러한 '자기 연민'은 영웅적 인물의 창조를 통한 자기 동일시로 나타나기도 하고, '보상 심리'는 극좌노선에 의한 피해자의 모습으로 나타나기도 한다. 개인적 기억에 의존한 문혁소설 곳곳에 나타나는 영웅적 인물, 진정한 사회주의란 무

29 김현진, 「기억의 허구성과 서사적 진실」, 『기억과 망각』(서울, 책세상, 2003), 228쪽.

30 "과학적, 객관적 정확성과 상관없이 그것을 받아들이는 사람에게 '분명한 확신'을 줄 수 있는 기억 내용을 서사론자 스펜스Donald Spence는 '서사적 진실narrative truth'라고 했다": 위의 같은 논문, 같은 쪽.

엇인가에 고뇌하는 참된 지식인의 모습, 잘못된 극좌노선에 대한 비분강개 등은 이욱연이 지적한 80년대 문혁소설이 가지고 있었던 기억의 현재성이자 한계라고 할 수 있다. 그러나 80년대 문혁소설을 제한시켰던 그 현재성은 어차피 역사와 시대와의 끊임없는 대화 속에서 새롭게 만들어지기 마련이다.

이러한 대화를 통해 80년대 문혁소설은 성숙되었다. 그리고 문혁소설의 성숙은 무엇보다도 농촌에서 '국외자'일 수밖에 없었던 자신들의 진정한 발견이자, 지청을 바라보는 '타자'를 의식하기 시작했다는 점이다.

> 지청은 수난자의 모습으로, 영웅의 화신으로, 전원시인의 모습으로, 문화비평가의 화신이거나 그런 성격을 띠고 있는 모습으로 나타나지만, 자아를 추구하거나, 자신을 비판적으로 바라보는 모습은 거의 찾아볼 수 없다. 이는 역사적 사건의 어떤 측면들을 은폐시키기 시작했다. 지청운동은 문화대혁명의 한 구성 부분이었으며, 지청은 특정한 정치적 시기가 만들어 낸 집단이며, 그들은 수난자였을 뿐만 아니라 참여자였다는 사실이다.[31]

실제로 초기 문혁소설에 등장하는 지식청년들은 자신들만의

31 "鄒忠民,「知青文學中的'局外人'意識」,『文藝爭鳴』, 2008.12.

시각으로 세상 사람들에게 자신들이 얼마나 어려운 고통을 겪었고, 그 어려운 삶의 역경 속에서 굴하지 않고 극복해 낸 자신들의 숭고한 행위들을 시시콜콜하게 주절대는 것이었다. 그러나 '상산하향'운동으로 내려간 농촌에서 농민들이 그들을 어떻게 바라보고 있는 가는 전혀 의식하지 않았다. 그리고 "농촌으로 내려가 가난한 중하 농민들로부터 재교육을 받아야 할 필요가 있다"[32]는 마오쩌둥의 호소에 격발된 지식청년들의 혁명적 이상은 농촌이라는 현실 속에서 농민들과 유리되었다. 지청 출신의 여류작가 장캉캉張抗抗이 회고하는 지청의 모습은 이러했다.

> 지청들은 당시 농촌으로 내려오면서 농촌 사람들에게 현대문명의 활기찬 분위기를 전해줌으로써 농촌의 젊은이들에게 농촌 밖의 세계, 즉 도시에 대한 호기심과 동경을 심어주고, 자신들은 농촌 사람들로부터 그들이 즐겨부르던 '산사나무', '꽃들이 붉은 이유'와 같은 민요를 배우기도 했다. 그러나 이와 동시에 지청들은 시골로 내려온 뒤 농촌과 도시 생활의 커다란 격차, 이상과 현실의 모순 때문에 농민들로서는 가슴이 답답하고 차마 말문이 막히는 짓들

32 1968年 12月 22日,『人民日報』發表毛主席的'最新指示': '知識青年到農村去, 接受貧下中農再教育, 很有必要。': 張紅秋, 위의 같은 논문, 294쪽.

을 하기도 했다. 그들은 집단 패싸움, 개나 닭 훔치기, 어이없는 무고와 음해, 심지어는 시골 처녀의 배를 부르게 한 뒤 무책임하게 도망쳐버리는 일까지 저질렀다. 한 마디로 순박했던 농촌의 분위기를 망쳐버렸다.[33]

농민과 유리된 채 역사의 희생양이 되었다고 생각한 지청들은 언제나 아니 어쩌면 근본적으로 '타자'들의 지청에 대한 인상과 느낌에 대해서는 생각해보지도 않았다. 그 시기에 저질렀던 부정적 행위, 특히 '집단 패싸움, 파괴, 도둑질'과 같은 행위에 대한 역사적 참회나 반성은 전혀 없었다. 더욱이 그들은 농촌 사람들 앞에서 가졌던 '도시 사람인데다 문화까지 겸비한 사람'이라는 우월감으로 농촌생활을 다시는 되돌아보고 싶지 않은 '삶의 지옥'으로 여겼다. 조상대대로 농촌에 살고 있던 농민들의 삶에 대한 태도나 방식에 대해서는 아무런 관심도 없었다.[34]

이렇듯 농촌 사회에 적응하지 못하고, 또 농촌 생활 속에서 어떤 혁명적 이상도 실현시키지 못한 지청들은 문혁이 끝난 뒤 도시로 돌아와 젊음을 날려버린 그 세월을 자기 연민에 가득한

---

33 陳曉紅, 陳道諄, 「知青文學--從反思到反省」, 『河北大學學報』(2008年 第3期 第33卷), 77쪽.

34 위와 같은 논문.

시선으로 바라보았던 것이다. 그러나 작가 자신이 지청이었다는 사실만으로 서술의 신뢰성을 보장해주지는 못했다. 그리고 수 많은 지청문학 작품들이 서술하고 또 증명하고 있는 역사적 사실이 반드시 (당시 모두가 겪었던) 진정한 역사적 사실과 일치하지 않는다는 것도 알고 있다. 이들 지청 작가들은 허구적인 문학작품을 만들면서 동시에 어느 정도 허구적인 역사까지 만들었다.[35]

그러한 혁명소설의 변화와 성숙은 무엇보다도 회고조의 반사反思에서 벗어나 자기반성과 함께 타자의 시선을 발견함으로써 가능했다. 그것은 특정한 역사시기에 있었던 자신들에 대한 적극적 폭로의 형태로 이어졌으며, 지청이 반드시 희생자나 수난자가 아니라, 부정적 역사의 적극적 참여자이면서 또한 타자에 대한 가해자이기도 했다는 자기반성이었다. 이러한 자기반성은 두 가지 형태로 드러났다. 그 첫째는 『핏빛 황혼』과 같이 지청의 부정적 측면을 가감 없이 폭로하는 것이었고, 둘째는 그 야수 같은 세월을 견뎌내야만 했던 자신들에게 자신도 모르게 그 야수성이 스며들어 다양한 형태의 왜곡된 인물 형상을 만들어냈는가를 보여주는 것이었다. 전자의 형태에 관해서는 성근제의 「문화대혁명은 왜 '청춘'으로 표상되는가?」[36]에서 다

35 "鄒忠民, 「知青文學中的'局外人'意識」, 『文藝爭鳴』, 2008.12, 83쪽

루어졌고, 후자의 형태는 이욱연의 논문에서 왕샤오버王小波의 『황금시대』를 분석함으로써 이루어졌다.

3.

혁명소설 작품 중 『핏빛 황혼』은 이제까지 영웅화되기만 했던 지청의 부정적인 측면을 솔직하게 드러내보였으며, "이념적 외피 아래 숨어 있던 인간 본연의 의식과 욕구들을 낱낱이 까발렸다"[37]는 평가를 받고 있다. 특히 혁명적 역사의 한 주역임을 자부했던 지청들의 다툼이 이념적 대립과 갈등에 의한 것이 아니라, 체면과 복수심 때문이었다는 것은 지청운동에 대한 자기고발에 가까운 것이었다. 성근제는 『핏빛 황혼』의 주인공인 린꾸林鵠와 왕리엔푸王連富의 대립과 갈등을 이렇게 분석하고 있다.

> 林鵠과 王連富의 대립과 갈등을 상승시키는 내적 동기 속에서 이데올로기적 충돌이라 할 만한 요소가 거의 발견되지 않는다는 점이다. 오히려 林鵠의 폭력을 상승시키는 핵

36 성근제, 「문화대혁명은 왜 '靑春'으로 표상되는가?」 『중국현대문학』 제49호.

37 성근제, 위의 논문 59쪽.

> 심적인 내적 동기는 "(지식 청년들이) 그런 연약한 사람들이 아니라는 것을 입증"함으로써 "지식청년들의 체면을 세우는" 것이며, 자기 앞으로 배식된 만두를 빼앗아 간 것에 대한 분노로부터 촉발된 참을 수 없는 "복수심"이다.[38]

그러나 이처럼 지청 내부의 자기반성을 여과 없이 드러내놓고 있는 이 작품은 사실 많은 부분에서 문혁소설 초기의 한계를 여전히 드러내놓고 있다.[39] 주인공 린꾸의 입을 통해 병단의 지청들 중에서 가장 모범적이었던 지식청년이 무모한 산불진화 작업 도중 사망한다. 그러자 그들은 그녀가 "우리 세대 젊은이들의 우상이요, 17년 영웅주의 교육이 빚어낸 전형"[40]이라고 찬양한다. 이처럼 혁명적 낭만주의에 젖은 영웅에 대한 집착은 당시 지청들의 이념적 갈망을 한 개인의 초현실적 능력으로부터 대리만족 하려는 경향이 있었다. 또 다른 측면의 한

38 성근제, 위의 논문, 63쪽.

39 어떤 면에서 보면 이 작품은 지청문학의 초기작품이라고 할 수 있다. 성근제의 논문에 의하면 라오꾸이의 『핏빛 황혼』은 80년대 초반에 탈고 되었으나, 6번에 걸친 출판사의 거절로 세상에 나오지 못하다가 87년에 이르러서야 가까스로 출판되었다고 한다. 이처럼 출판이 거절되었던 이유는 명확하게 밝혀지지 않지만, 이 작품이 보여주고 있는 지청의 부정적 모습에 대한 노골적인 폭로와 거침없는 문체 등이 80년대 초기의 주류 문단으로서는 수용하기가 어려웠던 것으로 보인다.

40 위의 논문 64쪽.

계는 지청들이 지역의 현지인들과 유리되어 있어서 그들의 전통과 문화에 대한 이해가 전혀 없었다는 점이다. 뿐만 아니라 지청들의 주요 사업이 오히려 "초원을 삶의 터전으로 삼고 있는 내몽고 유목민들의 문화나 생활조건이 심각하게 훼손되었다는 점에 대한 인식은 전혀 없었다"는 성근제의 지적은 지청운동의 분명한 한계를 말해주고 있다. 바로 이 점에서 대다수 문혁소설이 문혁을 바라보면서 자기 연민에 갇힌 채 회고에 그치고 마는 한계를 드러내놓게 된다.

야릇한 노스탤지어의 외투를 걸친 듯한 이 회고조의 정서는 회고하는 시점과 회고의 대상이 되는 시점의 차이가 있을 뿐만 아니라, 시점에 따른 역사관, 열정의 차이가 분명 존재했다. 혁명소설이 보여주고 있는 회고조의 정서가 담고 있는 열정은 어차피 실패할 수밖에 없는 열정이요 희망일 뿐이었다. 결말을 뻔히 아는 자가 바라보는 희망에 대한 열정은 너무나 무모한 것이었기에 비장미는 있을는지 몰라도 그것은 무지에 근거한 열정으로 보일 뿐이다. 그 시절로 돌아가 그 열정 속에 갇힌 서술과 묘사가 필요했으나, 이러한 회고조는 열정 속에서 겨우 깨어난 자가 갖는 열정에 대한 회한이 묻어 있기에 그렇게 하질 못했다. 즉 문혁시기를 회고하는 기억행위의 현재성을 말하자면, 작가 자신이 이미 혁명적 열정을 갖고 있는 자가 아니기에, 지난 혁명은 아무런 의미가 없는 역사이며 지워버리고 싶은 역사일 따름인 것이다. 『핏빛 황혼』 속의 아래 두 단락은 작가의 현재적 정서를 여실히 드러내주고 있는 대목이다.

> 지평선에 닿은 태양은 하나의 카다란 붉은 원이었다. 그것은 혹한을 뚫고 서쪽 하늘을 붉게 물들였다. 하늘은 핏빛이었다. 몸서리치게 붉은 핏빛이었다. …… 나는 하염없이 그것을 보면서 핏빛 태양은 뜨거운 청년의 마음과도 같다고 생각했다. 나의 가슴이 차가운 하늘에 걸려 있는 것 같았다. 뜨거운 열기를 내뿜던 선혈은 어두워져 가는 창공을 붉게 물들이고 혹한의 초원을 뜨거운 열기로 뒤덮었다. 그러나 안타깝게도 나의 피는 너무나 미약해서 차가운 하늘에 뿌려지자마자 이내 깨끗이 삼켜지고 말았다. 수 백만 톤의 선혈을 뿌린다 해도 그 드넓은 하늘의 온도를 단 일도도 올릴 수 없을 것이다.[41]

문혁소설 중 특히 다큐멘터리식의 기록문학에서는 시점의 차이가 더욱 쉽게 드러나 보인다. 이 문장 역시 시점의 차이가 엿보이고 있다. 우선 이 묘사 속의 대상주체는 태양을 바라보면서 열정에 가득 차오른다. 그것은 젊은 청년기의 일반적인 개인적 열정일 수도 있고, 혁명의지에 가득찬 이념적 열정일

41 이 인용문은 1989년 타이완 李敖出版社의 판본을 근거로 한 성근제의 번역을 그대로 참조하였다.

수 있다. 그러나 그 다음 문장은 곧바로 일인칭 시점에서 전지적 시점으로 바꾸어진다. 회고조의 작가적 시점인 것이다. 그 시점은 평가적이고 회고적이기 때문에 '수백만 톤의 피가 뿌려져도 단 일도도 높일 수 없을 것이다'는 절망적인 탄식으로 이어질 수밖에 없다. 이미 혁명의 결과를 경험한 자가 혁명의 출발선에 서있는 대상을 그리기 위해서는 혁명의 결과를 아직은 모르는 그 시점으로 돌아가야만 하지만 자기 연민에 갇힌 작가는 그것을 기억해내지 못하고 있다.

또 다른 단락의 묘사는 그 회고적 정서가 최고조에 이르러 처연하기까지 하다. 혁명소설이 보여주는 극단적 상실감과 자기 연민이라고 할 수 있다.

> 시린고르 초원이여, …… 수많은 지식청년들이 너의 이 가슴에 뛰어든 것은 중국 역사상 그 유례를 찾아볼 수 없었던 청춘의 대진군이었다. …… 저 멀리 핏빛 노을이 지평선 너머로 사라지고 있었다. …… 노을은 죽음을 맞이하면서도 마지막 안간힘을 다하며 핏빛을 내뿜고 있었다. 노을의 몸통은 이제 하나의 선이 되었다. 그리곤 이내 산산이 부수어진 마지막 붉은 빛이 혹한 속으로, 밤하늘로 비참하게 던져졌다.[42]

42 위의 같은 논문 76쪽 재인용.

초원을 바라보고 있는 작가는 이미 "수많은 지식청년들이 너의 이 가슴에 뛰어든 것은 중국 역사상 그 유례를 찾아볼 수 없었던 청춘의 대진군"이자 핏빛 열정을 어두움을 깨트리고 솟아오르는 붉은 아침 햇살에 비유하고 있는 것이 아니라, 마지막 빛을 발산하는 회광반조에 비유하고 있다.

이러한 문혁소설의 한계를 반성한 결과가 곧 '타자의 발견'이자 문혁소설 속에 담겨져 있는 '방관자 의식'에 대한 비판이었다. 그러나 이러한 80년대 문혁소설이 지난한 자기 몸부림에도 불구하고 결과적으로 "박해자/수난자, 가짜 사회주의자/진짜 사회주의자"라는 이항 대립적 도식에서 벗어날 수 없다면 여전히 "80년대 개혁 개방 이데올로기와 묵시적 공모관계"의 혐의 또한 벗을 수 없을 것이다. 그러나 앞에서 이미 설명했듯이 80년대 문혁 소설이 보여 준 '타자의 발견' 자체가 이미 '박해자/수난자'의 이항 대립 구도에서 벗어난 것일 뿐만 아니라, 문혁의 피해자가 때로는 가해자의 일면을 지니고 있음을 보여 준 것이었다. 또한 80년대의 문혁 소설이 단순한 개인적 기억의 회고를 뛰어 넘어 당시의 인성론 논쟁과 함께 새로운 '인간의 발견'을 추구했다는 점은 80년대 문혁 소설이 이룩한 어느 정도의 성과라고 보아야 할 것이다.

그러나 80년대 문혁 소설이 여전히 이항대립에서 벗어나지 못한 것이라고 평가한 이욱연은 그 한계를 극복한 문학적 성과

로서 왕샤오버王小波의 소설에 주목한다. 그리고 그의 대표작인 『황금시대』를 분석하면서 그의 소설이 보여주고 있는 문혁에서는 "사회주의 이상의 실현을 위한 숭고한 투쟁이나 불굴의 이상주의는 전혀 찾아볼 길이 없다"면서, "왕샤오버의 소설에서 문혁은 하나의 유희, 게임일 뿐이다"고 말한다. 뿐만 아니라 여기서 더 나아가 자못 수난자의 모습으로 보일 수 있는 인물의 내부 속에 담겨진 악마적 근성까지 파헤치면서 약자가 살아남기 위한 '마조히즘'이 '사디즘'과 결합하는 시대상, 다시 말해 "사디즘과 마조히즘의 결합에 의해 문혁이라는 하나의 파시스트 시대가 연출되었다"[43]고 진단한다. 이처럼 마조히스트인 학대를 받는 사람이 다른 사람과의 관계에서는 사디스트로 되는 권력의 그물을 읽고 있는 왕샤오버 소설은 문혁을 특정 시기, 특정 국가에서만 일어난 일로 바라보는 것이 아니라 권력이라는 원형적 기제가 어떻게 역사에서 작동하는지에 대한 보편적 지평 속에 문혁을 위치 짓기 때문에 훨씬 심도 있는 문혁소설이라고 높이 평가하고 있다.[44]

그러나 권력관계 속에서의 마조히즘과 사디즘의 결합을 보여주는 열악한 중국 민족성에 대한 이야기는 이미 루쉰의 『아

43 위의 논문, 302쪽.

44 위의 논문, 304쪽.

큐정전』이 그 원형을 충분히 보여주었다. 그 시대적 배경만 다를 뿐 어찌 보면 『황금시대』의 왕얼王二은 문혁시기에 부활한 아큐에 다름 아니기 때문이다. 다시 말해서 지식인이 아닌 두부공장 노동자였던 왕얼은 어차피 유희이자 게임일 수밖에 없는 문혁의 풍랑 속에서 사디즘 차원에서 일어나는 일방적 학대에 대해서는 "진실을 증명한다는 것 자체가 불가능한 시대"이기에 자진해서 피해자, 희롱당하는 자가 되어버린다. 그러면서 그는 "극복할 수 없는 고통 속에서 그러한 고통을 사랑하고, 그것을 행복"[45]이라 여기기까지 한다. 완전한 아큐의 문혁식 '정신승리법'이다. 그러나 다른 한편으로 왕얼은 아큐가 여승에게 그러했듯이 잔빠氈巴와의 관계에서는 희롱하는 자가 되는 것이다. 이렇게 본다면 문혁 역시 권력의 형식만 달라졌을 뿐 '권력이라는 원형적 기제' 아래 일어난 루쉰시대의 재판이라고 말할 수 있다. 이런 점에서 이욱연의 『황금시대』에 대한 뛰어난 분석은 오히려 90년대 중국사회가 문혁의 연장선에서 완전히 벗어나 있지 못하고 있고, 이는 또 반제반봉건을 외치던 루쉰시대로부터도 완전한 탈각을 하지 못했음을 보여주고 있다고 본다.

45 이욱연, 위의 논문, 302쪽.

4.

90년대에 들어서 두드러진 여러 가지 문화적 현상이 80년대라고 해서 전혀 존재하지 않았던 것은 아니다. 문혁소설은 90년대에도 80년대 후반을 뒤이어 문혁을 지식인만의 문제에 국한 시키지 않고 문혁에 대한 보다 보편적인 해석을 모색한다. 그리고 그 모색의 계기에는 89년 6월이 자리 잡고 있다.

89년의 6월이 있었다고 해서 그것만을 기준으로 지난 세기의 80년대와 90년대를 획분 한다는 것은 어쩌면 지금까지 중국현대문학을 시기 구분하면서 범해졌던 정치 중심적 사고의 재판이 될 수 있다. 그러나 90년대의 문화적 현상을 이끌고 있는 주도적 힘이 언제부터 주요한 위치로서 작용하게 되었는가를 살펴본다면 당연히 89년에 있었던 천안문사태임을 부정할 수 없다. 그러기에 천안문사태는 단순한 정치적 사건이 아니라, 80년대와 90년대의 문화적 현상을 획분 하는 분기점이 될 수 있는 사건임에 분명하다. 이처럼 89년 6월의 세례를 받은 결과, 90년대의 문혁소설은 역사와 민중, 권력과 민중이라는 보다 보편적 지평 속에서 문혁을 위치 짓기에 이르고, 파시스트시대의 대중심리가 자아낸 역사적 비극이라고 규정한다. 왕샤오버와 왕쑤어로 대변되어지는 소설들은 이러한 측면에서 문혁의 기억을 더듬고 있다. 이들은 80년대 문혁소설의 "숭고한 가치나 이상주의적 열정을 지닌 지식인도 등장하지 않는 90년대 지식인들의 허무주의, 반이상주의,반숭고주의의 산물"[46]이라고 할 수 있다.

여전히 사회에 대한 책무의식과 사회적 이상을 품고 있는 전통적 지식인들의 문혁에 대한 기억 형식과 그러한 숭고함과 신성함이 결과적으로 문혁을 탄생시켰다고 보는 지식인의 기억 형식은 당연히 다를 수밖에 없었다. 전자는 꾸준하고 진지한 자기반성과 새로운 이상의 모색이 주가 된다면, 후자는 비꼬기, 조롱하기, 권위에 대한 조소, 향락주의의 형태로 나타났다. 그 형태가 어떠하든 90년대에 들어 선 문혁소설 역시 심각한 자기 한계를 지니고 있었다. 그것은 90년대 지식인이 봉착한 심각한 상실감 때문이었다. 그 상실감의 표현은 90년대 초입에 있었던 "인문정신의 위기 논쟁" 속에 충분히 드러나 있다.[47] 문제를 확대시키지 않고 혁명소설에만 한정시켜 본다면, 90년대식 문혁소설에 대한 비판에 나선 전통적 지식인들이 '인문정신'을 외치면서 90년대 초반을 풍미하던 소위 '건달문학(痞子文學)'의 가벼움을 비판했지만, 상실감의 근원인 천안문사태와 그 권력

---

46 이욱연, 위의 논문, 306쪽.

47 김종현, 「'인문정신의 위기' 논쟁과 문화의식의 전화」(『중국어문논총』 제17집, 1999.12) 참조.

관계에 대해 침묵할 수밖에 없었다는 점에서는 마찬가지 한계를 지니고 있다.[48]

천안문사태 이후의 정치경제적 표현은 보다 더 적극적이고 빠른 속도의 시장경제화 였다. 이러한 급속도의 시장경제 도입은 "물질적 풍요를 위해 달려가고픈 욕망을 극도로 부추겼으며, 이 욕망으로 인해 이제까지 물질적 가치의 추구 자체를 죄악시 해왔던 사회가 만들어 놓은 온갖 위선에 가득 찬 것들이 폭로"[49]되기 시작했다. 이 폭로의 방법을 왕삭은 본격적인 풍자와는 다른 '빈정거리기' 수법을 사용했을 뿐이다. 체제의 급격한 변화와 함께 온갖 욕망이 춤추는 사회, 그러나 욕망은 쉽게 전염 되었지만 그것을 실현시킬 아무런 권력과 수단을 갖지 못한 이들이 보여줄 수 있는 것은 건달이 아니고 무엇이겠는가. 그것은 어쩌면 시장경제를 접한 중국인들의 내면의식 속에 자리 잡은 '한탕주의'를 대변할 수도 있겠고, 현실적 조건 앞에 무너져 내린 욕망의 '패배의식'일 수도 있다.[50]

---

48 물론 이 상실감의 또 다른 원인에는 지식인들의 주도적 위치 상실이라는 측면이 있다.: 이에 관한 내용은 졸고 「중국 현대문학의 90년대적 현상에 대한 조망」(『인문과학연구』 제3호, 1997, 동아대학교) 참조 바람.

49 김종현, 「인문정신의 위기 논쟁과 문화의식의 전환」, 66쪽.

50 상동.

이렇듯 80년대 문혁소설에 출현했던 지식청년은 수난자의 모습에서 수난자이자 가해자의 모습으로 바뀌었고, 90년대에는 욕망 앞에 무너져 내린 '건달'의 모습으로 보여지고 있다. 그런 점에서 만약에 80년대 문혁소설이 개혁개방이라는 관방 이데올로기와 공모관계에 있었다고 비판할 수 있다면, 90년대 문혁소설은 천안문사태에 대한 침묵과 회피, 그리고 '빈정거리기'를 통한 자기 위안에 그치고 있어 시장경제라는 90년대식 관방 이데올로기와의 공모관계에 있음 또한 부정할 수 없을 것이다.

Ⅱ. 문화비평

왜 다시 루쉰인가

루쉰의 시각으로 보는 공자와 논어

21세기 중국의 문명국가론과 공자

왜 다시 루쉰인가

— 汪暉의『阿Q生命中的六個瞬間』에 대한 반론

1. 문제의식

21세기 들어 중국 지식계에서 루쉰에 대한 관심은 확연히 줄어든 상태다. 이는 중국을 정체하게 만든 원인을 민족정신의 차원에서 파헤쳤던 루쉰의 문제의식이, 강대국의 꿈을 실현해 가고 있는 21세기 중국에서 불편한 이야기로 인식되는 점과 무관하지 않다. 중화민족의 위대함과 우수성이 부각되고 있는 시점에서 루쉰의 국민성담론을 재론하는 일이 아마도 시대가 지난 과거의 일이라고 여겨지기 때문일 것이다. 특히 경제성장 단계를 넘어 문명국가의 목표를 추구하는 현재 중국은 루쉰이 살았던 시대와는 분명히 다른 문제적 상황이다.

루쉰은 「문득 생각나는 것 6」에서 중국의 급선무가 첫째 생존해야 하고, 둘째 따뜻하게 입고 배불리 먹어야 하며, 셋째 발전해야 하는 것이라고 생각하였다.[1] 생존은 민족사멸의 위기에서 살아남는 일이고, 따뜻하게 입고 배불리 먹는 것은 물질적 생활기반을 마련하는 일이다. 이 두 가지 과제는 21세기 중국의 능력으로 볼 때 해결되었다고 할 수 있으며, 세 번째 과제인 '발전'은 인민의 행복한 삶을 추구하는 문명국가의 길과 상통하는 면이 있다. 물론 루쉰은 국가론을 통해 발전의 문제를 제기하지 않았으며, 오히려 전제정치를 포함한 외부의 억압기제에서 벗어나 주체의 자각이 이뤄져야 발전이 가능하다는 입장이었고, 이러한 생각이 바로 국민성담론으로 표출된 것이다.

하지만 발전을 바라보는 시각 차이에도 불구하고, 문명국가론의 주요 함의인 인민의 행복한 삶의 문제는 루쉰의 생각과 겹쳐지는 지점이다. 인민의 행복은 국가의 역할만으로 이룰 수 있는 일도 아니고, 무정부주의적인 개체 활동으로 실현 가능한 일도 아니다. 현재 중국 지식계에서는 루쉰의 현재적 의미를 부정하려는 입장과 루쉰을 소환하여 시대비판의 기제로 삼으려는 입장이 서로 충돌하고 있다.[2] 그러나 극명한 대립에도 불구하고 두 입장을 들여다보면 모두 중국이 현 상황을 넘어 발전해야 한다는 점에 대해 공감하고 있으며, 다만 발전의 함의

---

1 魯迅, 「華蓋集·忽然想到之六」, 『魯迅全集』 제3권, 北京: 人民文學出版社, 2005, 47쪽.

2 이점에 대해서는 박영순·황정혜, 「신세기 루쉰 논쟁 연구- 이데올로기 정전에서 문화 컨텍스트로」, 『중국어문학논집』 84, 2014.2 참고.

차이를 루쉰을 통해 투영하고 있을 뿐이다.

현재 중국의 발전은 따뜻하게 입고 배불리 먹는 물질생활의 단계를 넘어, 오히려 물질생활에 집착한 이기적 행위가 발전을 장애하는 내부 요인이 되는 상황에 처해 있다. 그래서 루쉰의 국민성담론 속에 물질 욕망에서 벗어나 발전을 추구하는 주체 형성의 길이 내재되어 있다면, 루쉰의 현재적 의미를 부정할 이유가 없다. 루쉰 사상의 근본을 "인간은 살아가야 한다"[3]는 점에 있다고 인식한 리창즈李長之의 견해대로, 루쉰은 누구보다도 물질생활의 중요성을 절실하게 깨닫고 있었던 사람이기 때문이다. 또 루쉰을 소환하려는 입장에서도 소환의 이유와 현재적 맥락이 무엇인지 보다 구체화해야 한다. 루쉰이 비판했던 문화와 인물(국민성)이 부활하여 현재를 지배하고 있기 때문에 루쉰의 비판정신을 다시 소환해야 한다면, 이것만으로는 현재의 문제를 해결할 가능성이 별로 없어 보이기 때문이다.

그렇다면 우리는 루쉰의 어디에서 이 시대와 연계된 발전의 의미를 찾을 수 있는가. 깨어있는 문학가로서 루쉰, 비판적 사상가로서 루쉰, 영원한 혁명가로서 루쉰……. 당연히 의미화하는 사람에 따라 루쉰의 상은 변하겠지만, '21세기의 루쉰'이 가능하려면 무엇보다 그들만의 루쉰이 되어서는 안 된다. 21세기

3 李長之, 『魯迅批判』, 北京: 北京出版社, 2003, 153쪽.

중국의 루쉰 소환은 중국 인민의 발전을 통해 인류 문명의 진보를 이룰 수 있는지를 묻는 과정이 되어야 하기 때문이다. 이를 위해선 루쉰이 꿈꾸었던 세상(필자는 그것을 사람의 나라(人國)라고 생각한다)과 그 문명이 무엇인지에 대해 탐구하는 일이 중요하다고 생각한다. 이 문제에 대한 고민 없이 비판정신만을 현재화한다면 루쉰 소환의 방향은 개체 생명주의와 영원한 혁명론으로 향할 수밖에 없을 것이다.

더군다나 루쉰은 미래 황금세계를 부정하고 또 근대문명을 비판적으로 사유했기 때문에, 텍스트 속에서 루쉰이 꿈꾼 사람의 나라와 그 문명을 읽어내기가 쉽지 않다. 그래서 이점은 드러난 텍스트가 아니라 보이지 않는 루쉰의 사유세계 속에서 그 흔적을 찾아내야 한다. 사람의 나라가 루쉰이 꿈꾼 세상을 이념적 차원에서 추상화한 것이고, 그 문명이 사람의 나라를 위한 실천의 길을 구상한 것이라면, 바로 이것을 이론화하는 일이 현재 우리가 루쉰을 소환하는 방법이라고 생각한다. 이는 루쉰을 통해 이 시대의 새로운 문명을 만들 수 있는가를 묻는 작업에 다름 아니다.

21세기의 새로운 문명과 루쉰 소환의 문제에 대해 이런 고민을 하다가 왕후이汪暉의 『阿Q生命中的六個瞬間』[4]을 접하게

---

4 汪暉, 『阿Q生命中的六個瞬間』, 華東師範大學出版社, 2014. 이 책의 번

되었다. 왕후이의 시각은 아Q를 부정적인 중국 국민성의 전형으로 해석하고 「아Q정전」 속의 혁명을 신해혁명의 실패로 해석하는 기존의 평가를 넘어, 생명 주체의 가능성으로서 아Q와 새로운 시대의 발단으로서 신해혁명을 재발견하려는 것이다. 21세기 중국에서 루쉰을 소환하는 데 있어 딜레마가 되는 국민성담론 재해석을 통해 주체 가능성을 발견하려는 점은 충분히 이해가 되는 부분이다. 그러나 아Q의 정신승리법을 부정해야 할 의식으로 간주하고, 정신승리법이 효력을 상실하는 순간 아Q의 참된 본능이 드러나며 이것이 새로운 혁명의 발단이 될 수 있다는 왕후이의 시각에 대해, 필자는 상이한 생각을 지니고 있다.[5] 본 논문은 왕후이의 시각에 대한 반론의 형식을 통해 국민성담론과 정신승리법에 대한 새로운 해석 가능성을 탐구하고, 나아가 루쉰이 21세기의 중국에 있어 어떠한 성찰의

역은 김영문 옮김, 『아Q 생명의 여섯 순간: 왕후이의 아Q정전 다시 읽기』, 너머북스, 2015 참고.

5 중국에서 왕후이의 책은 Chinadaily.com.cn(中國日報網)의 'The best books of 2014'로 선정되는 등의 일정한 반응이 있었으나, 한국에서는 거의 논의가 이루어지지 않았다. 김영문의 역자 후기를 제외하면, 전형준이 네이버 열린논단(2015.10.31.)에서 「아Q정전」 강연을 하며 왕후이의 시각을 언급한 글과, 김하림의 서평 「정신이 승리하면 육체는 패배하는 것일까?」(『중국현대문학』 77호, 2016.4)가 전부인 것으로 보인다. 최근 중국에서 제기되어 호평을 받은 만큼 찬반 여하를 떠나 왕후이의 시각에 대한 검토는 필요하다고 생각한다.

계기로 작용할 수 있는지에 대해 살펴보려고 한다.

2. 왕후이의 「아Q정전」 다시 읽기

「아Q정전」이 창작된 이래 그에 관한 비평과 논쟁은 지금까지 끊임없이 이어져오고 있는데, 아Q가 중국 국민성의 우언인지 아니면 농민의 전형인지에 대한 시각 차이는 있지만, 정신승리법이 국민성의 병폐라는 점에 관해서는 대체로 의견이 일치한다. 아Q를 중국 국민성의 병폐로 보는 것은 「아Q정전」의 초기 비평가인 저우쭤런周作人이 "아Q란 사람은 중국인의 모든 '인습적 내림'의 결정체"라고 비평하고, 또 마오둔茅盾이 아Q를 "중국인이 지닌 품성의 결정체"라고 비평하면서 제기된 계몽주의적 관점이다. 아Q를 농민의 전형으로 보는 것은 첸싱춘錢杏村, 펑쉐펑馮雪峰, 후펑胡風, 저우양周揚 등의 맑스주의 비평가들이 주장한 계급적 관점인데, 아Q를 신해혁명 시기의 낙후한 농민으로 규정하고 중국혁명 시기와 신중국 시기의 농민은 혁명성을 지닌 계급이라고 인식하는 당권파의 견해가 일정 시기 주류를 이루었다.[6]

6 이점에 대해서는 이욱연, 「시대와 정전: 루쉰의 「아Q정전」의 경우」, 『중국현대문학』 39, 2006.12 참고. 그리고 「아Q정전」에 대한 그동안의 논의에 대해서는 『阿Q-70年』(彭苓 外 編選, 北京十月 文聯出版社,

아Q가 중국 국민성의 병폐인지 신해혁명 시기의 낙후한 농민인지의 문제는 단순한 문학비평상의 논쟁이 아니라 중국혁명과 신중국의 주체를 어떻게 설정할 것인지에 관한 정치적인 문제라고 할 수 있다. 즉 아Q를 중국 국민성의 병폐라고 인식한다면 중국에서 혁명이 어떻게 가능한가 라는 문제가 도사리고 있고, 아Q를 농민의 전형이라고 인식한다면 중국혁명의 주체인 농민의 혁명성을 어떻게 설명해야 하는가 라는 현실 정치의 문제가 내재되어 있다는 것이다. 아Q와 그의 정신승리법을 인격의 결함으로 인식하는 이상 아Q에게서 혁명성을 발견하기는 힘들어지기 때문이다. 그래서 당권파의 입장에서는 아Q를 중국혁명 이전 시기의 낙후한 농민 형상으로 규정하고, 중국혁명 시기와 신중국 시기의 농민은 아Q를 초월하여 혁명성을 내재한 계급이라고 평가할 수밖에 없는 것이다. 이러한 입장 속에서 「아Q정전」의 배경인 신해혁명은 실패한 혁명으로 규정되고, 그 실패의 원인은 농민인 아Q의 낙후성과 아울러 아Q를 착취하고 혁명 참여를 금지한 지배계급의 문제로 귀결된다.

이러한 관점은 당연히 정치적 필요에 따라 문학작품을 재단하는 편향적인 것이지만, 중국혁명의 주체는 누구인가라는 문제에 대해서는 아Q를 국민성의 병폐라고 인식하는 관점도 마

1993), 『說不盡的阿Q』(陳漱渝 主編, 中國文聯出版公司, 1997) 참고.

찬가지의 곤혹스러움을 지니고 있다. 즉 아Q를 부정적인 국민성으로 인식하는 이상 아Q의 혁명(신해혁명)은 실패할 수밖에 없으며, 나아가 모든 시기의 모든 중국인이 아Q의 정신승리법에 젖어 있다면 중국의 혁명은 어떻게 가능한가 라는 문제를 해결하기가 쉽지 않다는 것이다. 이러한 문제는 정치주의 비평을 넘어 국민성담론의 논리구조 속에 내재한 딜레마이며, 왕후이의 「아Q정전」 다시 읽기는 이러한 딜레마를 풀기 위한 고민에서 출발한 것으로 보인다.

왕후이는 아Q의 정신승리법이 국민성의 병폐라는 관점에서 출발하여, "아Q가 병약하고 마비된 중국인의 전형이라면 그런 중국인에 대해 반성을 수행하는 루쉰은 어느 나라 사람인가?" 라는 질문을 던진다. 이러한 질문을 통해 왕후이는 아Q의 국민성 병폐와 이를 성찰하는 루쉰의 시각을 연계하여, 국민성을 성찰하는 국민성 혹은 국민의 영혼을 그리는 '국민의 영혼'이라는 관점에서 「아Q정전」의 재해석을 시도한다. 즉 아Q의 정신승리법은 부정적인 국민성이지만, 아울러 아Q 내면에 정신승리법을 벗어나려는 참된 본능이 내재되어 그것이 주체의 혁명성의 발단이 될 수 있다는 것이다.

> 대다수 비평가는 논의의 중심을 아Q의 정신승리법 총결에 두었다. 그러나 이와 달리 나는 분석의 초점을 정신승

리법의 우연한 효력 상실에 두고, 아Q의 인생과 그의 성격·운명에 내재된 여섯 가지 주요 순간을 중점적으로 제시하고자 한다. 아Q의 처형 순간과 같은 개별적인 순간이 일찍이 창작방법을 탐구하는 측면에서 반복해서 언급된 것을 제외하고 그 밖의 다른 순간은 대부분 기존의 분석에서 거의 완전히 소홀하게 취급되어왔다. 이러한 순간은 아Q가 자아통제를 상실하는 순간일 뿐만 아니라 정신승리법이 효력을 상실하는 찰나이기도 하다. 그러나 루쉰은 늘 그런 순간을 은근슬쩍 언급만 하고 지나갈 뿐이다. 이러한 순간을 모두 합친다 해도 1분을 초과할 수 있을지는 나도 알 수 없다. 그러나 나는 이러한 순간이 아Q와 혁명의 관계 해석에 지극히 중요한 요소일 뿐 아니라 아Q의 인생을 이해하는 측면에서도 필요불가결한 요소임을 확언할 수 있다. 이러한 순간도 모종의 중복 현상으로 보이지만 그 질적 수준은 이전과 완전히 다르다. 말하자면 중복 속에 변화가 숨어있다고 할 수 있다.[7]

국민성담론의 딜레마를 돌파하기 위해 왕후이가 선택한 방법은 정신/육체, 의식/본능을 이원화하는 프로이트의 정신분석학이다. 즉 국민성 병폐로서 정신승리법을 아Q의 본능, 욕망, 잠재의식을 억압하는 정신·의식의 영역에 두고, 정신승리법의

---

7 汪暉, 앞의 책, 31-32쪽.

억압을 뚫고 나오는 아Q의 참된 본능, 욕망, 잠재의식을 육체·본능의 영역으로 설정하는 것이다. 이러한 정신/육체, 의식/본능의 이항대립에서 정신승리법은 가식적인 자기 합리화로 아Q의 참된 자아를 억압하고 기존 질서로 회귀하게 하는 반복·순환의 폐쇄시스템으로 작동한다. 따라서 「아Q정전」의 새로운 읽기에서는 정신승리법이 효력을 상실하는 순간을 포착하는 일이 가장 중요하다. 그것은 정신승리법이란 의식이 아Q의 본능, 욕망, 잠재의식에 대한 억압을 중단하는 순간이기 때문이다. 그 순간 오랫동안 억압되고 뒤틀려 있던 아Q의 참된 본능은 가식적인 정신승리법의 압제를 뚫고 자신을 성찰하는 생명력을 드러내게 된다.[8]

왕후이는 「아Q정전」에서 정신승리법이 효력을 상실하여 아Q의 참된 본능이 드러나는 순간이 여섯 차례 출현한다고 주장한다. 첫 번째 순간은 도박판에서 딴 돈을 다 잃어버리고 '실패의 고통'을 맛 본 장면(제2장)이며, 두 번째 순간은 왕털보에게 맞은 뒤에 '어디로 가야 할지 몰라 하는' 장면(제3장)이다. 세 번째 순간은 우마에게 구애한 사건으로 '성과 기아'의 아픔을 맛본 장면(제4장)이며, 네 번째 순간은 먹을 것을 찾아 나서는 '생존 본능의 돌파'의 장면(제5장)이다. 다섯 번째 순간은 혁명

8 김영문, 앞의 책, 178쪽.

에 참여하려 하지만 금지되어 삶의 '무의미함'을 맛본 장면(제8장)이며, 여섯 번째 순간은 강도죄로 사형을 선고받고 조리돌림을 당하는 과정에서 구경꾼의 눈빛과 공포를 맛본 '대단원과 죽음'의 장면(제9장)이다. 왕후이는 「아Q정전」에 묘사된 이 여섯 순간은 지극히 짧은 '각성'의 계기이지만, 이와 같은 은밀한 순간에 대한 루쉰의 묘사는 정신승리법의 효력이 상실될 개연성을 발굴하는 것이며, 새로운 의식 창조가 가능한지 탐색하는 과정이라고 인식한다. 그리고 이러한 논리에 기초하여 「아Q정전」이 정신승리법의 전형을 창조한 것이라기보다는 정신승리법을 돌파할 계기를 제시한 것으로 읽어야 한다고 주장한다. 이러한 계기가 바로 무수한 중국인이 최종적으로 혁명에 참여할 수 있는 가능성이 되며, 혁명으로 창조되는 사회변동은 아Q 생명 과정 속의 그 순간들이 질적으로 변하는 객관적 계기가 될 수 있다는 것이다.

나아가 왕후이는 아Q가 참된 본능이 깨어나는 여섯 순간이 정신승리법을 돌파하는 계기로 작용하는 것처럼 신해혁명도 중국 역사의 순환구조를 끊고 새로운 미래를 가능케 한 발단이 되었다고 주장한다. 아Q의 각성의 순간과 신해혁명의 참 역사가 아주 짧은 순간이기는 하지만 내적 외적 변혁의 계기로 서로 호응하여 새로운 미래를 가능케 한 발단이 되었다는 것이다. 그래서 신해혁명은 실패한 혁명이 아니라 아Q 같은 우매한 농민까지 혁명의 대열에 참여시킨 중요한 변혁의 계기가 된다. 이러한 맥락에서 왕후이는 「아Q정전」을 중국 혁명의 발단에 대한 우언으로 고쳐 읽고, 책의 첫머리에서 "삼가 이 책으로 새로운 시대의 발단이 된 신해혁명을 기념하고자 한다"고 표명한다.

이상으로 볼 때 왕후이의 시각은 정신승리법을 국민성의 병폐로 본다는 점에서 기존의 국민성담론과 동질적이지만, 다음 세 가지 관점을 통해 국민성담론을 넘어서는 새로운 독법을 제기하고 있다. 첫째, 국민성담론은 아Q가 정신승리법에 의해 전일적으로 지배되는 형상이라고 인식하는데 반해, 왕후이는 아Q에게 정신승리법과 아울러 그것에 통제되지 않는 본능이 있어서 참된 자아로 각성될 수 있는 계기가 내재되어 있다고 본다. 둘째, 「아Q정전」에서 본능이 정신승리법을 돌파하는 순간이 여섯 차례 출현하며, 비록 그 시간이 짧고 다시 정신승리법에 지배되기는 하지만 새로운 주체 형성의 내적 가능성으로 작용한다. 셋째, 아Q의 이러한 내적 가능성이 혁명에 호응하는 각성의 계기로 작용하며, 따라서 「아Q정전」 속의 혁명은 실패한 혁명이 아니라 새로운 시대의 발단이 되는 혁명이라고 할 수 있다.

3. 왕후이의 시각에 대한 반론

대체로 위의 세 가지 관점이 왕후이가 「아Q정전」을 새롭게 읽은 부분이라고 할 수 있는데, 그중 가장 핵심적인 것은 정신승리법과 본능을 대립시키는 첫 번째 관점이며, 나머지 두 가지 관점은 첫 번째 관점에 의해 파생된 해석 영역이라고 해야 할 것이다. 필자의 반론도 이에 따라 왕후이 시각의 핵심인 정신승리법과 본능을 대립시키는 관점에 대한 논의로부터 시작하려고 한다.

먼저 정신승리법을 국민성의 병폐이며 참된 본능과 대립되는 인습적인 의식이라고 규정하는데, 이러한 의식/본능, 정신/육체의 이원적 관점이 타당한 것인가? 국민성담론에서 아Q는 영원히 자신의 주체적 생각에 입각하여 사고할 수 없는 사람이다. 그는 영원히 환각 속에서 생활하며 끊임없이 자신과 타인과 전체 사회와 관련된 이야기를 꾸며낸다. 그는 수많은 이야기를 갖고 있고 또 자신과 관련된 '의식'을 갖고 있지만 자기만의 자아는 갖고 있지 않다. 자신의 고통을 합리화하는 이야기를 만드는 의식이 바로 정신승리법이며, 그 이야기는 성현의 규범과 구질서에 따르기 때문에 혁명과 대립하는 의식이 된다. 그래서 아Q에게 각성의 순간이 있다면 그의 의식에서 찾을 수 없고 아Q의 의식이 통제할 수 없는 영역 즉 본능 속에서 각성의 계기를 찾을 수밖에 없다.[9] 왕후이가 아Q의 본능이 작동하는 여섯 장면을 아Q 생명의 순간이라고 명명하며 「아Q정전」 다시 읽기의 관건이라고 본 것도 바로 이 때문이다.

그렇다면 왜 아Q는 본능에 위배되고 구질서를 옹호하는 이야기를 끊임없이 만들어낸 것인가? 웨이좡 마을 사람들에게 아Q는 품팔이를 시키거나 우스갯거리로 삼을 뿐 아무도 그의 행장에 신경을 쓰지 않는 그런 인물이다. 아Q는 집이 없어 토지신 사당에서 거주하고, 특별한 능력이나 배경이 없어 품팔이로 생계를 유지하고, 가족이나 친지도 없어 홀로 외롭게 생활하고, 한가하면 노름을 하거나 빈둥거리며 살아가는 존재다. 웨이좡 마을에는 아Q의 삶을 보호해주는 사람이 없으며, 또 아Q가 믿고 의지할 수 있는 사람도 없다. 아Q는 자신이 바로 삶의 기반이고 생계수단이기 때문에 자존심이 매우 강하지만, 고정적인 수입이 없어 늘 생존의 불안감을 지니고 있다. 이러한 그에게 주위 사람들과의 경쟁관계에서 패배한다는 것은 생존의 기반 상실을 의미하는 뼈아픈 고통이다. 그러나 아Q는 일상 속에서 승리보다는 패배가 빈번한데, 패배를 승인하는 것은 웨이좡 마을에서 살아갈 수 있는 입지를 줄어들게 하는 일이다. 이 때문에 패배의 고통을 자기 승리의 이야기로 만들어 다시 삶의 평

9 汪暉, 앞의 책, 40-41쪽.

형을 찾는 것이, 아Q가 현실로 돌아가 생존을 유지할 수 있는 길이 된다. 이런 맥락에서 볼 때 아Q의 정신승리법은 인습의 결정체나 구질서를 옹호하는 의식이기 이전에 아Q의 생존조건과 생존본능에서 기인한 것이라고 할 수 있다.

이점을 논의하기 위해, 왕후이가 아Q 생명의 첫 번째 순간이라고 말한 도박판에서 딴 돈을 다 잃어버리고 '실패의 고통'을 맛 본 장면(제2장)과, 두 번째 순간이라고 말한 왕털보에게 맞은 뒤에 '어디로 가야 할지 몰라 하는' 장면(제3장)을 살펴보자.

> 1) 하얗게 반짝이던 은화 더미! 게다가 그건 자기 것이었는데 이제 사라지고 없다니! 물론 그것도 아들놈에게 뺏긴 것으로 치부해보았지만 서운하고 불쾌한 마음은 어쩔 수 없었다. 또 자신을 버러지로 치부해보아도 역시 서운하고 불쾌한 마음이 들었다. 이번에는 그도 좀 실패의 고통을 맛볼 수밖에 없었다.[10]

> 2) 아Q의 기억으로는 이것이 바로 그가 난생처음 당한 굴욕적인 사건이었다. 왜냐하면 왕털보는 무성한 구레나룻 때문에 지금까지 그에게 비웃음을 당했지 그를 비웃

10 魯迅, 『魯迅全集』 제1권, 北京: 人民文學出版社, 2005, 519쪽.

> 은 적이 없었고 특히 손을 쓴 일은 더더욱 없었기 때문이다. 그런데 그가 이제 결국 손을 쓰다니, 이건 정말 생각지도 못한 일이었다. 설마 저잣거리의 뜬소문처럼 황상께서 과거를 폐지하여 수재와 거인이 더는 필요 없어졌고, 이로써 자오대감댁의 위엄이 땅에 떨어져서 결국 이놈까지 날 업신여기는 것일까? 아Q는 어디로 가야 할지 몰라 우두커니 서 있었다.[11]

이 두 장면에서 왕후이가 주목한 것은 '실패의 고통'을 맛본 순간과 '어디로 가야 할지 몰라' 우두커니 서 있는 순간이다. 이 순간이 바로 실패를 부정하는 정신승리법이 작동하지 않아 아Q가 실패를 직감하게 되고, 또 이야기 조작 능력이 상실되어 아Q가 자신이 처한 진실한 환경과 대면하는 순간이라고 보기 때문이다. 사실 아Q는 현실에서 승리한 적이 별로 없으며, 도박판에서 모처럼 돈을 땄지만 이마저도 힘이 없어 빼앗기고 만다. 마을 건달들과의 싸움에서 얻어맞으면 이를 정신승리법으로 역전시키는 것이 아Q가 삶의 평형을 위해 늘 해오던 일이다. 하지만 도박판에서 딴 돈을 뺏긴 것은 생존과 관련된 실물을 잃어버린 것이어서 정신승리법으로 회복할 수 있는 것이 아니다. 그래서 아Q가 "아들놈에게 뺏긴 것으로 치부해보았지

11 魯迅, 앞의 책, 521쪽.

만 서운하고 불쾌한 마음은 어쩔 수 없"는 실패의 고통을 맛보게 된 것이다. 아Q에게 이 고통은 정신승리법으로도 견딜 수 없는 생존의 불안감인 셈이다. 2)에서 아Q는 평소 자신에게 비웃음을 받던 왕털보에게 얻어맞은 것은 웨이장 마을의 현실 속에서 아Q가 존립할 수 있는 입지가 줄어들고 있다는 것을 의미하며, "어디로 가야 할지 몰라" 하는 것은 이에 따른 생존의 불안감이 다가왔기 때문이다. 아Q가 왕털보와 같은 이들과의 싸움에서 지지 않으려 하는 것은 자존심의 문제이기도 하지만, 웨이좡 마을의 일거리를 확보하는 일과 관련되어 있다. 우마사건으로 평판이 나빠지고 샤오D와의 싸움에서 패하면서 아Q의 일자리가 샤오D에게 돌아간 일이 이를 반증한다. 아Q가 왕털보에게 얻어맞은 일을 황상이 과거를 폐지하고 자오대감댁의 위엄이 떨어진 일로 비유한 것은, 그만큼 자신의 입지가 무너져가고 있는 현실을 절박하게 표현한 셈이다.

이 두 가지 사건으로 아Q는 정신승리법만으로 생존의 불안을 견딜 수 없는 상황이 다가오고 있음을 느끼게 되지만, 결정적으로 웨이좡 마을에서 아Q의 생존을 위태롭게 만든 일은, 왕후이가 세 번째 생명의 순간이라고 한 우마에게 구애한 사건으로 '성과 기아'의 아픔을 맛본 장면(제4장)이다. 젊은 비구니를 희롱하여 승리한 후 '야릇한 느낌'에 사로잡힌 아Q는 자오대감댁의 하녀 우마를 보고 성적 충동이 일어나 "나와 잡시다.

나와 자요!" 라고 말하고, "털썩 앞으로 다가가 우마에게 무릎을 꿇는다." 우마는 난데없는 아Q의 구애에 성적 모욕을 느껴 뛰쳐나가고, 이 사건으로 아Q는 자오대감댁 수재에게 매를 맞고 또 '5개 조약'의 배상을 하게 되어 자신이 가지고 있던 물건을 저당 잡혀 조약을 이행하느라 빈털터리가 된다. 게다가 평판이 나빠져 마을 사람들이 아Q를 불신하게 됨에 따라 단골집에서 쫓겨날 뿐 아니라 일자리도 들어오지 않는다. 아Q는 웨이좡 마을에서 살 수 있는 기반을 잃어버리게 되는데, 이는 정신승리법으로 상황을 바꿀 수 없는 극도의 생존 위험상태에 다름 아니다.

아Q의 성충동에 대해 왕후이는 "젊은 비구니를 희롱한 후 그가 얻은 '날아갈 듯한 느낌'은 그가 신봉해온 남녀 간의 금기를 돌파했음을 의미한다고"[12]고 평한다. 또 순검이 아Q의 우마 성희롱을 '반역'이라고 꾸짖은 것은, "자오대감댁 하녀를 희롱하여 당시 삼엄한 등급 질서와 그 질서를 존중하는 신념까지도 성 본능으로 파괴했기 때문이다. 아Q의 반역행위는 무의식 속에서 완성되었다"[13]고 평한다. 이러한 평가는 아마도 아Q의 성희롱이 본능에서 기인하며, 이를 통해 남녀 간의 금기를 돌파

12 汪暉, 앞의 책, 45쪽.
13 汪暉, 앞의 책, 46쪽.

하고 삼엄한 등급질서를 파괴하는 '각성'이 이루어졌다고 인식하기 때문일 것이다. 그러나 아Q의 성희롱을 각성의 계기라고 긍정하기는 어려워 보인다. 시종 아Q는 타인과 소통이 원활하지 않거나 단절된 상태에서 살아가는데, 그중 가장 단절적이고 낯선 관계가 바로 남녀관계이다. 성충동이 자손을 번식하려는 본능이라 하더라도, 아Q의 성희롱은 유교적 가부장질서를 내면화한 아Q가 그동안 억눌려왔던 성충동을 순간적으로 발동한 것이라고 해야 한다. 이는 자기 내부에서만 이뤄지던 정신승리법을 벗어나, 약자인 여성에게 직접적인 모욕과 위해를 가하는 '비자각적인 폭력'에 가까워 보인다.

아Q는 충동적인 성희롱으로 인해 웨이좡 마을에서 추방의 위기에 처하면서 세상이 '기괴하게' 생각되기 시작한다. 이 장면이 왕후이가 말한 아Q 생명의 네 번째 순간인데, 주막에서는 외상술을 주지 않으려 하고, 사당 당지기 영감은 아Q를 쫓아내려는 듯하고, 일거리를 주는 사람이 없어 배를 곯는다. 이 모든 일은 아Q가 성희롱 사건으로 신뢰를 잃고 빈털터리가 되면서 벌어진 것으로, 평소 익숙하던 것들이 순식간에 자기와 무관한 듯 기괴해진 것이다. 아Q는 생존 불안감에 휩싸이면서 세상이 낯설어지고, 무엇을 해야 할지 알 수 없는 위기의 상태에 봉착한다.

그는 거리를 걸으며 먹을거리를 구하려 했다. 낯익은 주막이 보이고 낯익은 만두가 보였지만 그는 그냥 지나치며 잠시도 멈추지 않았다. 그는 그런 것은 원하지도 않았다. 그가 구하고 싶어하는 건 이따위 것들이 아니었다. 그가 뭘 구하고 싶어하는지는 자신도 몰랐다.

웨이좡은 본래 큰 동네가 아니어서 얼마 지나지 않아 온 동네를 다 돌아버리고 말았다. 동네 밖은 대부분 논이었고 이제 새로 심은 벼들이 온통 연초록 천지를 이루고 있었다. 그 가운데서 꿈틀거리는 검은 점들은 바로 김을 매는 농부였다. 아Q는 이런 전원의 즐거움을 전혀 감상하지도 않고 오직 제 길만 갔다. 왜냐하면 이런 풍경은 그의 '구식지도(求食之道)'와 너무 동떨어졌기 때문이었다. 그러나 그는 마침내 정수암 담장 밖에 도착했다.[14]

아Q는 먹을거리를 구하러 웨이좡 마을을 돌아다니지만 세상인심은 이미 변하여 평소와 같은 '구식지도'의 방식으로 생계를 유지할 수 없다는 것을 '직감'한다. 동네를 지나 동네 밖에 이르니 논은 '새로 심은 벼들이 온통 연초록 천지'인 아름다운 전원 풍경을 이루고 있지만, 생존의 불안감에 휩싸인 아Q에게는 이런 즐거운 풍경이 눈에 들어오지 않는다. 먹을거리를 찾는 아Q의 절박함과 '너무 동떨어져 있기' 때문이다. 터벅터

14 魯迅, 앞의 책, 531쪽.

벅 어디로 갈지 몰라 헤매다가 아Q가 이른 곳은 웨이좡 마을 밖에 있는 정수암 담장 밖이다. 이 대목에 대해 왕후이는 "루쉰이 '자신의 눈으로 직접 목도한 중국인의 삶'을 묘사한 것이다. 그러나 아Q에게는 일종의 생명에 대한 존엄감을 부여해주고 있다. 이러한 존엄감은 아Q 스스로 자신이 구하고 싶어하는 것이 무엇인지 모르는 상황에서 시작되었다"[15]고 평한다. 즉 정신승리법의 굴레에서 벗어나 아Q가 본능의 직감에 따르게 되면서 평소와 다른 서정적인 풍경과 잠재의식이 펼쳐지고, 이러한 상태가 아Q에게 '생명에 대한 존엄감'을 부여한 것이라고 인식하는 것이다. 그러나 생존의 불안감에 떠는 아Q와 그의 눈에 들어온 낯선 풍경을 생명에 대한 존엄감이라고 해석하는 것은 납득이 잘 가지 않는다. 정수암 당장 밖에 도착한 아Q가 한 행동이 바로 무를 훔쳐 먹다가 개에 쫓겨 웨이좡 마을을 떠나는 일이기 때문이다.

아Q는 웨이좡 마을에서 더 이상 생존할 수 없음을 직감하고 성안으로 들어갈 결심을 한다. 아Q가 성안으로 들어간 것은 아Q의 인생에 있어서 매우 중요한 전환이며, 따라서 이러한 변화를 추동한 직감과 정신승리법의 관계를 이해하는 것은 「아Q정전」 다시 읽기의 관건이 되는 부분이다. 왕후이는 아Q

15 汪暉, 앞의 책, 50쪽.

의 정신승리법이 독특한 분석과 추리에 의해 형성된 구질서의 지배의식이고, 이에 반해 본능·직감·잠재의식은 정신승리법의 외부에 위치하며 정신승리법을 돌파하는 생명의 작용이라고 인식한다. 앞에서 살펴본 대로 왕후이가 말한 생명의 순간은 정신승리법이 지배하는 아Q의 의식을 본능·직감·잠재의식으로 극복하는 짧은 생명의 순간을 뜻한다.

그러나 필자는 왕후이의 이러한 시각과 생각을 달리한다. 첫째 왕후이가 본능을 중시하는 것은, 아Q가 구질서를 옹호하는 정신승리법에 완전히 지배된다면, 아Q는 영원히 각성할 수 없는 사람이 되기 때문이다. 그래서 왕후이는 본능을 정신승리법에 완전히 통제되지 않는 외부에 위치시키고, 정신승리법의 전일성에 균열을 일으켜 아Q의 참된 자아를 드러낼 수 있는 각성(혁명)의 계기로 삼는다. 정신승리법과 본능을 대립시키는 방식으로 각성의 계기를 열어놓게 되면 아Q를 영원히 마비된 존재로 보는 국민성담론을 극복할 수 있다. 하지만 정신승리법을 생존본능과 대립되는 구질서의 의식으로 간주하여, 아Q의 생존욕망과 정신승리법의 내재적인 관계를 이해하지 못하게 된다.

왜 그러한가? 웨이좡 마을에서 아Q는 주객관적인 생존조건이 열악하여 늘 생존의 불안감을 지니고 살아간다. 승리보다는 실패의 고통이 더 많고, 또 자신에게 불리한 생존조건을 변화시킬 능력이 없는 아Q가 자신의 삶을 유지하는 길은, 자신의 내부에서 패배의 모멸감을 극복하고 다시 현실로 돌아가 삶을 이어나가는 길이다. 이러한 과정에서 정신승리법이 탄생한 것이라면, 정신승리법은 무엇보다도 아Q의 강한 생존본능에서 기인하는 것으로 보아야 한다. 아Q는 어떠한 패배에도 굴하지 않고 정신승리법을 작동하여 삶의 평형을 유지하는데, 다만 왕후이가 말한 생명의 순간에서 아Q는 정신승리법을 작동시키지 못하고 생존의 불안감을 노출시킨다. 그 순간은 정신승리법으로 패배를 견딜 수 없는, 아Q가 감당할 수 없는 생존의 불안감이 엄습한 순간이다. 도박판에서 딴 돈을 빼앗긴 것이나 평소 자신에게 비웃음을 받던 왕털보에게 얻어맞은 것은, 아Q의 정신승리법으로도 패배를 역전시킬 수 없는 굴욕적인 사건이다. '실패의 고통'이나 '어디로 갈지 모르는' 것은 정신승리법으로 감출 수 없는 생의 불안감이 튀어나온 순간이다. 그러나 이 두 사건은 아Q의 생존을 위협할 만한 커다란 일은 아니어서, 잠시간의 고통이 따르기는 했지만 아Q는 다시 정신승리법으로 패배의 순간을 견뎌나간다. 아Q가 견딜 수 없는 패배에 직면한 것은 우마의 성희롱으로 빈털터리가 되고 일자리를 구할 수 없어 기아의 고통에 빠진 순간이다. 이 사건으로 아Q는 더 이상 웨이좡 마을에서 생존할 수 있는 기반을 잃어버리고 읍내로 들어갈 결심을 하게 된다. 이렇게 볼 때 아Q는 열악한 생존조건과 그로 인한 생존의 불안감을 정신승리법으로 최대한 버텨 나가고, 정신승리법으로 견디지 못하는 순간에는 불안한 감정을 그대로 노출시킨다고 할 것이다. 즉 아Q의 내면에는 정신승리법으로 현실의 패배를 견딜 수 있는 순간과 정신승리법으로 감당할 수 없는 불안의 순간이 공존한다는 것이다. 정신승리법이 생존의 불안감을 견디는 과정에서 탄생한 것이라면, 정신승리법 역시 생존본능에 기반하여 작동되는 것이라고 해야 한다.

문제는 왜 아Q의 정신승리법과 같은 독특한 생존법이 생겨난 것인가 하는 점에 있다. 정신승리법을 국민성의 병폐로 보는 것은 중국인의 본성 문제와 연계 짓는 것이고, 정신승리법을 '인습의 결정체'나 구질서의 의식으로 보는 것은 중국문화의 문제와 연계 짓는 것인데, 필자는 아Q와 같은 하위계층의 정신승리법을 이해하려면 여기에다 열악한 생존조건으로 인한 빈곤문제를 결합해야 정신승리법의 본령을 이해할 수 있다고 생각한다.[16] 본성과 문화 그리고 빈곤 문제를 통해 정신승리법을 이해하는데 있어 제일 실증하기 어려운 관점은 중국인의 본성 문제로 보는 것이다. 국민성담론은 중국이 정체한 원인을

16 루쉰이 평생 국민성 비판에 주력한 이유 및 중국 국민성의 실체와 역사적 함의에 대해서는 졸저, 『흩어진 모래: 현대 중국인의 고뇌와 꿈』, 산지니, 2013, 1장 '루쉰의 유언과 아더 스미스' 참고.

중국인의 본성에 내재한 근원적인 결함으로 간주하는데, 이러한 본성의 결함은 모든 시대 모든 중국인에게 나타나는 보편적인 문제가 된다. 그러나 중국인이 이러한 근원적인 결함을 지니고 있다면 중국인이 긍정적인 인격으로 변화될 가능성은 어디서 찾아야 하는가 라는 딜레마에 봉착하게 된다. 왕후이의 경우 그 가능성을 본능과 잠재의식에서 찾으려 하지만 이 역시 본성과 무관할 수 있는 것인가. 중국의 역사과정에서 출현한 좋은 중국인이라고 할 수 있는 성현, 선인 그리고 동심을 지닌 아이들은 중국인의 본성을 지니지 않은 사람들인가. 그렇다면 그들은 예외적인 중국인이라고 해야 하는가. 이 문제는 「광인일기」에서 루쉰이 던졌던, 2천년 중국 역사가 식인의 역사라면 식인하지 않은 진인은 어디서 찾을 수 있는가 라는 문제와 상통하는 것이다. 루쉰은 계몽자인 광인의 식인 가능성을 승인하고 식인하지 않은 아이들을 구해야 한다는 여운을 남기지만, 이 아이들 역시 성인이 되는 과정에서 룬투처럼 식인의 역사 속에 침윤될 수밖에 없다면, 도대체 중국의 진인은 어디서 찾을 수 있는가. 더군다나 아Q와 같은 정신승리법은 중국혁명 이전뿐만 아니라 중국 혁명이 승리하고 신중국이 성립된 이후에도 바뀌지 않고 여전히 지속되고 있다면 이를 어떻게 보아야 하는가. 그리고 이러한 정신승리법의 결함을 지닌 중국인들이 경제성장의 주역으로 활약하며 루쉰이 중국의 급선무라고 말한 발전의 단계에까지 이르게 했다면 이를 어떻게 보아야 하는가. 오랜 과거에서 현재까지 정신승리법이 지속되고 있다면 이는 중국인의 본성에 속하는 것이라고 할 수밖에 없으며, 또 정신승리법을 지닌 사람들이 루쉰의 비판과 달리 경제성장을 포함한 중국사회의 변화에 기여한 것 역시 부정할 수 없는 사실이라면, 우리는 이 딜레마를 어떻게 풀어야 하는가. 이러한 의문들은 정신승리법을 중국인의 본성의 결함이라고 단정하기 어렵게 한다.

이런 맥락에서 볼 때 필자는 정신승리법에 두 가지 특성이 있다고 생각한다. 하나는 현실에서 실패나 역경을 겪은 후 좌절에 빠지지 않고 다시 일어나 삶을 유지해나가는 내성의 힘으로, 이것은 중국인뿐만 아니라 인류 누구나 지니고 있는 보편적인 생존본능이라고 할 수 있다. 현대 심리학에서는 실패나 역경을 극복하고 다시 일어서는 힘을 회복탄력성(resilience)[17]이라고 하는데, 루쉰이 말한 '쩡자' 즉 절망적 상태를 버티며 견디는 힘과 상통하는 것이다. 이러한 내성의 힘이 강한 사람일수록 실패의 고통과 모멸감에서 벗어나 삶의 평형을 회복하는 긍정적인 마인드를 소유하고 있다. 그러나 절망상태에 빠져

---

17 회복탄력성 개념에 대해서는 김주환, 『회복탄력성』, 위즈덤하우스, 2011 참고.

생존의 불안감과 모멸감을 견디지 못하는 사람은 과격한 분노나 자살 충동에 이끌리기 쉽다. 이런 측면에서 보면 아Q는 회복탄력성이 강하고 생존본능에 충실한 사람이라고 해야 할 것이다. 이점이 정신승리법에 내재한 보편적인 생존본능이며, 중국인의 강인한 생명력과 연계된 특성이라고 할 수 있다.

다른 하나는 아Q만이 지니고 있는 독특한 생존법으로, 회복탄력성이라고 긍정하기에는 지나친 자기기만적인 성향과, 강자에 약하고 약자를 경멸하는 이른바 노예근성이 바로 그러하다. 루쉰은 이러한 노예근성으로서 정신승리법이 중국인 누구나 지니고 있는 국민성의 병폐라고 보았고, 아Q를 국민성의 전형이라고 본 비평가들 역시 중국인의 보편적인 결함이라고 승인한다. 물론 이러한 노예근성이 중국인을 넘어 인간 누구나 자유로울 수 없는 약점이라고 한다면, 노예근성으로서 정신승리법 역시 인류보편적인 약점이라고 해야 할 것이다. 그렇지만 아Q와 같은 하위계층의 정신승리법을 권력을 소유한 상위계층의 정신승리법과 동질적인 것으로 보아서는 안 된다. 아Q의 정신승리법에 내재한 자기기만적이고 정신결핍적인 특성은 빈곤의 문제와 긴밀하게 연계되어 있기 때문이다. 중국의 지배계급이나 '正人君子' 등은 하위계층의 빈곤 문제에서 자유로운 이들이지만 이들 역시 정신승리법을 지니고 있다는 점에서, 루쉰은 이들을 하위계층과 마찬가지로 신랄하게 비판한다. 그러나 이들의 정신승리법은 자신의 권력을 유지하거나 재생산하기 위해 계급의식 차원에서 작동시킨 생존법으로, 생존 자체를 이어나가기 위한 아Q의 정신승리법과는 그 욕망이 확연히 다르다.

현대 사회학의 빈곤과 정신결핍에 관한 연구에 따르면, 가난한 사람이 어리석은 행동과 결정을 할 가능성이 더 크다고 한다. 즉 가난한 사람이 범죄를 저지를 가능성이 크고 알코올이나 마약을 더 많이 사용하며, 또 자기통제가 어렵고 혼란스런 모습을 더 보인다. 이는 빈곤으로 단기적이고 즉각적인 문제 해결에만 신경이 쏠려 폭넓고 장기적으로 생각할 수 있는 능력인 정신대역폭(mental bandwidth)이 취약해서 그렇다는 것이다. 과거에는 빈곤이 게으름 같은 인격결함이나 개인 유전자의 문제에서 발생한다고 간주하는 경향이 있었으나, 최근에는 빈곤이 정신결핍을 유발하고 이로 인해 가난한 사람이 어리석은 행동과 결정을 할 가능성이 더 크다고 인식한다.[18] 그래서 가난한 사람의 어리석은 행동을 줄일 수 있는 방법은 정신치유보다는 빈곤에서 벗어날 수 있는 길을 열어주는 것이 더 효과적인 실천방안이 된다. 빈곤과 정신결핍 그리고 어리석은 행동의 상

18 빈곤과 정신결핍에 대해서는 뤼트허르 브레흐만, 안기순 옮김, 『리얼리스트를 위한 유토피아 플랜』, 김영사, 2016. 3장 빈곤의 종말 참고.

호관계에 대한 이런 설명에 근거하면, 아Q의 정신승리법에는 빈곤에 의한 정신결핍이 내재되어 있으며, 이 결핍감이 아Q를 도박과 알코올에 의존하게 하고 생계형 도둑질로 내몰며 약자를 경멸하는데 능하게 만든 것이다.

이러한 점을 고려한다면 하위계층의 정신승리법이 지배질서를 내면화 하는 측면이 있지만, 이를 지배계급이나 '正人君子'의 정신승리법과 동일하게 간주해서는 안 된다. 이것은 중국을 정체하게 만든 원인으로 정신승리법을 논의할 때, 권력자들의 계급의식적인 정신승리법과 빈곤으로 인한 하위계층의 정신승리법을 국민성 차원에서 동일한 것으로 인식해서는 안 된다는 점을 뜻한다.[19] 국민성담론 속에 국민성의 이름으로 권력자들에게 면죄부를 주거나, 중국 문제의 해법을 국민성 치유의 문제로 모호하게 인식할 가능성이 내재되어 있기 때문이다.

이 문제는 바로 왕후이가 다섯 번째 생명 순간이라고 한, 아Q가 혁명에 참여하려 하지만 금지되어 삶의 '무의미함'을 맛본 장면(제8장)에 대한 해석의 시각과 연계되어 있다. 웨이좡 마을에서의 생존에 실패하여 성안으로 들어간 아Q는 생계를 해결

19 물론 상위계층과 하위계층을 막론하고, 한나 아렌트가 지적한 '악의 평범성'처럼 타인의 불행을 구경거리로 삼거나 자기보다 약한 사람에게 강자로 군림하여 지배질서를 재생산하는 정신승리법의 부정적인 측면은 비판되어야 한다.

하는 것이 긴박했지만, 웨이좡 마을보다 크고 낯선 성안에서 아Q가 일자리를 찾기는 당연히 쉽지 않았을 것이다. 결국 아Q는 도둑질에 가담하게 되고 성안에서 훔친 물건을 가지고 웨이좡 마을로 돌아와 돈을 벌게 된다. 그런데 이 장면에서 왕후이는 성안으로 들어간 아Q의 '직감' 속에 혁명에 대한 감지가 포함되어 있는지, 성안에서 발생한 변동상황에 대한 본능적인 호응이 숨어 있는 게 아닌지[20] 라고 질문하며, 웨이좡 마을을 떠나 성안으로 들어간 아Q의 결심을 혁명에 대한 호응과 연계지어 보려고 한다. 「아Q정전」에서 이점은 분명치 않지만 의식이 아닌 직감, 본능의 차원에서 혁명에 호응한 것이 아닌지 생각해보자는 것이다. 그러나 아Q가 웨이좡 마을을 떠나게 된 이유가 생존의 위기 때문이고 성안에서 아Q가 한 일이 생계형 도둑질이란 점을 고려하면, 이 대목에서 아Q의 직감과 본능을 혁명에 대한 호응으로 연결 짓는 것은 성급한 생각으로 보인다. 7장 혁명에서 "아Q도 자기 귀로 혁명당이라는 말을 진작부터 듣고 있었고, 올해에는 또 혁명당의 처형 장면을 자신이 직접 목격하기도 했다", "혁명당은 바로 반역의 무리라서 그와 함께하기 어렵다"는 언급이 있다. 하지만 당시 아Q는 혁명을 풍문으로 듣거나 구경꾼이 되어 혁명당 처형장면을 목격한 것

20 汪暉, 앞의 책, 52쪽.

이며, 또 혁명당은 반역의 무리라는 거부감을 지니고 있어서 혁명과의 무의식적인 호응을 논하기는 아직 이른 시점이다. 성 안에서 아Q에게 시급한 일은 생계를 해결하는 것이었고 결국 도둑질을 통해 큰돈을 소유한 상태였기 때문에, 아Q는 생명의 위협을 무릅쓰면서 혁명에 호응하려고 하지는 않았을 것이다. 아Q처럼 생존본능이 강한 사람이 생계를 위한 물질을 소유한 상태에서 목숨을 걸고 반역의 무리에 가담한다는 것은 오히려 생존본능을 거스르는 일에 가깝다.

이점과 연계하여 아Q의 정신승리법에 내재한 구질서 옹호의 문제에 대해 생각해보자. 웨이좡 마을은 상층의 자오대감, 수재, 첸나리에서 순검, 술집주인, 점원, 건달, 아Q에 이르기까지 등급질서를 지키며 살아가는 공간이다. 아Q가 소란을 피우고 튀는 행동을 하는 것처럼 보이지만 이것은 어디까지나 자신에게 허용된 등급질서 안에서의 일이다. 아Q가 마을 건달이나 왕털보, 샤오D와 싸우거나 도박을 하고 비구니를 희롱하는 일 등은 아Q에게 허용된 일이지만, 자오대감과 성이 같은 것처럼 행세하거나 자오대감댁 하녀를 건드리는 행동은 등급질서를 범하는 일이다. 등급질서를 어지럽힌다는 것은 마을에서의 추방을 뜻한다. 아Q가 웨이좡 마을을 떠나게 된 것은 바로 우마의 성희롱으로 등급질서를 위반하였기 때문이다. 그 배상금으로 빈털터리가 되고 마을 사람들의 신뢰를 잃어 일자리를 얻지 못하게 되었으니, 결국 마을로부터 추방된 셈이다. 아Q의 정신승리법이 구질서를 옹호한다는 것은 이념적인 문제이전에 일자리와 직결된 생계문제라고 할 수 있다. 아Q가 마을 건달이나 왕털보, 샤오D와의 싸움에서 정신승리법을 동원하면서까지 지지 않으려 했던 것도, 이들이 자신의 일자리 경쟁자였기 때문에 패배하면 일자리를 빼앗길 가능성이 있기 때문이다. 아Q가 구질서를 옹호한 것은 이러한 생계논리가 작동한 것이라고 생각된다. 그러나 구질서가 아Q를 보호하지 않고 생존을 위협하는 순간이 오면, 아Q는 마을을 떠나거나 혁명에 참여하는 등의 새로운 선택을 할 수 있다. 아Q의 정신승리법은 무엇보다 자신의 생존을 위해 작동하는 탄력적인 반응능력이지, 무조건적으로 구질서를 옹호하는 지배의식이 아니기 때문이다.

아Q가 성안에서 훔친 물건으로 큰돈을 번 후 혁명과 거리를 둔 것은 이러한 생존논리가 작용한 것이다. 그러나 아Q가 성안에서 도둑질로 돈 번 사실이 알려지면서 아Q의 신뢰가 추락하고, 또 번 돈을 다 소진하여 생존의 불안감에 다시 휩싸이게 되면서 아Q는 그동안 증오하며 거리를 두던 혁명에 비로소 마음을 두게 된다.

> 뜻밖에도 사방 백 리 안에서 명성이 높은 거인 영감조차 그렇게 벌벌 떨 줄이야! 이에 아Q는 자기도 모르게 혁명당

에 마음이 끌리게 되었다. 하물며 웨이좡의 좆같은 연놈들이 황망해하는 꼬락서니를 보자 아Q는 더욱 마음이 상쾌해짐을 느꼈다.

'혁명도 좋은 거네'

아Q는 생각했다.

"이 니미럴 놈들을 전부 혁명해야 해. 정말 간악한 놈들! 정말 가증스러운 놈들!…… 바로 이 몸께서 혁명당에 투신할 거다."[21]

위 단락에서 보이듯이 아Q가 혁명에 참여하려는 동기는 웨이좡 마을에서 생존기반을 잃어버린 것에 대한 충동적인 증오에 가깝다. 이 때문에 아Q의 증오의 눈빛은 지배계급뿐만 아니라 자신에게 모멸감을 주었던 웨이좡 마을사람들 전체로 향한다. 아Q에게 혁명은 사회의 변혁이 아니라 생존의 불안감에서 벗어나는 길로, "내가 원하는 물건을 마음대로 취하는 것이고, 내가 좋아하는 여자를 마음대로 차지하는 것이다."[22] 아Q가 혁명을 좋은 거라 여기고 구질서에 반역하려는 생각 속에는 아Q가 자기 우위적으로 이야기를 만드는 정신승리법이 작동하고 있다. 사실 아Q가 혁명 참여를 결정한 것도 다른 사람들이

21 魯迅, 앞의 책, 538쪽.

22 魯迅, 앞의 책, 539쪽.

인정해준 실제 사실이 아니라 자기가 만든 이야기 속의 일이다. 그의 이야기 밖으로 나오면 아Q는 혁명과 무관한 사람에 불과하다. 아Q는 자오 수재와 첸 나리가 이미 자신보다 먼저 "혁명에 함께 참여하기로 약속하고" 정수암의 황제 용패를 박살내고 관세음보살 보좌 앞의 선덕향로를 훔쳐간 사실을 알지 못한다. 아Q는 "설마 내가 이미 혁명당에 투신한 사실을 그자들이 몰랐을까?" 라고 투덜댈 뿐이다.

웨이좡 마을에 혁명의 풍파가 일어나면서 자오 수재를 시작으로 자오쓰천과 자오바이옌이 변발을 말아 올렸고 아Q도 이에 동참했지만, 이때는 이미 샤오D도 변발을 말아 올리고 혁명에 참가한 상태였다. 웨이좡의 혁명은 가짜양놈이 선도하고 있었고, 아Q는 시시각각 낙오되고 있다고 느끼며, 가짜양놈에게 혁명에 투신하겠다고 청하지만 모욕을 당하며 혁명참여가 금지된다. 이때 아Q는 "그의 모든 포부와 지향과 희망과 앞날이 깡그리 사라지는" 삶의 무의미함을 느끼게 되는데, 이 장면이 왕후이가 아Q 생명의 다섯 번째 순간이라고 한 대목이다.

> 그는 여태껏 이와 같이 삶의 무의미함을 느껴본 적이 없었던 듯했다. 말아올린 변발도 무의미할뿐더러 자신에 대한 모멸로 느껴졌다. 복수하기 위해서라면 즉각 변발을 풀어내리고 싶었지만 그래도 그럴 수는 없었다. 그는 밤중까지

어슬렁거리다가 외상술을 두 잔 뱃속으로 부어넣고서야 점점 기분이 좋아졌다. 그제야 흰 투구에 흰 갑옷을 입은 사람들 모습이 떠올랐다.[23]

아Q는 미래의 희망을 걸었던 혁명 참여가 금지되면서 여태껏 경험하지 못했던 삶의 무의미함을 느끼게 되는데, 이는 아Q가 여태껏 느끼지 못한 극도의 생존 불안감이 삶의 무의미함이라는 느낌으로 변환된 것이다. 우마 성희롱 사건으로 웨이좡 마을에서 살 수 없게 되었을 때는 성안이라는 새로운 출로가 아Q에게 남아있었다. 그러나 지금은 성안에서의 도둑질로 인해 다시 갈 수 없는 처지여서, 웨이좡에 남아 아Q의 생존을 위협하는 구질서를 혁명하는 것이 아Q가 선택할 수 있는 유일한 출로였다. 그런데 아Q의 혁명 참여가 금지되면서 유일한 생존의 출로가 사라져, 아Q의 삶을 지속시킬 수 있는 의미 있는 길을 찾을 수 없게 된 것이다. 이 순간 아Q가 무의미함을 견디며 삶의 평형을 다시 유지할 수 있는 방법은, 정신승리법을 통해 자신의 혁명 참여를 금지한 자들을 겨냥한 증오와 복수의 이야기를 늘어놓는 것뿐이다.

23 魯迅, 앞의 책, 545-546쪽.

> 아Q는 생각할수록 분노가 치밀어 올라 끝내 가슴 가득 밀려오는 원통함을 참지 못하고 악독하게 고개를 끄덕이며 중얼거렸다. '내 반역 활동은 금지하고, 네놈만 반역을 해? 이 니미럴 가짜양놈아! 그래, 좋아. 네놈이 반역을 했겠다! 반역은 참수형이야. 내가 반드시 고발할 거다. 네놈이 관가에 잡혀가서 목이 잘리는 꼴을 내가 두 눈으로 보고 말테다. 멸문지화를 당할 거다. ─ 뎅강, 뎅강!'[24]

왕후이는 아Q의 삶의 '무의미함'의 의미를 해석하기 위하여 이를 루쉰이 신해혁명 실패 후 느꼈던 적막과 무의미함에 비유한다. "'무의미함'은 실패를 직접적으로 인정하는 것이 아니라 자신이 행한 일이나 겪은 일의 의미를 철저히 회의하는 것이다. 『외침』이란 소설집을 탄생시킬 수 있었던 그 '적막'은 바로 '무의미함'을 전제로 했거나 바탕으로 삼은 것이다. '무의미함'은 의미를 취소하거나 부정하는 일이다. 적막 속의 외침은 절망에 대한 반항의 표현이다. 적막은 창조의 원동력이고 무의미함은 적막의 근원이다. 이 때문에 무의미함의 부정성에는 창조성을 향한 모종의 잠재능력이 포함되어 있다."[25] 이것은 루쉰이 자기화한 무의미함의 성찰적 의미인데, 이를 통해 아Q가

---

24 魯迅, 앞의 책, 547쪽.

25 汪暉, 앞의 책, 59쪽.

느낀 무의미함의 의미를 해석하는 것은 적절하지 않은 측면이 있다고 생각한다. 지식인으로서 루쉰은 적막과 무의미함을 통해 신해혁명이 실패한 이유를 탐색하고, 자신의 절망에 반항하며 적막 속의 외침을 이끌어내는 창조적 동력으로 삼는다. 이는 루쉰에게 혁명이 실패한 이후에도 출로를 찾을 수 있는 지적 경제적 능력이 있고, 또 그와 소통하고 협력할 수 있는 사람들이 존재했기 때문이다. 하지만 아Q의 무의미함은 혁명 금지 후 선택할 수 있는 길과 능력이 없고, 또 그를 보호해줄 사람도 없는 상태에서 느낀 생존위협에 가까운 것이다. 왕후이는 루쉰의 무의미함의 의미를 통해 아Q의 무의미함 속에서 성찰의 계기를 찾으려하는 것이지만, 무의미함을 느낀 이후 아Q의 반응은 성찰보다는 정신승리법을 통해 증오와 복수의 이야기를 내뱉는 것이다.

아Q의 이 증오와 복수의 이야기에 대해 왕후이는 "아Q가 다시 자신의 '생각' 속으로 되돌아온 것은 바로 웨이좡의 구질서 속으로 되돌아온 것을 의미한다"[26]고 평한다. 즉 혁명당을 반역죄로 관가에 고발하겠다는 아Q의 '생각'(정신승리법)이 '무의미함'의 성찰을 지속시키지 못하고 웨이좡의 구질서로 되돌아오게 했다는 것이다. 그런데 아Q의 이 증오와 복수의 이야

26 汪暉, 앞의 책, 60쪽.

기는 아Q 우위적인 정신승리법 속에서 만들어진 이야기이지 실제로 혁명당을 고발하겠다는 생각으로 읽을 수 없다. 아Q에게는 이미 웨이좡으로 돌아가 살 수 있는 길이 없으며, 돌아가 살 수 없는데 구질서를 옹호할 이유가 없어졌기 때문이다. 이 증오와 복수의 이야기는 아Q가 극도의 생존위협을 견디며 삶의 평형을 찾기 위해 만든 이야기로 보아야 할 것이다. 그러나 불행하게도 이제 웨이좡에서 아Q는 삶의 기반 자체를 잃어버려 정신승리법이 무의미해지는 상황을 맞이하게 된다. 죽음의 그림자가 드리우기 시작한 것이다.

웨이좡에 자오대감댁이 털리는 사건이 벌어지는데 아Q가 그 용의자로 체포된다. 아Q는 자신이 혁명 참여로 인한 반역죄로 체포된 것이라 생각하고, 심문이 끝난 후 서명으로 동그란 원을 그리지 못해 부끄러워한다. 또 형장으로 끌려가면서도 타인들의 시선을 의식하며 자신의 죽음을 알아채지 못한다. 그러나 이 세상에서 영원히 사라질 운명에 처한 순간 아Q는, 자신의 죽음을 구경하러 몰려온 사람들의 눈빛 속에서 이리의 예리한 눈빛을 발견하고 자신의 영혼이 물어뜯기는 것 같은 고통을 느낀다. 이 장면에서 비로소 아Q는 본능적으로 자신의 죽음을 직감하게 되는데, 이 장면이 왕후이가 아Q 생명의 여섯번째 순간이라고 한 대목이다.

그러나 그 이리의 눈빛을 영원히 잊을 수 없었다. 그 눈빛은 흉측하면서도 비겁한 듯했고, 번쩍번쩍 빛을 내며 마치 두 개의 도깨비불처럼 멀리서도 그의 피부와 살점을 꿰뚫을 것 같았다. 그러나 이번에 그는 또 여태까지 한 번도 본 적이 없는 가공할 만한 눈빛을 목도하게 되었다. 그것은 우둔한 듯하면서도 예리한 눈빛이었는데, 벌써 그의 말을 씹어 먹었을 뿐 아니라 그의 살점 이외의 것들까지 씹어 먹으려고 언제까지나 가깝지도 멀지도 않은 거리에서 그를 쫓아오고 있었다.

이 눈빛들은 마치 한 덩어리 기운처럼 뭉쳐져서 벌써 그의 영혼을 물어뜯는 것 같았다.

"사람 살려……."

그러나 아Q는 소리를 내지 못했다. 그의 두 눈은 벌써부터 캄캄해져 있었고 두 귀는 웅웅 소리를 냈으며, 그의 온몸은 마치 티끌처럼 산산이 부서지는 것 같았다.[27]

혁명 참여가 금지된 후 아Q가 느낀 삶의 무의미함이 현실 속에서 살아갈 공간이 없는 생존위협이라면, 이 대목에서 느낀 두려움은 영혼이 물어 뜯겨 산산이 부서지는 것 같은 죽음의 공포이다. 왕후이는 이 죽음의 공포가 아Q가 겪었던 생명의 순간 가운데 가장 고통스런 것이며, 이를 통해 육체와 영혼을

27 魯迅, 앞의 책, 551-552쪽.

구분할 수 있는 능력을 부여받았다고 해석한다. 정신승리법으로 빚어진 자아는 항상 자아도취의 기쁨에 흥겨워하지만, 죽음의 공포 아래 철저하게 효력을 잃게 됨에 따라, 아Q가 영혼이 물어뜯기는 고통을 느끼게 되었기 때문이라는 것이다.[28] 아Q는 '사람 살려'라는 소리조차 내지 못하고 죽음의 어둠 속으로 영원히 사라져버렸다. 아Q는 죽음에 처한 자신의 운명조차 제대로 인지하지 못한 채 비극적인 죽음을 맞이하게 된 것이다. 그러나 자신의 서명이 무슨 의미인지도 모른 채 동그라미를 잘 그리지 못했다고 부끄러워하거나, 자신의 죽음을 구경하려온 사람들에게 노래를 제대로 불러주지 못했다고 체면상해 하는 아Q가 가련하고 어리석어 보이지만, 이를 자아도취의 기쁨에 흥겨워하는 정신승리법으로 해석할 수는 없다. 아Q는 그 순간까지도 살고자 하는 욕망을 강하게 지니고 있었기 때문이다. 아Q가 죽음의 순간에 영혼의 고통을 느낀 것은, 정신승리법이 완전히 효력을 상실해서 그런 게 아니라, 자신이 원하지 않은 죽음에 끌려가는 것을 감지한 무기력한 사람이 순간적으로 터트린 두려움의 폭발로 인한 것이다. 죽음은 패배로부터 자신을 건져주던 정신승리법도 일순간에 삼켜버리는 거대한 아픔이었던 것이다.

28 汪暉, 앞의 책, 64쪽.

4. 남겨진 과제

이상으로 왕후이의 「아Q정전」 다시 읽기 시각에 대한 반론을 제기했는데, 그 주요 관점은 다음과 같다. 첫째, 왕후이는 아Q에게 구질서의 의식인 정신승리법과 아울러 그것에 통제되지 않는 본능이 있어서 참된 자아로 각성될 수 있는 계기가 내재되어 있다고 본다. 그러나 정신승리법은 빈곤과 생존의 불안감을 견디며 삶의 평형을 유지해나가려는 생존본능에서 기인하는 것으로 본능과 대립되는 의식이 아니다. 아Q에게는 정신승리법으로 현실의 패배를 견딜 수 있는 순간과 정신승리법으로 감당할 수 없는 불안의 순간이 공존한다. 왕후이가 말한 아Q 생명의 여섯 순간은 정신승리법의 억압을 뚫고 나온 참된 본능이라기보다는, 정신승리법으로도 견딜 수 없는 생존조건과 그 불안감을 내적으로 표출한 순간이다. 둘째, 왕후이는 정신승리법을 구질서의 의식으로 보고 본능을 정신승리법을 돌파하는 성찰의 계기로 본다. 그러나 아Q의 정신승리법에 구질서를 옹호하는 측면이 있지만, 그것은 구질서 내에서 생존하기 위해 지켜야하는 규범에 가깝다. 아Q는 구질서에 완전히 통제된 것이 아니며, 구질서가 아Q를 보호하지 않고 생존위협으로 다가올 경우, 아Q는 웨이좡을 떠나거나 혁명 참여의 욕구가 생겨난다. 그래서 아Q의 성찰의 계기나 혁명 가능성은 정신승리법의 생존논리에 내재되어 있으며, 그것은 합하여 1분도 되지 않는 아Q 생명의 여섯 순간보다는 정신승리법이 감당할 수 없을 만큼 생존의 불안감이 확산되는 과정에서 발생한다.

왕후이의 시각은 아Q가 정신승리법에 전일적으로 지배되는 부정적인 형상이 아니라는 점을 밝히기 위해, 본능과 성찰의 계기로서 아Q 생명의 여섯 순간을 제기한 것이다. 이점은 아Q 내부에 혁명의 가능성이 잠재되어 있으며 이것이 아Q의 혁명(신해혁명의 우언)이 실패가 아니라 새로운 혁명의 발단이 될 가능성을 열어두기 위함이다. 그러나 정신승리법을 구질서의 의식이라고 규정함으로써 혁명의 가능성을 정신승리법 외부에서 찾아야 하는 딜레마에 빠지게 된다. 이 때문에 정신승리법과 본능을 대립시키며 본능 속에서 혁명의 가능성을 찾으려한 것이지만, 그 순간은 아주 짧은 시간 반짝이다가 순식간에 무화되어 버린다. 잠시간 본능적으로 혁명에 참여하더라도 가치판단과 의지가 없으면 혁명을 지속시켜나가기 어렵기 때문이다.

왕후이 시각의 딜레마는 정신승리법에 내재한 생존논리를 잘 이해하지 못하고 구질서의 의식이라고 규정한데에 있다고 생각한다. 이점은 국민성담론에서 정신승리법을 국민성의 병폐라고 전일적으로 규정한 것과 상통한다. 정신승리법을 구질서에 완전히 통제되어 있는 것으로 보면 그 속에서 성찰의 계기를 찾지 못하며 외부에서 주체의 가능성을 끌어올 수밖에 없다. 정신승리법은 무조건적으로 구질서를 옹호하는 것이 아니라 생존조건과 내부의식의 변화에 따라 탄력적으로 작용할 수 있는 생존법이다. 자기기만적인 노예근성이 될 수도 있지만, 절망을 견디는 회복탄력성으로 작용하여 강인한 생명력의 근간이 될 수도 있다. 루쉰이 정신승리법을 비판한 이래 수많은 사람들이 정신승리법을 비판하고 있지만 여전히 지속되고 있는 것은, 정신승리법의 이중적인 작용 때문이라고 생각된다. 국민성담론은 새로운 주체를 발견하려는 긍정적인 측면이 있으나, 정체된 원인을 낙후한 국민성으로 귀결시킴으로써 사회조건과 인간의식을 구체적으로 살펴보지 않았고, 나아가 국민성의 수준을 자의적으로 판단함으로써 권력의 책임을 회피하는 기능도 수행하였다. 「아Q정전」속의 혁명이 실패한 원인을 아Q의 정신승리법으로 돌리는 관점이든, 정신승리법 외부의 생명 순간에서 혁명의 가능성을 찾는 관점이든, 모두 정신승리법이 혁명 실패의 원인이라고 보는 것은 마찬가지다.

아Q는 누구보다도 살고자 하는 욕망이 강하고 자존심이 센 인물이다. 생존의 불안감이 없는 더 좋은 사회환경에서 살았다면, 아마도 정신승리법에 내재한 자기기만적이고 정신결핍적인 특성은 좀 더 줄어들었을 것이다. 이런 의미에서 정신승리법은 본성이 아니라 문화라고 할 수 있다.[29] 정신승리법을 이렇게 본다고 하여 「아Q정전」을 신해혁명의 우언이라고 보는 시각이 부정되지는 않는다. 오히려 혁명이 가능했던 원인과 실패했던 원인을 다각적으로 살펴봄으로써, 신해혁명을 넘어 현재 중국 문제의 우언으로 「아Q정전」을 한층 폭넓게 사유할 수 있는 길이 열린다. 왕후이는 본능적 각성을 통한 민중의 주체 가능성을 주장하지만, 「아Q정전」에서 아Q의 혁명 참여 동기는 왕후이가 생각하는 본능적 각성이 아니라 생계의 불안감에 의한 것이다. 그러나 본능적 각성이 생계의 불안감을 바탕으로 하고

29 정신승리법과 관련하여 생각해볼 문제가 21세기 중국의 사회 불평등을 반영하고 있는 댜오쓰屌絲 현상이다. 댜오쓰는 2012년 중국 미디어 선정 10대 인터넷 유행어로 선정될 정도로 큰 주목을 받은 말로 루저, 찌질이, 잉여인간 등의 의미를 지닌다. 대다수의 중국 젊은이들이 이 말을 자기 스스로를 칭하는 데 사용하여, 댜오쓰는 가난하고 못난 사람을 향한 공격이 아니라 오히려 그런 사람들이 스스로를 자조적으로 칭할 때 사용하는 용어가 되었다. 한국의 88만원세대나 삼포세대처럼 청년세대들이 자신의 경제적 여건을 조소하는 경향이 강하지만, 스스로 댜오쓰라고 칭하는 수가 5.26억 명에 달한다는 통계를 고려하면 상대적 빈곤감을 느끼는 계층이 훨씬 폭넓게 존재한다고 볼 수 있다. 그런데 댜오쓰 현상에 내재한 문화적 의미를 이해하기 위해선 빈곤감에 대한 자조를 넘어 정신적 초월의 계기가 존재하는지의 문제를 주목해야 한다. 즉 자조가 사회적 불평등에 대한 자기경멸적 순응이 아니라 세속화된 물질적 환상에 대한 거부이며 새로운 삶을 모색하려는 의지로 작용하고 있는지, 이점이 중요하다는 것이다. 정신적 초월의 계기(윤리성) 없이, 자기경멸을 통해 현실의 빈곤(패배)을 거부하고 정신적 만족감을 얻는데 그친다면, 댜오쓰 현상은 노예근성으로서의 정신승리법으로 이어질 가능성도 있기 때문이다.

그 속에 혁명 참여의 가능성이 내재되어 있다고 한다면, 인간은 누구나 생존조건을 개선하고자 하는 욕망을 지니고 있는 셈이다. 루쉰은 중국의 급선무로 생존, 생활, 발전의 세 과제를 얘기했는데, 생존과 생활의 단계는 인간의 생존조건 개선을 위한 과정으로 아Q의 혁명이 여기에 해당한다고 할 수 있다. 루쉰이 "중국에 혁명에 일어나지 않았다면 아Q가 혁명당이 되지 않았겠지만 중국에 혁명이 일어났으므로 아Q도 혁명당이 되었다고 생각"한 것은, 당시 중국이 생존과 생활의 개혁을 위한 필요성이 사회적으로 확산되어 민중의 공감을 받고 있었던 상황임을 의미한다. 민중이 혁명을 주도할 수 있는 단계는 아니지만 구질서를 벗어나 혁명에 참여할 가능성이 형성되어 있다는 판단이다. 그러나 「아Q정전」속의 혁명은 구세력과 신흥세력의 타협으로 중단되고 구질서는 큰 변화 없이 그대로 유지된다. 이렇게 보면 혁명은 실패한 것이지만, 루쉰은 "이후 다시 개혁이 있다면 아Q 같은 혁명당이 또 출현하리라고 믿는다."[30] 이것은 혁명이 완전한 실패가 아니라, 생존과 생활의 개혁 필요성이 불거져 나올 때 다시 일어날 수 있는 단계로 중국이 진입했음을 뜻한다. 구질서에 대한 혁명이 생존과 생활 조건 개혁의 요구와 연계된다면, 윤리적 각성과 합리적 이성이 결여된

30 魯迅, 『魯迅全集』 제3권, 397쪽.

민중이라 하더라도 혁명에 참여하려는 의지를 보인다는 것이다. 실제로 20세기 중국혁명은 항일전쟁과 토지개혁의 방식으로 진행되었는데, 항일전쟁은 민족생존과 그리고 토지개혁은 생활개선과 직결된 목표라고 할 수 있다. 중국 공산당이 정치권력을 잡을 수 있었던 것은 바로 이러한 두 목표를 민중의 생존욕망과 잘 결합시켰기 때문이다. 그러나 중국 혁명은 민족생존을 위한 독립된 주권국가 건설에는 성공했으나, 생활개혁은 급진적인 사회주의적 소유제 개조와 전제통치로 인해 실패하고 말았다.

가난은 사회주의가 아니라고 선언하며 개혁개방을 시행한 덩샤오핑은 물론이고, 사회주의적 소유제 개조를 단행한 마오쩌둥도 그 목표는 생산력 향상을 통해 따뜻하게 입고 배불리 먹는 생활수준을 실현하는 것이었다. 생활개혁의 측면에서 덩은 마오의 실패를 딛고 급속한 성과를 거두었으나, 루쉰이 말한 발전의 단계에 이르지 못하고 오히려 불평등이라는 새로운 생활의 문제를 낳았다. 기본적인 생활의 문제는 해결되었지만, 사람 사이에 새로운 자본주의적 질서가 형성되어 불평등이 심화되고 그로 인해 중국인 내부의 소통 결핍과 차별이 지속되고 있다는 것이다. 이 문제는 바로 루쉰이 중국인의 영혼을 불행하게 만든 근원이라고 비판했던 등급질서의 지속화에 다름 아니다.

하지만 등급질서의 지속성에도 불구하고 당연히 현재 중국은 루쉰 시대와 현격한 차이를 지니고 있다. 자본주의적 등급질서는 권력계층뿐만 아니라 개혁개방으로 부자의 꿈이 허용된 인민들이 시장경제에 참여하면서 형성된 것이다. 사회적 불평등은 심각해졌지만 중국 전체적으로 볼 때는 그 어느 때보다 풍요로운 물질생활을 누리고 있다. 대외적으로 볼 때도 굴욕의 세기를 넘어 미국과 패권을 경쟁하는 세계강대국으로 진화하고 있다. 이러한 시대에「아Q정전」을 혁명의 우언으로 읽는 것은 무슨 의미가 있는가? '새로운 시대의 발단이 된 신해혁명'을 기념하기 위해서라면 역사적 사실을 통해서도 그 의미를 충분히 표할 수 있을 터인데, 작위적인 텍스트 해석을 통해 그렇게 할 필요는 없다고 생각한다. 무엇보다 루쉰이 추구한 혁명[31]은 고전적 의미의 민중혁명에 머물지 않기 때문이다.

31 필자는 루쉰이 추구한 혁명이 지그문트 바우만이 말한 유토피아로서 사회주의와 상통하는 부분이 있다고 생각한다. 바우만은 유토피아가 어떤 구체적인 목표가 아니라 희망의 길을 찾아가는 방향이라고 주장한다. 즉 유토피아가 대답하고자 하는 질문은 '무엇을 알 수 있는가?'와 같은 철학적인 질문도 아니고, 정치가와 이론적 지도자들의 영역인 '무엇을 해야 하는가?'와 같은 질문도 아니며, '무엇을 희망해야 하는가?'라는 질문에 대답하는 것이다. 바우만은 이러한 희망에 대해 대답할 수 있는 생동하는 유토피아가 바로 사회주의이며, 인간을 모든 고통으로부터 어제보다 더 많이 해방시키는 영원한 노력이라고 주장한다.

'발전'의 단계로 나아가기 위해 현재 중국이 풀어야 하는 문제는 경제성장만으로 가능한 일도 아니고, 더군다나 민중혁명을 통해 해결할 수 있는 상황도 아니다. 여기서 우리는 물어보아야 한다. '발전'을 통해 이루려는 세계는 무엇인지, 혁명을 통해 만들려 하는 세상은 무엇인지, 그리고 그 세상은 어떠한 길을 통해 다가갈 수 있는 것인지. 20세기에 루쉰은 사람의 나라에 대한 상상과 국민성 개조를 통해 그 세상의 주인이 될 수 있는 길을 모색하였다. 앞서 살펴보았듯이 국민성은 본성, 문화, 빈곤의 문제와 연관되어 있으며, 본성은 쉽게 규정하거나 바뀔 수 있는 것이 아니다. 이제는 문화와 불평등의 혁신을 통해 사회조건을 개혁하고, 그 과정에서 인간의식이 성숙되는 방법을 찾아야 한다.[32] 20세기에는 경제성장과 민주화에 적합한 국민성이 있다고 믿었지만, 20세기의 경험은 그러한 국민성이 별도로 존재하지 않는다는 사실을 증명하고 있다.[33] 세계 각국

32 본 논문에서는 논리 전개상 왕후이의 시각에 대한 비판과 정신승리법의 재해석에 초점이 맞춰져 있다. 그러나 필자의 관심은 국민성담론을 넘어 사회 불평등 및 그로 인한 정신결핍 문제의 인식과 해결방안에 다가가 있다. 필자의 이러한 관점에 대해선 졸저, 『중국이라는 불편한 진실: 신자유주의의 대안이 될 수 있는가』, 서강대학교출판부, 2017 참고.

33 이점에 대해선 장하준, 「게으른 일본인과 도둑질 잘하는 독일인: 경제발전에 유리한 민족성이 있는가?」, 『나쁜 사마리아인들』, 부키, 2007 참고.

은 자신이 처한 주객관적인 조건에 부합하는 실천방안을 찾아야 한다는 것이다. 현재 중국이 루쉰이 말한 따뜻하게 입고 배불리 먹는 문제를 해결했음에도 불구하고, 인간의 존엄성이 중시되지 않는 정신결핍의 시대가 이어지고 있다면, 이는 루쉰이 「아Q정전」을 쓰던 당시의 문제 상황이 지속되고 있음을 반증한다. 이런 의미에서 루쉰의 비판은 여전히 중국이 '발전'의 목표를 구현해나가기 위해 반드시 곱씹어보아야 할 문제로 살아 있는 것이다. 불평등한 등급질서를 넘어 사람의 나라로 다가가기 위한 사상의 거울로서 말이다.

> 다른 사람의 경우는 알 수 없지만, 나 자신은 언제나 우리 개개인 사이에 높다란 담장이 한 겹 둘러쳐져 있고, 그것이 각자를 분리해 서로 마음을 통할 수 없게 한다고 어렴풋하게 느끼곤 했다. 이것이 바로 고대의 총명한 사람, 즉 이른바 성현이 사람을 10등급으로 나누어 그 높고 낮은 계층이 서로 다르다고 말한 것과 같다. 그 명목을 지금은 사용하지 않지만 그 유령은 여전히 존재할 뿐만 아니라 근본이 더욱 사납게 변하여 한 사람의 육체에도 차별을 두고 있다.[34]

34 魯迅, 『魯迅全集』 제3권, 397쪽.

루쉰의 시각으로 본 공자와 『논어』

1. 문제의식

앞선 논문에서 필자는 최근 중국 지식계에서 성행하고 있는 문명국가론이 공자와 유학을 본원으로 삼는 현상에 대해 비판적으로 고찰하였다. 특히 공자와 유교 비판이 자신의 사상적 근거였던 좌파 지식계의 변신과 그 문명담론에 대해 주목하며, 이들의 담론 속에는 공자 사상이 어떻게 새로운 문명국가 건설과 결합될 수 있는가에 대한 정치한 논의가 없다고 평가하였다. 이러한 비판 위에서 필자는 공자 사상의 본의 및 정치경제적 의미를 재해석하고 아울러, 중국이 공자 문명사회의 이상을 거울로 삼아 사회주의 시장경제가 직면한 공동체와 불평등의 문제를 풀어나갈 수 있는 방안에 대해 논의하였다.

이 논문은 필자의 앞선 주장에 대한 문제 제기에서 출발한다. 즉 공자의 본의는 어떻게 확정할 수 있는가, 설령 공자의 본의를 승인한다 하더라도 2500년이 지난 현재 중국 사회의 개혁에 어떻게 대안적 이상이 될 수 있는가, 한대 이후 통치 이데올로기가 된 유가와 그에 기반하여 만들어진 사회문화 시스템은 공자의 본의와 무관한 것으로 볼 수 있는가, 근현대 중국의 공자교에서 '타도공가점', 비림비공에서 다시 공자 추숭에 이르는 극단적인 공자 평가의 순환은 어떻게 보아야 하는가, 공자 본의의 현재적 의미에 관한 논의는 이런 문제를 선결한 후에 가능한 일이 아닌가, 등의 의문이 그러하다. 필자는 이러한 의문을 풀어나가기 위해선 무엇보다 공자의 본의에 최대한 접근해야 하며, 그 방법은 공자의 본의가 가장 잘 나타나 있는『논어』를 해석하는 일이라고 생각하였다. 이 작업을 하는 과정에서 동서고금의 주요『논어』주석서와 해설서 그리고 공자 관련 책들을 섭렵했는데, 대체로 공자의 권위를 전제하며 쓴 책과 탈권위의 시각에서 객관화하거나 비판한 책으로 나누어 볼 수 있다. 대부분의 책이 전자에 해당하는데, 성리학의 시각으로 해석한 주희의『논어집주』[1] 등은 물론이고, 실증적 차원에서 기존의 오류를 바로잡은 최술의『수사고신록』[2], 이토 진사이의『논어고의』[3], 역사학의 시각에서 자유롭게 해석한 미야자

1 주희, 성백효 옮김,『논어집주』, 전통문화연구회, 2010.

2 최술, 이제하 외 옮김,『수사고신록』, 한길사, 2009.

키 이치사다의 『논어』[4], 실증적이면서 창의적으로 해석한 정약용의 『논어고금주』[5], 동서 비교철학의 시각에서 해석한 벤자민 슈워츠의 『중국 고대사상의 세계』[6]나 리저허우의 『논어금독』[7] 등도, 넓게 보면 공자의 권위 안에서의 해석이라고 여겨진다.

춘추전국시대 제자백가들이 담론 경쟁을 펼치던 상황에서는 『묵자』, 『장자』, 『한비자』 등이 공자를 비판하며 권위를 인정하지 않았다. 그러나 한대 이래 유학이 국가철학으로 상승하여 입신양명을 위한 필수 학문이 되면서, 과거제가 철폐되고 유교 보편주의가 해체되는 근대에 이르기 전까지는 공자의 권위를 부정하기 어려웠을 것이다. 가장 반전통적인 사상가로 칭해지는 이탁오의 『논어평』[8]을 보더라도, 글쓰기 방식에 있어서는 주석서의 틀에서 벗어난 자유로움을 느낄 수 있지만 공자의 권위에 대한 도전으로 보기는 어렵다. 5.4 시기에 이르러 '타도공가점'의 구호를 통해 공자의 권위를 일거에 부정했지만, 정작 『논어』 자체를 비판적으로 파헤치거나 부정하는 책은 찾아보기

3 이토 진사이, 최경열 옮김, 『논어고의』, 그린비, 2016.
4 미야자키 이치사다, 박영철 옮김, 『논어』, 이산, 2001.
5 정약용, 이지형 역주, 『논어고금주』, 사암, 2010.
6 벤자민 슈워츠, 나성 옮김, 『중국 고대사상의 세계』, 살림, 1996.
7 리저허우, 임옥균 옮김, 『논어금독』, 북로드, 2006.
8 이탁오, 이영호 역주, 『이탁오의 논어평』, 성균관대학교출판부, 2011.

힘들다. 즉 이들이 부정한 공자는 한대 이래 통치 이데올로기화된 공자이며, 공자의 본의에 가까운 『논어』에 대해서는 '타도공가점'에 걸맞는 비판이 이뤄지지 않았다는 것이다. 反공자의 입장에서 『논어』를 비판한 책은 조기빈의 『반논어』인데, 이 책은 비림비공 시기 대표적인 저작[9]으로 공자를 보수적인 반동인물로 그리고 있지만 세부 사항의 고증과 논의에 있어서는 탁월하다는 평가를 받고 있다.

한편 최근의 공자 열풍을 비판적으로 사유하며 논어 저작 『집 잃은 개』를 집필한 리링의 경우는 공자의 정치적 권위로부터 객관적 거리를 유지하려 한다. 리링은 오늘날 『논어』를 읽는 세 가지 독법으로부터 세 가지 공자의 모습이 나타난다고 인식하는데, 첫째는 종교로 세우는 것이고, 둘째는 헌법으로 세우는 것이고, 셋째는 도덕을 재건하는 것이다. 이는 공자를 종교가, 정치가, 도덕가로서의 세 가지 상을 정립하여 세계 구원자의 이미지를 구축하는 것이다. 이에 대해 리링은, 공자에게는 중국을 구원하거나 세계를 구원할만한 힘이 없다고 단언하며, 학자와 교육자 그리고 사회평론가로서의 가치를 지니고

9 조기빈, 조남호 외 옮김, 『반논어』, 예문서원, 1996. 이 책의 원제는 『논어신탐』으로 1948년에 처음 출판되었으며 이후 세 번의 신판(1958, 1962, 1976)이 나왔다. 저자의 다른 책 『공자의 소정묘 살해 문제에 관하여』와 함께 비림비공 시기 대표 저작으로 알려져 있다.

있을 뿐이라고 주장한다.[10]

사실 리링의 주장도 세계 구원자로서 공자를 열망하는 정치적 편향성을 비판하는 것이지 공자의 권위 자체를 부정하는 것은 아니다. 오히려 정치와 거리를 두며 공자가 짊어질 수 있는 가치를 부여함으로써 공자의 권위는 현재적이면서 더 인간적인 모습으로 다가오는 셈이다. 이렇게 보면 2500년간 축적되어 온 공자와 『논어』저작은 선진시기 제자백가의 비평과 20세기의 이데올로기 비판을 제외하면, 권위에 도전한 세력이 없었다고 할 수 있다.[11] 더군다나 20세기의 이데올로기 비판이 『논어』의 내용에 대한 실질적 비판으로 이어지지 못한 것을 감안하면, 『논어』는 텍스트 상에서 절대적인 권위를 누리고 있었다고 봐야 할 것이다.

중국사회에서 위계적 신분질서로 상징되는 '식인예교'가 장기지속 되었던 것도, 심층에서 그것을 재생하던 텍스트의 권위가 도전받지 않았던 점과 불가분의 관계를 지닐 것이다. 필자는 『논어』의 권위가 절대적으로 존중되는 한, 공자와 유학을

10 이점에 대해서는 리링, 『논어, 세 번 찢다』, 글항아리, 2011. 20장 『논어』에서 무엇을 배울 것인가 및 『집 잃은 개』2, 글항아리, 2012. 결론 3 공자의 유산: 유토피아에서 이데올로기까지 참고.

11 진시황의 분서갱유는 정치적 탄압이지 학술적 방식에 의한 권위의 전복이라고 할 수 없다.

통해 새로운 문명사회를 만들려는 중국 지식계의 기획은 실현되기 어렵다고 생각한다. 즉 새로운 문명사회가 차등사회와 불평등을 개혁하는 과정에서 건설 가능한 일이라면, 『논어』는 그와 배치되는 사회를 장기간 재생산해온 텍스트였기 때문이다. 이 딜레마를 풀지 못한다면 중국 지식계의 기획은 리링이 우려하듯이 잠시간의 정치적 열망에 그칠 수도 있다.

이 딜레마에서 벗어나기 위해 흔히 쓰는 방법이 공자의 본의와 통치 이데올로기화된 공자를 분리시키는 일이다.[12] 그러나 공자를 기반으로 하여 만들어진 사회문화 시스템이 공자의 본의와 무관한 세계라고 말할 수 있을까. 또 전통 지식인의 성장 과정에서 볼 때 어린 시절부터 『논어』를 암송하며 성인의 진리라고 믿었을 텐데, 이들이 성인의 말씀과 무관한 사유와 행위를 하는 그런 세계를 만들 수 있었을까. 공자의 본의가 한대에 대일통의 통치철학, 송대에 심성론의 도덕철학, 근대에 공자교의 종교철학으로 변주되어 일정한 오독이 내포되어 있더라도, 기본적으로 공자의 본의를 근거로 만든 세계 기획이라는

---

12 대표적으로 H.G 크릴의 『공자-인간과 신화』(이성규 역, 지식산업사, 1997)가 그러하다. 크릴은 이러한 방법을 통해 공자를 반동적 사상가에서 민주주의적 개혁가로 재해석했는데, 공자의 인간적인 면모와 사상을 설득력 있게 제시한 장점은 있으나 공자에 대한 비판적 시각이 없는 문제가 있다.

점은 부정할 수 없을 것이다.

필자는 이러한 문제의식을 가지고 루쉰 텍스트를 다시 읽어 보았다. 이 작업은 식인예교라는 상징적인 이데올로기 비판을 넘어, 공자와 『논어』의 말씀이 어떻게 당시 중국의 사회문화 시스템과 연계되어 있는지를 루쉰 텍스트 속에서 찾는 일이었다. 루쉰은 공자와 『논어』에 관한 전문 저작을 쓰진 않았지만, 『논어』는 문장 곳곳에서 자신의 논지를 증명하는 '인용'으로 배치되어 있었고, 몇 편의 글은 공자를 보는 루쉰의 시각이 명료하게 제시되어 있었다. 먼저 루쉰 텍스트 속에서 『논어』가 어떻게 인용되고 있는지의 문제를 살펴보자.

2. 루쉰 텍스트 속의 『논어』

1925년 9월 『갑인』 제9호에 '경서를 읽으면 나라를 구할 수 있다(讀經救國)'는 장스자오와 순스정의 통신이 발표되었다. 그리고 동년 11월 2일 장스자오가 주관한 교육부 회의에서 소학교는 초급 4학년부터 매주 한 시간씩 경서를 읽기 시작하여 고급 소학년 졸업 때까지 계속하기로 의결하였다. 1905년 과거제가 폐지되고 신해혁명으로 전제왕조가 붕괴되었지만, 중국 재건설의 문제를 공자 존숭 및 경서 읽기와 연계시키려는 흐름은 끊임없이 지속되었다. 장스자오의 '독경구국론' 역시 이러한 흐름 속에서 제기된 것이며 이후 1930년대 국민당의 신생활운동으로 이어진다.

'독경구국론'은 상하이에서 영국 경찰이 중국 노동자 시위대에 총격을 가한 5.30 사태가 벌어진 지 얼마 안 된 시점에서 주창한 것인데, 이에 대해 루쉰은 다음과 같은 의문을 표한다.

> 어느 높으신 분이 경서를 읽어야 한다고 말하자, 별 볼 일 없는 사람들까지 덩달아 경서를 읽어야 한다고 떠들어대고 있다. 어찌 '읽'기만 할 따름이겠는가? 듣자 하니 '나라를 구할' 수도 있단다. "배우고 때로 익히니, 이 또한 기쁘지 아니한가?" 그러니 아마 틀림없이 그럴지도 모른다. 그러나 청일전쟁은 패하고 말았다— 유독 '청일전쟁'만을 거론하는 건 무엇 때문인가? 그 당시는 아직 학교를 열거나 경서 읽기를 폐지하기 이전이었기 때문이다.[13]

루쉰은 '독경구국론'이 경서 속에 나라를 구할 수 있는 방책이 있는 것처럼 말하지만, 정작 서원과 경서 읽기가 폐지되지 않았던 청일전쟁 시기에도 전쟁에 패했다는 사실을 지적한다. 그리고 『논어』의 첫 구절 "배우고 때로 익히니, 이 또한 기쁘지 아니한가?"를 인용하며, 이 시대에 정말로 배우고 익혀야

---

13 루쉰, 루쉰전집번역위원회 옮김, 『루쉰전집』 제4권, 그린비, 189쪽.

할 것은 무엇인가의 문제를 제기한다. 루쉰의 자술에 따르면, 열 살 때 『논어』를 배웠고 1925년 당시 "13경을 거의 다 읽었"[14]으며, 아울러 정사뿐만 아니라 야사 잡설을 통독하는 등 중국 문헌에 해박한 지식을 보유하고 있었다. 루쉰은 이러한 독서 경험을 바탕으로 중국 지식계의 생리를 통찰하며, 경서 읽기를 주장하는 사람들이 실은 총명하여 경서로 나라를 구할 수 없다는 점을 잘 알고 있을 뿐 아니라, 이들이 얻고자 하는 속셈은 다른 데 있다고 주장한다.

> 나는 경서를 읽는 무리들의 양심이 어떠한지 볼 수는 없다. 하지만 그들은 대체로 총명한 사람이며, 이 총명함은 경서 읽기와 고문에서 얻어진 것이리라 생각된다. 일찍이 문명을 이루었다가 나중에 몽고인과 만주인의 왕림을 떠받들었던 우리나라에는 옛 책이 참으로 너무나 많아, 우둔한 소 같은 자가 아니라면 조금만 읽어도 어떻게 하면 얼렁뚱땅 넘어가고, 구차하게 생명을 부지하며, 알랑거리고 권세를 부리며 사리사욕을 채우면서도, 대의大義를 빌려 미명美名을 도둑질할 수 있는지 금방 알 수 있다.[15]

루쉰은 경서와 고문 속에서 배울 수 있는 것이 어떠한 상황

14 루쉰, 『루쉰전집』 제4권, 179쪽.
15 루쉰, 『루쉰전집』 제4권, 178쪽.

에서도 자신의 행위를 합리화하는 처세술과 생존술, 그리고 권세와 사리사욕을 채우면서도 대의명분으로 포장하는 기술이라고 인식한다. 이러한 기술 덕분에 중국 독서인들은 몽고인과 만주족의 침입을 받았던 상황에서도 이민족 지배를 합리화하는 처세술을 발휘하여 자신의 사리사욕을 채울 수 있었던 것이다. 즉 경서 속에서 지고무상한 진리와 윤리를 배워 구국할 수 있는 방안을 익히는 것이 아니라, 나라의 위기적 상황 속에서도 자신의 권력과 실리를 추구할 수 있는 기술을 얻었던 셈이다. 여기서 루쉰은 『논어』의 "배우되 뛰어나면 벼슬을 하는"[16]을 인용하며, 이러한 기술은 바로 독서인들이 『논어』 속에서 익힌 것임을 시사한다.

이렇게 본다면 루쉰이 "배우고 때로 익히니, 이 또한 기쁘지 아니한가?"와 "배우되 뛰어나면 벼슬을 하는"을 인용한 이유는, 경서 학습과 벼슬의 관계를 드러내기 위한 것이 된다. '독경구국론'의 의도는 나라를 구하기 위함이 아니라, 경서 읽기를 빌어 권력과 사리사욕을 추구하는 데 있다는 것이다. 루쉰의 비판에서 더 주목할 점은, 경서 학습과 벼슬의 관계가 후세인들이 『논어』를 오독한 결과가 아니라 공자의 본의에 가깝다고 본다는 것이다. "공자는 '성인으로서 시의(時宜)에 따르'는

16 루쉰, 『루쉰전집』 제4권, 177쪽.

자가 아니었던가? 하물며 그를 따르는 무리들이야 일러 무엇하겠는가?"[17]라는 말 속에 루쉰의 이런 생각이 잘 나타나 있다.

필자는 이러한 맥락에서 루쉰 텍스트 속에 인용된 『논어』를 통치질서 및 명분과 실리의 관점에서 분석하려고 한다.

1) 통치질서

공자는 자식이 부모에게 효도하고 부양하는 일은 자신을 낳아 주고 길러준 것에 대한 보답으로, 자연의 이치이자 인간의 도리라고 인식하였다. 그러나 한대 이후 유교가 통치 이데올로기가 되면서 효의 윤리는 중국사회의 위계질서와 등급관계를 정당화하는 규범이 되고, 중국인을 일상적으로 지배하는 가부장제 문화가 되었다. 일반적으로 이러한 과정을 공자 사상의 통치 이데올로기화로 설명하지만, 루쉰은 중국의 위계적 질서의 형성이 공자에서 근원한다는 점을 역설한다. 루쉰이 비판한 통치질서는 효의 윤리에 기반한 가부장적 질서, 성차별에 기반한 남성 중심적 질서, 예교에 기반한 등급질서로 나누어볼 수 있다.

먼저 효의 윤리에 기반한 가부장적 질서에 대해 살펴보자. 루쉰은 「지금 우리는 아버지 노릇을 어떻게 할 것인가」에서

17 루쉰, 『루쉰전집』 제4권, 177-178쪽.

중국의 가정은 어른 중심의 이기적인 관계에 바탕하고 있어서, 자식이 어른의 소유물로 여겨져 희생과 의무가 강요되었다고 비판한다. 이로 인해 중국의 가정은 새 생명이 진화하는 자연계의 원리에 배치되어 중국 사회가 진보하지 못하고 타락하게 만든 원인이 되었다. 중국에서는 이를 효의 윤리와 부모에 대한 은혜라고 정당화하지만, 루쉰은 『논어』의 "3년 동안 아버지의 도를 고치지 않으면 효라고 할 수 있다"는 말이 중국 가정의 '퇴영의 병근病根'이라고 인식한다.[18] 사회가 진화하기 위해선 선조의 잘못된 바를 자손이 응당 고쳐나가야 하는데, 공자의 말씀이 자식을 부모의 뜻에 복종케 하는 규범으로 작용했다는 것이다. 나아가 이러한 가정의 규범이 중국 사회로 확장되어 가부장적 질서를 재생산하고, 이는 젊은 세대의 삶을 위축시키고 사회의 개혁을 방해하는 근원이 된다.

『논어』의 이 구절은 우의 치수 이야기를 다룬 「홍수를 막은 이야기」에서도 인용된다. 우의 아버지 곤은 물을 막는 방법을 통해 홍수를 막으려 하지만 결국 실패하고 죽게 되는데, 이에 순임금은 우를 등용하여 홍수를 막게 한다. 우는 아버지와 달리 물을 트는 방법을 통해 홍수를 막으려 하자, 대신들은 "막는 것은 춘부장 어른께서 정한 법이올시다. '3년 동안 아버지의

18 루쉰, 『루쉰전집』 제1권, 210쪽.

도를 고치지 않으면 효라고 할 수 있다'고 했습니다. 춘부장 어른께서 승하하신 지 아직 삼년도 안 지났습니다"라고 반대한다.[19] 대신들은 물을 막는 것이 아버지의 뜻이자 가문의 법도라고 하며 그 방법을 지속할 것을 주장한 것이다. 이에 대해 우는 "내가 산과 호수의 상태를 조사하고 백성들의 의견을 수집하여 이미 그 실상을 다 꿰뚫어 보고 난 후에 결심을 했다는 것이오. 어찌 되었든 '물을 소통'시키지 않고는 아니 되오"[20]라고 반박한다. 우는 대신들의 반대를 무릅쓰고 물을 트는 자신의 방법과 헌신적인 노력으로 마침내 장기간 지속되어온 홍수를 막는다.

두 글을 통해 루쉰은 중국사회의 가부장적 질서가 『논어』의 해석과 연계되어 있다는 점을 보여준다. 그리고 자식을 복종과 의무가 아니라 사랑과 자유를 느끼는 존재로 해방시키고, 선조의 법도가 아니라 이 시대의 실정에 맞는 방법을 통해 사회를 개혁할 때, 비로소 중국이 가부장적 질서에서 벗어나 진화해나갈 수 있다고 인식한다.

이러한 가부장적 질서는 성차별에 기반한 남성 중심적 질서의 근간이 된다. 루쉰은 「여성해방에 관하여」 첫머리를 『논어』

19 루쉰, 『루쉰전집』 제3권, 315쪽.
20 루쉰, 『루쉰전집』 제3권, 316쪽.

의 "오직 여자와 소인은 양육하기가 어렵다. 가까이하면 불손하고 멀어지면 원망한다"[21]는 구절의 인용으로 시작한다. 이 구절로 인해 여자와 소인이 한 부류로 취급되고, 어머니라 하더라도 여성은 아들 이외의 모든 남자에게 경멸을 받아왔다. 사실 『논어』에서 여자에 관한 직접적인 언급은 이 구절이 유일할 만큼 여자는 논의의 주요 대상이 아니었다.[22] 그러나 부정적 인물인 소인과 여자가 같은 취급을 받으면서 이 구절은 여성 차별을 정당화하는 공자의 말씀으로 자리잡게 된다.

중국 고대 사회에서 여자는 대체로 남자의 소유물로 여겨졌는데 대표적으로 순장 제도가 그러하다. 하지만 주나라 말에 이르면 순장이 있었지만 여자만을 사용한 것도 아니고, 재가도 자유롭게 맡겨져 어떠한 제재도 없었다고 한다. 한대로부터 당대에 이르기까지 여성의 절열을 부추기지도 않았는데, 송대에 이르러 성리학자들이 비로소 "굶어 죽는 일은 대수롭지 않지만 절개를 잃는 일은 중대하다"라는 말을 했고, 역사책에서 '재

---

21 루쉰, 『루쉰전집』 제1권, 524쪽.

22 『논어』「자한(子罕)」편에서 공자는 "배꽃이 나부껴 펄럭이네. 어찌 그대를 생각하지 않으랴만 집이 너무 멀구려" 라는 시를 읊은 다음, "이는 그리워하지 않은 것이다. 참으로 그리워했다면 어찌 먼 것이 문제겠는가?"라고 평한다. 이 구절은 시에 대한 평이기는 하지만 그리움에 대한 공자의 감정을 엿볼 수 있다. 이러한 평으로 유추하면 공자가 여성에 대해 배타적인 감정만을 가진 것이라고 보기는 힘들다.

가'라는 두 글자만 보아도 펄쩍 뛰게 되었다. 그리고 원과 청의 지배를 받으면서 이민족 황제가 신하에게 충성을 다할 것을 요구하자 남자들은 더욱더 여자에게 수절을 요구하며 극심하게 굴었다.[23]

루쉰은 중국 사회에서 남녀 불평등이 형성되는 과정과 아울러, 통치자로서 남성이 잘못한 일의 책임을 여성에게 전가하는 기만적인 역사를 비판한다.

> 양귀비에 대해, 안록산의 난 이후 지식인들은 하나같이 대대적인 거짓말을 퍼뜨렸다. 현종이 국사를 팽개치고 논 것은 오로지 그녀 때문이고 그녀로 인해 나라에 흉사가 많이 생겼다는 것이다. 오직 몇 사람이 "하나라와 은나라가 망한 것의 본래 진실은 불문에 부치면서 포사와 달기만을 죽이고 있구나"라고 용감하게 말했다. 그런데 달기와 포사는 양귀비와 똑같은 경우가 아니었던가? 여인들이 남자들을 대신해서 죄를 뒤집어써 온 역사는 실로 어제오늘의 일이 아니다.[24]

중국 역사에서 한 왕조가 패망하거나 동란이 일어날 때마다 사태의 진실을 밝히기보다는 누군가에게 책임을 전가하는 일

23 루쉰, 『루쉰전집』 제1권, 190-191쪽.

24 루쉰, 『루쉰전집』 제7권, 559쪽.

들이 비일비재한데, 공교롭게도 그 대상이 여성인 경우가 많았다. 하와 은의 멸망 원인을 포사와 달기에게 전가하고 안록산 난의 책임을 양귀비에게 돌리는 경우가 대표적이며, 이는 남성이 통치하는 권력 세계의 문제와 책임을 여성이 대신 짊어지게 하는 일인 것이다. 또 송대 이후 주자학이 득세하면서 나라가 어지럽거나 인심이 나빠지는 도덕적 원인을 여성의 정조 문란에 돌리고, 그 해법으로 절열을 지킨 여성을 포상하고 실절한 여성을 혐오하는 방식을 반복함으로써, 남성 중심적 질서가 더욱 강화되었다. 이러한 현상은 근대 시기에도 중국이 혼란한 원인을 여전히 여성의 사치나 정조 문제로 돌리는 수법을 통해 재생산되고 있었다.

루쉰은 이러한 역사적 뿌리로 인해 전제왕조의 해체만으로 여성 문제가 해결될 수 없다고 인식하며, 무엇보다 여성이 남성의 양육 대상이 되는 관계에서 벗어나 경제적 자립능력과 동등한 사회적 권리를 지닐 때 가능한 일이라고 역설한다. 이러한 삶의 여건이 조성되어야 "오직 여자와 소인은 양육하기가 어렵다"는 위계적인 관계가 근본적으로 해결될 수 있기 때문이다.

일상생활 속에 고착화 된 남성 중심적 질서는 예교라는 이름으로 은폐되어 있는데, 이는 중국 통치질서의 근간이 된다. 루쉰은 「광인일기」에서 중국의 수천 년 통치질서를 '식인예교'로 상징화하며, 역사책마다 가득한 '인의도덕'과 등급사회의 문제를 제기한다. 예는 『논어』의 핵심 개념으로 '克己復禮', '非禮勿視' 등의 규범으로 구체화되는데, 「자그마한 비유」에서 루쉰은 예의 본질을 쇼펜하우어의 '고슴도치의 거리'와 연계하여 설명한다. 즉 고슴도치 한 떼가 겨울날 추위를 없애려고 가까이 모이지만 가시에 찔려 고통을 맛보게 되면서 평온하게 지내려면 적당한 간격을 유지해야 한다는 점을 발견한다. 그 거리가 바로 그들을 한곳에 모일 수 있게 하는 중용의 거리로 '예의'와 '상류의 풍습'이며, 이 거리를 지키지 않으면 영국에서는 'Keep your distance! 라고 외친다고 한다. 루쉰은 이 고슴도치의 거리를 비유 삼아 중국에서 예의 사회적 기능이 무엇인가에 대해 통찰한다.

> 그런데 이렇게 외치는 것도 고슴도치와 고슴도치 사이인 경우에만 효력이 있다. 왜냐하면 그들이 피차 간격을 지키는 것은 아프기 때문이지 외치는 소리 때문이 아니다. 고슴도치들 속에서 다른 것이 있고 가시가 없다면 이들이 어떻게 외치든지 간에 그들은 여전히 가깝게 붙어 있으려 할 것이다. 공자는 "예는 서민들에게 이르지 않는다"고 했다. 현재 상황으로 보자면 서민들이 고슴도치에게 접근할 수 없는 게 아니라 고슴도치가 마음대로 서민을 찔러 온기를 취할 수 있는 상황이다. 당연히 상처를 입는다. 그러나 이

것도 적당한 거리를 지키지 않아도 되게 너 홀로 가시가 없는 탓으로 돌려질 뿐이다. 공자는 또 “형벌은 사대부에게 내리지 않는다”고 했다. 이러니 사람들이 신사가 되려고 하는 것이 하나도 이상하지 않다.[25]

한곳에 모여 서로 평온하게 지낼 수 있는 거리를 유지하는 것이 ‘예의’라고 한다면 이는 모든 사람들에게 통용될 수 있는 것이다, 그러나 중국의 예는 모든 사람들에게 적용되는 것이 아니라, 공자의 말대로 지배층인 사대부들 사이에서만 통용된다. 이것은 본래 예가 지배층의 제사와 권력질서 그리고 인간관계와 관련된 것으로, 피지배층과는 기본적으로 무관한 일이기 때문이다. 피지배층에게는 예가 아닌 엄격한 형벌이 적용되었으며, 이러한 위계적 질서는 지배/피지배의 신분 관계에 기반한 차등사회를 재생산하였다. 송대 이후에는 주자학적 예교가 향촌 사회에 널리 전파됨에 따라 서민층들도 훈육과 규범을 통해 예교를 내재화하면서, 형벌뿐만 아니라 예교를 통한 자발적 복종이라는 이중의 통치질서 속에서 살아가게 되었다. 즉 실제로는 형벌을 통한 법치를 하면서도 예교를 대중화하여 인민의 거부감을 줄이는 정교한 통치질서가 형성되었던 것이다.

25 루쉰, 『루쉰전집』 제4권, 283쪽.

그러나 사대부들의 경우에는 송대 이후에도 형벌의 엄격한 적용을 받지 않았으며, 오히려 향촌 사회에 전파된 예교를 기반으로 더욱 커다란 권력을 누리게 되었다. 본래 주자학은 수양을 통해 만인이 성인이 될 수 있다고 주장했는데, 예교가 대중화된 이후에도 사대부와 서민들의 신분질서가 사라진 공동체 사회가 출현하지 않았다. 이는 『논어』속에서 예와 공존하는 "자기만 못한 사람을 벗 삼지 말라"[26]는 격언이 차등 없는 대등한 관계보다 힘 있는 사람과의 관계를 우선하게 만든 점과 관련되어 있을 것이다. 그래서 세력과 실리를 서로 얻을 수 있는 사람들 사이에서만 예의를 교환하는 이익공동체를 이루어, 주자학의 취지와 달리 강자에게 의존하고 약자를 무시하는 풍조가 뿌리 깊게 형성되었던 것이다.[27]

2) 명분과 실리

루쉰이 『논어』를 장기지속 된 중국의 통치질서와 연계하여 해석하는 것은 공자를 보는 자신의 시각이 투영되었기 때문이다. 「현대 중국의 공자」에서 루쉰은 일찍이 공자가 탁월한 치

---

26 루쉰, 『루쉰전집』 제1권, 333쪽.

27 이러한 맥락에서 중국의 '식인예교' 문제는 이데올로기 비판의 차원을 넘어, 법치와 예교에 기반한 통치질서 그리고 민중의 생계 문제 속에서 고찰해야 한다. 이 문제에 대해서는 이종민, 「왜 루쉰을 다시 소환하려 하는가 — 汪暉의 『阿Q生命中的六個瞬間』에 대한 반론」 참고.

국의 방법을 기획했으나 그것은 모두 민중을 다스리는 권력자를 위해 고안한 것이라고 인식한다. 즉 공자는 보편적인 인간과 윤리 그리고 그것을 구현하기 위한 평등한 질서보다는, 권력자를 위한 효과적인 통치방법을 기획하는 데 관심이 있었다는 것이다. 주지하듯이 선진시대 제자백가의 철학은 부강한 국가 건설 및 관료 등용의 문제와 밀접한 관련성을 지니고 있었다. 이점에 있어서는 공자도 예외가 아니다. 다만 문치의 방법을 통해 국가를 건설하려는 기획은 공자 독자적인 것이어서, 루쉰이 이를 탁월한 치국 방법이라고 칭한 것이다. 그렇지만 이러한 평가는 권력자의 입장에서 탁월한 것이라는 일종의 풍자이며, 공자의 기획이 민중을 위한 것이 아니라는 게 루쉰의 생각이다. 이는 공자의 기획을 포괄하고 있는 『논어』를 군주 및 관료를 위한 통치론으로 해석하는 것이, 오히려 공자의 본의에 가깝다는 뜻이다.

> 공구 선생은 확실히 위대하다. 무당과 귀신의 세력이 그토록 성행하던 시대에 태어나 세속을 좇아 귀신에 대한 말을 기어코 하지 않으려 했다. 다만 애석하게도 그는 너무 총명하여 "조상에게 제사 지낼 때에는 조상이 살아있는 듯이 하고, 신에게 제사 지낼 때에는 신이 앞에 있는 듯이 했다". 이는 『춘추』를 편찬할 때의 수법을 그대로 사용하여 두 개의 '듯하다(如)'라는 글자 속에 다소 '날카로운 풍자'

의 뜻을 깃들여 놓은 것인데, 사람들에게 한동안 영문을 모르게 하고 그의 속내에 반대의 뜻이 있다는 것을 알아차리지 못하게 했다. 그는 자로에 대해서는 맹세했지만 귀신에 대해서는 선전포고를 하려 하지 않았다. 왜냐하면 일단 선전포고를 하면 평화를 깨는 것이고 남을 욕했다-귀신을 욕한 것일 뿐이지만-는 죄를 쉽게 범하기 때문이다.[28]

이글에서 루쉰은 공자가 시대의 한계를 뛰어넘는 위대한 면과 아울러, 너무 총명하여 대담하게 개혁하지 못하고 절충해버리는 애석한 면을 지적한다. 즉 무당과 귀신의 존재를 회의하며 믿지 않은 것은 공자의 위대한 면이지만, 귀신의 존재 자체를 부정하지 않고 '살아있는 듯이' '앞에 있는 듯이' 제사를 지낸 것은 시대를 개혁하지 않는 애석한 면이라는 것이다. 두 개의 '듯하다(如)'는 말이 바로 공자의 총명한 절충 방법으로, 타인에게 귀신을 믿는 듯이 보이게 하지만 실은 귀신에 반대하는 자신의 생각을 감추고 있다. 이는 지배세력의 의심을 피하면서 '공공연하고 대담한 파괴'를 행하기 위해 전통과의 연계성을 부각시킨 전략인 셈이다. 무당과 귀신을 믿는 세력에 대한 선전포고를 하지 않은 점에 있어서 루쉰은 애석해하지만, 공자는 그러한 방법을 통해 '공공연하고 대담한 파괴자'라는 의심

28 루쉰, 『루쉰전집』 제1권, 289쪽.

을 피하고 모든 세력을 포괄하는 중용의 도道를 얻으려 했던 것이다.

『논어』의 핵심 의제인 '述而不作, 信而好古'가 바로 그러하다. 이 말은 옛것을 믿고 따르면서 그것에서 벗어난 일을 하지 않는다는 뜻인데, 명분만 집착하는 이들은 '술이부작'하지 않는 것을 가장 금기시하였다.[29] 그러나 정작 공자에게 '술이부작'은 옛것을 그대로 따르는 일이 아니었다. 공자는 이 명분을 통해 혼란된 질서를 비판하며 새로운 통치 방안을 제시하고, 또 전승되어온 고대 문헌을 이에 부합하도록 새롭게 재구성하는 실리를 취하였다. 즉 공자는 주대의 제도와 그 창지자로서 주공을 내세워 전쟁과 폭력에 기반한 패도 정치를 비판하고, 인과 예를 기반으로 하는 왕도 정치를 대안으로 삼아 자신의 등용의 길을 모색했던 것이다. 또 실제 고대 역사에서 전쟁과 폭력을 통해 왕조를 교체했을 가능성이 큰 군주와 영웅의 이야기를, 선양과 평화적인 정권 교체를 통해 왕도정치를 이룬 성군의 이야기로 역사 서사를 재구성하였다.[30]

---

29 루쉰, 『루쉰전집』 제1권, 193쪽.

30 공자와 '述而不作'의 고대 역사 서사 재구성에 대해서는 김상준, 『맹자의 땀 성왕의 피: 중층근대와 동아시아 유교문명』, 아카넷, 2011. 3장 성황의 피: 폭력과 성스러움, 유교적 안티노미 참고. 김상준의 시각에서는 공자와 유가의 역사 서사 재구성이 폭력에서 평화로 전환하는 문명사적 의미를 지닌 사태로 보지만, 루쉰은 이것이 명분에 의한 자

주 무왕은 정벌의 명목으로 중국에 들어왔고 은과 민족도 다른 것 같으므로 현대적인 용어로 표현하자면 그야말로 침략자이다. 그러나 그 당시 민중의 목소리는 이제 남아 있지 않다. 공자와 맹자는 확실히 왕도를 대대적으로 선전한 바 있다. 그러나 선생들은 주 왕조의 신민일 따름이며, 이뿐만 아니라 여러 나라를 주유하였으므로 이 모든 것은 관리가 되고자 한 활동일지도 모르겠다. 좀더 근사하게 말하자면 "도를 행"하기 위해 그렇게 한 것이다. 관리가 되면 도를 행하는 데 수월하고, 관리가 되고자 한다면 주 왕조를 칭찬하는 것보다 더 손쉬운 일은 없다. 그러나 다른 기록을 보면 왕도 전문가이자 창시자인 주 왕조일지라도 토벌 초기 백이와 숙제가 있었으니 말을 막으며 간언하는 이들을 끌어내지 않을 수 없었다. 또 主紂의 군대가 저항하자 그들의 피로 방망이가 떠나닐 정도였다. 이어서 은의 백성이 또 반란을 일으키자 이를 '완민頑民'이라고 따로 호칭하면서 왕도 천하의 인민에서 제외하긴 했지만 결국 결점 같은 것이 생겨난 것 같다. 좋은 왕도는 완민 하나만 있어도 그 근거가 없어지는 것이다.[31]

이글로 본다면 공자(와 유가)가 술이부작을 통해 행한 일은

의적인 역사의 조작으로서 후세들의 심각한 역사 왜곡의 기원이라고 인식한다.

31 루쉰, 『루쉰전집』 제8권, 33쪽.

옛것에 대한 '공공연하고 대담한 파괴'에 가까워 보인다. 즉 패도 정치를 시행하고 있는 현실 군주의 입장에서 보면 공자는 반정부 인사로 보일 수 있지만, 주대의 질서 회복을 명분을 삼고 있기(正名) 때문에 위험한 파괴자로 몰리지 않을 수 있었다. 『논어』에서 군자는 주대의 질서를 현실 정치에 구현할 수 있는 도덕적 정치적 능력을 지닌 사람을 뜻한다. 그런데 공자는 주대의 예를 군자가 지녀야 할 주요 덕목이라고 말하지만, 정작 『논어』속에는 주례에 관한 상세한 설명이 없고 공자가 주례에 대해 묻고 배우는 일화만이 소개되어 있을 뿐이다.[32] 이 때문에 『논어』에 주나라의 찬란하고 아름다운 문명에 관한 이야기는 거의 없으며, 어떤 상황에서 누군가 행한 일이 예(그 윤리적 태도로서 인)에 가까운지 아닌지에 관한 공자의 평가가 주를 이루고 있다. 전쟁과 폭력이 아닌 인문과 평화의 방법에 기반한 통치의 길을 제기한 것은 분명히 정치사적 문명사적 의미를 지닌다. 그렇지만 믿고 따라야 할 옛것이 명분으로만 존재한다면 '술이부작'의 기준은 모호해질 수밖에 없다. 이러한 상황에서 옛것이 참된 것인지 여부는 그 자체로 판단하기 어려우며, 그것이 명분이 되어 세력을 얻고 실리를 취할 수 있는지

32 『주례』가 책으로 정리된 것은 전국 말에서 한대에 이르는 시기로 알려져 있다.

의 문제가 실제적인 관심사가 된다. 앞에서 살펴보았듯이 공자는 조상과 신의 존재에 대해서는 절충적인 태도를 지니고 있지만, 제사에 대해서는 "내가 참여하지 않은 제사는 제사를 지내지 않은 것과 같다"고 할 정도로 매우 적극적인 모습을 보인다. 제사는 군주의 권력을 유지하고 가문을 이어나가기 위해 반드시 차지해야 할 실제적인 일이었기 때문이다. 이러한 태도는 귀신과 제사의 관계뿐만 아니라, 『논어』의 주요 개념인 인, 의, 지, 서, 용, 효, 중용 등에 대한 설명 방법에서도 잘 드러난다. 『논어』에서는 개념의 본질과 보편적 의미에 대한 설명은 없으며, 그 대신 개별적인 상황에서 벌어진 어떠한 사람의 행위를 평가하는 방식으로 나타난다. 이것을 개인적인 상황을 고려한 공자의 유연한 생각과 교육 방법이라고 보기도 하지만,[33] 개별적인 평가를 넘어 개념의 본질과 보편적 의미에 대한 질문으로 나아가지 않는다면, 결국 자의적이고 실용적인 이해에 빠질 수 있다.[34] 이러한 태도가 후세들에게 자신이 처한 상황에서 세력

33 이점에 대해서는 안핑 친, 김기협 옮김, 『공자평전』, 돌베개, 2010. '가르친다는 일' 참고.

34 가령, 『논어』의 황금율로 칭해지는 '我所不欲, 勿施於人'은 나의 입장과 욕망을 기준으로 타인을 대하는 것이어서, 타인의 입장과 욕망을 이해하고 배려하는 측면이 결핍되어 있다. 이러한 점은 '비례물시'의 규범과 연계되어 종종 엄격한 자기(집단) 기준으로 타자를 배제하는 폭력성으로 나타난다.

과 실리를 얻을 수 있는 방법을 강구하고 그것을 옛것이라고 합리화하는 성현의 비결로 전수되고 있기 때문이다.

> 고서를 좀 읽어 본 사람은 대개 다음과 같이 낡은 수법을 쓸 줄 안다. 새로운 사상은 '이단'이다. 이는 반드시 섬멸되어야 한다. 만약 이 사상이 분투 끝에 독자적으로 자리 잡는다면 이젠 이것이 원래 '성현의 가르침과 같은 뿌리'라는 점을 찾아낸다. 외래의 사물이 '오랑캐로 화하를 변화시키려 하면' 반드시 배척해야 하지만, 이 '오랑캐'가 중화를 차지하여 주인이 되면 알고 봤더니 이 '오랑캐'도 황제의 자손이었다는 것을 고증한다. 이는 보통 사람들의 의중을 뛰어넘는 것이 아닌가? 무엇이든지 우리 '옛것'에 포함되지 않는 게 없다![35]

루쉰은 보통 사람의 의중을 뛰어넘는 이러한 자기합리화가 고서에서 배운 낡은 수법이라고 인식한다. 그들은 새로운 사상이나 오랑캐가 중국에서 세력을 얻지 못한 때에는 이단이라고 배척하지만, 중국을 차지하고 나면 옛것이라고 둔갑시켜 주인으로 모신다. "자기만 못한 사람을 벗 삼지 말라"고 하고, 자기보다 강한 사람은 그 누구라도 주인으로 모시면서, 그 과정에

---

35 루쉰, 『루쉰전집』 제4권, 276쪽.

서 자신의 세력과 실리를 도모하는 것이다. 루쉰은 원, 청 시대 이민족 지배를 정당화하고 근대 중국이 서구 열강을 상전으로 모시는 것 속에서 술이부작의 노예근성 혹은 망국의 문명사를 통찰한다.

명분이 현실과 동떨어지면 바로 허위의식이 된다. 공자는 명분을 지키면서 실리를 얻는 중용의 도를 중시했지만 공자 역시 이것을 한결같이 실천하기가 어려워, 『논어』 곳곳에 사유와 감정의 균형이 흔들리거나 심지어 신경질적인 반응을 보이는 경우가 나타난다.[36] 공자 자신이 이러했을 뿐 아니라, 공자 주위에는 안연 이외에 중용의 도가 가능한 제자는 거의 없었다. 그래서 공자의 생각과 달리 현실 중국에서는 중용의 도가 무너진 사람들이 득세하여 사리사욕을 추구하는 일이 장기지속 되었던 것이다.

> 그런데도 성인은 왜 '중용'을 부르짖었을까? 모두가 중용적이지 않기 때문이다. 사람은 부족한 데가 있어야 그것의 필요성을 떠올린다. 가난한 교원이 처를 부양하지 못하게

36 가령, 반역자로 불리는 양호, 공산불요, 필힐로부터 초빙을 받을 때 명분 없는 자리임에도 불구하고 동요하고 있는 공자의 심정이나, 뜻한 바대로 되지 않아 뗏목을 타고 바다 건너 세계나 오랑캐 땅에 가겠다는 공자의 한탄 속에서, 그러한 모습을 엿볼 수 있다.

> 되면, 그제서야 여자 독자적 밥벌이 설의 합리성을 느끼게 되고 여기에 덧붙여 남녀 평등론에 고개를 끄덕이게 된다. 부자가 살이 쪄서 천식으로 숨을 헐떡이게 되면 그제서야 골프를 치면서 운동의 필요성을 주장하게 된다.…… 공자는 "중용을 행하는 자를 얻어 함께 할 수 없다면, 광견狂狷하기라도 하는 사람이어야 한다. 광한 사람은 진취적이고, 견한 사람은 해서는 안 되는 일은 하지 않기 때문이다"라고 말한다. 공자는 교제 범위가 넓은 사람이었지만 어쩔 수 없이 광견한 사람과 함께 할 수밖에 없었다. 이것이 바로 그가 이상 속에서 '중용, 중용'을 끙끙거린 이유다.[37]

공자는 "중용은 지극한 덕이 되지만 오래 지속할 수 있는 사람은 드물다"[38]라고 하여, '중용을 행하는 자'를 얻기가 힘들다는 점을 알고 있었던 것으로 보인다. 그래서 현실적으로 함께 할 수 있는 사람은 광견한 사람이라고 말한 것이다. 광한 사람은 낡은 것을 고수하지 않고 진취적인 뜻을 품고 있는 사람을, 견한 사람은 지혜가 조금 부족하지만 해서는 안 되는 일은 절대 하지 않는 사람을 가리킨다. 특히 광한 사람에 대해 공자는 "내 문하 어린 제자들이 뜻은 높지만 다듬어지지 않아, 훌륭하

---

37 루쉰, 『루쉰전집』 제6권, 406-407쪽.
38 『논어』「옹야」.

게 비단을 짜놓고도 마름질할 줄을 모른다"[39]고 하여, 발전 가능성이 잠재되어 있는 긍정적인 사람으로 보고 있다. 이는 현재 우리가 광인을 사회의 통념에서 벗어난 미친 사람이라고 부정적으로 보는 것과 다르다. 「광인일기」를 쓴 루쉰은 광한 사람에 대한 공자의 평가를 보며 모종의 공감을 느꼈을지도 모른다. 위 인용문 다음 구절에서 루쉰은 「향당」 편에 나오는 식생활과 "생강 먹는 일을 끊지 않았다"는 것을 근거로 공자가 만년에 위장병을 앓았을 것이며, 이는 수레를 타고 분주히 울퉁불퉁한 길을 가다 보니 위가 요동을 쳐 소화력이 감퇴하고 통증이 생긴 것이라고 추정한다.[40] 이러한 추정은 공자의 속내를 이해한 사람만이 발견할 수 있는 일이라고 생각된다. 공자는 중용을 우선하고 루쉰은 대담한 파괴를 우선하는 차이는 있지만, 그런 사람을 만나기 어려웠다는 점에서 더 그러하다.

3. 공자를 보는 루쉰의 시각

루쉰의 공자론이라고 칭할 수 있는 「현대 중국의 공자」에서 루쉰은 공자가 살아서나 죽어서나 불우한 운명을 지닌 인물이

39 『논어』 「공야장」.

40 루쉰, 『루쉰전집』 제6권, 407-408쪽.

라고 평가한다. 살아서는 그렇다 하더라도 죽어서는 '대성지성문선왕(大聖至聖文宣王)'[41]이라는 왕자의 칭호를 받고, 동아시아뿐만 아니라 유럽에까지 문명을 떨쳤던 공자를 루쉰은 왜 불우하다고 본 것일까? 루쉰의 시선을 따라 공자의 인생에 대해 살펴보자.

소설 「공을기」에서 글은 알지만 가난하여 밥을 빌어먹는 주인공 공을기는 안주로 시킨 회향두를 아이들에게 나눠주다가 다 떨어지자 "많은가? 많지 않도다"라고 중얼거린다.[42] 이 말은 『논어』에서 공자가 "나는 어려서 미천하게 자랐기 때문에 하찮은 일의 재능이 많은 것이다. 군자가 재능이 많은가? 많지 않다"[43]고 한 구절을 빗댄 것이다. 표면적으로 보면 공을기의 시대착오적인 비루한 삶을 공자의 궁핍했던 어린 시절과 겹치게 함으로써, 문제의 근원을 공자와 연계시키는 효과를 지니게 된다. 그러나 공을기의 중얼거림과 공자의 말 사이에는 커다란

41 당 개원 27년(739)에 공자에게 문선왕이라는 시호를 붙인 이후 송 원 명의 각 왕조에서 시호를 더했고, 청 순치 2년(1645)에 대성지성문선선사라는 시호를 덧붙였다. 아사노 유이치는 공자가 사후 왕자의 지위에 오른 것이 공자와 그 후세들이 비밀결사체를 구성하여 공자가 이루지 못한 왕자의 꿈을 사후에 실현하기 위해 벌인 정치적 학술적 투쟁의 결과라고 인식한다. 이에 대해서는 아사노 유이치, 신정근 외 옮김, 『공자신화: 종교로서 유교형성 과정』, 태학사, 2008 참고.

42 루쉰, 『루쉰전집』 제2권, 48쪽.

43 『논어』 「자한」.

맥락의 차이가 있다. 공을기의 중얼거림은 가난의 사지로 내몰리는 무기력한 자의 불안감이 배어있다. 이와 달리 공자의 말은 어린 시절부터 힘든 일을 능숙하게 해내어 고상한 군자들에게 없는 많은 재능을 보유함으로써 이것이 현재의 공자를 가능케 한 힘이라는 자부심을 표출한다. 공자는 성인이 된 이후에도 벼슬을 얻지 못하여 다양한 기술을 갖추게 되지만,[44] 이에 좌절하지 않고 공부에 매진하는데 등용의 꿈을 굳건히 간직하고 있었기 때문이다.

공자의 이러한 모습은 소설 「관문을 떠난 이야기」에서 공자가 노자를 찾아가 배움을 청하는 장면 속에 잘 나타난다. 공자는 노자에게 "저는 시경, 서경, 예기, 악가, 역경, 춘추 등 육경을 연구했습니다. 저로서는 상당히 오랫동안 연구하여 완전히 익혔다고 생각합니다. 일흔두 명의 군주를 찾아가 알현하였지만 아무도 채용해 주질 않았습니다. 정말, 사람이란 알 수 없습니다. 아니면 '도'란 것이 알 수 없는 것일까요"라고 묻는다. 노자가 선왕의 발자취에 불과한 육경을 신발이라 여겨 도를 얻지 못한 것이라고 대답하자, 이에 공자는 충격을 받고 물러난다. 석 달 후 공자는 다시 노자를 찾아와 "저는 오랫동안 변화 속에 몸을 던지지 않았습니다. 이래 가지고 어떻게 다른 사람을

44 『논어』「자한」.

변화시킬 수 있었겠습니까……!”라고 말하며 떠나버린다. 이에 노자는 공자가 자신의 가르침을 깨달았다고 인정하면서, “같은 한 켤레의 신발이라 할지라도 나의 것은 모래땅을 밟는 것이고, 그의 것은 조정에 오르는 것”이라고 평한다.[45] 이 소설은 공자가 주나라에 가서 노담에게 예를 물었다는 설화에 기반한 것인데, 그 진위에 대한 논란은 많지만 공자가 34세 때의 일이라고 알려져 있다. 그 후로도 한참 동안 자신을 알아주는 군주를 찾지 못하다가 52세 때인 정공 10년에 드디어 등용의 꿈을 이루게 된다. 그러나 등용 이후에도 공자의 불우는 끊이지 않았다.

> 이곳저곳을 다니다가 한때 노나라의 경시총감까지 올랐지만, 바로 추락해 실업자가 되었고 또 권신에게 경멸을 당하고 백성들에게 조롱을 받았으며 심지어 폭민에게 포위를 당해 배를 곯은 적도 있었다. 제자들이 삼천 명이 되었지만 중용한 이는 겨우 칠십이 명이었고 게다가 진실로 믿었던 이는 단 한 사람밖에 없었다. 하루는 공자가 분개하여 “도가 행해지지 않아, 뗏목을 타고 바다를 둥둥 떠다닌다면 나를 따를 이는 유(자로)일 것이다”라고 말했는데, 이 소극적인 계획을 세운 것으로 그 사정을 짐작할 수 있다.[46]

45 루쉰, 『루쉰전집』 제3권, 393-398쪽.

사마천의 「공자세가」[47]에 따르면, 공자는 52세 때에 노나라 정공에 의해 대사구로 발탁되었다고 한다. 대사구는 지금의 법무부장관에 해당하는 직책으로 루쉰은 이를 경시총감이라고 한 것이다. 당시 노나라는 세 가문의 귀족 연합체인 삼환씨가 실권을 쥐고 있었는데, 공자는 군주에게 권력을 되돌려주는 일이 명분을 바로잡는 일이라고 여겼다. 이에 공자는 삼환씨의 사읍을 개혁하려 하지만 반발한 귀족들이 연합하여 노나라 정공을 압박하면서 공자는 대사구의 자리에서 쫓겨나게 된다. 루쉰은 이를 두고 '바로 추락해 실업자가 되었다'고 한 것이다. 이후 공자는 56세에서 69세까지 14년 동안 제자들과 함께 위, 진, 조, 송, 채, 초 등 주변국을 떠도는 망명생활을 한다. 주유천

46 루쉰, 『루쉰전집』 제8권, 418쪽.

47 루쉰의 공자 전기는 대체로 사마천의 「공자세가(孔子世家)」를 바탕으로 구성된 것이다. 시라카와 스지카는 「공자세가」가 『사기』 안에서도 가장 부정확하고 틀린 데가 많은 편으로 다른 세가나 열전 연표 등과 비교해보면 연대기적인 일이나 사실 관계가 일치하지 않는 곳이 매우 많다고 지적하며, 공자의 일생을 실증적으로 고찰하여 『공자전』(장원철·정영실 옮김, 『공자전』, 펄북스, 2016)을 서술한다. 시라카와 스지카의 『공자전』에 근거하면 「공자세가」는 대부분 공자와 관련된 일화를 허구적으로 재구성한 것이라고 볼 수 있다. 시라카와의 공자전에서 주의할 점은, 주유천하 과정에서 인생의 깨달음을 얻은 공자의 만년 사상을 높이 평가하고, 정치개혁가로서 공자의 실천방안에 대해서는 상대적으로 소략하게 다루고 만년의 성숙을 향해나가는 좌절의 과정으로 인식한다는 것이다.

하를 하는 동안 공자는 여러 제후들과 세력가들로부터 대접을 받기도 하고 냉대를 받기도 하며, 죽을 고비를 맞기도 하고 굶주림에 시달리는 등 험난한 여정을 보낸다. 위나라 영공에게 갔을 때는 후한 대접을 받았으나 예만 알고 군사·전쟁을 모르는 쓸모없는 사람 취급을 받았고, 송나라에서는 공자가 나무 아래서 예를 강의하는데 사마환퇴가 나무를 뽑아 공자를 죽이려 했다. 정나라에서는 사람들로부터 공자의 모습이 주인을 잃고 천대받는 상갓집 개와 같다는 조롱을 당하고, 진나라와 채나라의 중간 지역에서는 공자가 초나라로 가는 길을 막으려는 세력들에 포위되어 식량이 떨어지고 굶주림에 시달렸다. 루쉰이'권신에게 경멸을 당하고 백성들에게 조롱을 받았으며 심지어 폭민에게 포위를 당해 배를 곯은 적도 있었다'고 한 것은 바로 주유천하 시절의 고난을 설명한 것이다.

주유천하 시절 공자는 『논어』에 자주 등장하는 자로, 안연, 자공, 염유 등 애제자들과 고난을 함께 하였다. 제자들이 공자를 찾아온 목적은 대부분 관료가 되기 위한 공부를 하면서 명망가인 공자의 추천을 받기 위한 것이었다. 공자는 이른바 관료 양성 아카데미를 운영하며 강의를 한 것이고, 전승되어온 고대의 문헌 특히 시서는 공자 아카데미의 교재인 셈이다. 그래서 『논어』는 공자 아카데미에서 진행된 공자의 강의, 공자와 제자의 대화, 공자와 외부 인사의 대화 등을 편찬한 것이며, 주

내용은 군주 및 관료를 위한 정치론과 윤리론으로 보아야 할 것이다. 또 공자 제자가 3천 명이 되었다는 말은 공자 아카데미의 명성을 듣고 찾아온 사람들이 많았다고 봐야지 실제 숫자로 볼 필요는 없다고 생각한다. 공자 스스로도 등용이 쉽지 않는 처지에서 3천 명의 제자가 있을 정도로 관료 배출률이 높지는 않았을 것이기 때문이다. 특히 관직에서 쫓겨난 주유천하의 시절에는 공자와 생사고락을 함께 한 소수의 애제자들만이 곁에 있었을 것이다.

공자가 '뗏목을 타고 바다를 둥둥 떠다니겠다'고 한 말은 자신을 알아주지 않는 세상에 대해 한탄한 것으로 보인다. 그러나 공자는 직접적인 원망보다는 자기 절제와 초탈한 태도를 통해 비애를 드러낸다. 전자는 '자신을 알아주지 않더라도 성내지 않고' 등용되지 못한 원인을 자기 내부에서 찾는 것인데, 이는 '안 되는 줄 알면서도 행하는' 끝없는 도전정신으로 승화된다. 후자는 공자가 뗏목을 타고 가려고 한 세계나 중원 바깥의 오랑캐 땅 그리고 안연의 삶과 같은 안빈낙도의 태도로 출현한다. 그렇지만 관료가 되기 위한 공부를 하는 것이 우선적인 목표이며, 노장사상과 같은 자연에의 귀의나 탈속 자체를 목표로 하지 않는다. 이렇게 본다면 『논어』는 등용을 위한 정치철학서이면서 아울러, 등용이 좌절되었을 때의 비애와 그 출로를 생각해보게 하는 인생서라고 할 수 있을 것이다.

주유천하를 끝내고 노나라로 돌아온 공자는 등용의 꿈을 포기하고 남은 생을 학문과 교육 활동에 전념하게 된다. 루쉰은 공자가 죽은 뒤에 운이 좀 좋아졌다고 생각한다. 공자가 아무 말 할 수 없는 상황에서 '대성지성문선왕'과 같은 놀라운 지위에 올랐기 때문이다. 하지만 수입된 석가모니에 비한다면 아주 불쌍한 처지라고 인식한다. 모든 현마다 공자 문묘가 있지만 일반 서민들이 참배하지 않아 적막하고 영락한 모습인 반면, 절이나 신묘는 사람들로 북적이기 때문이다. 서민들은 공자를 성인이라고 말하지만 이는 권력자의 유성기에 불과할 뿐이라는 것이 루쉰의 생각이다.

> 중국에서 공자는 권력자들이 떠받는 것이며, 그러한 권력자 혹은 권력자가 되고자 하는 이들의 성인은 일반 민중과 아무런 관계가 없다. 그러나 그 권력자들의 성묘에 대한 열정 역시 일시적인 것에 지나지 않는다. 공자를 숭상할 때는 다른 목적을 갖고 있어서 목적이 달성되자 이 도구는 쓸모없게 되고, 반대로 달성하지 못한다면 더더욱 쓸모없게 되기 때문이다. 30-40년 전에 권력을 쥐고자 하는 사람, 즉 관리가 되고자 한 이들은 모두 '사서'와 '오경'을 읽고 '팔고'를 지었는데, 다른 일부 사람들은 이러한 서적과 문장을 '문을 두드리는 벽돌'이라고 명명했다. 문관시험에 급제하면 이런 것들은 동시에 망각되는데, 마치 문을 두드릴

> 때 사용한 벽돌처럼 문이 열리면 이 벽돌도 내던져진다. 공자는 기실 죽은 뒤에 '문을 두드리는' 벽돌의 직무를 맡은 인물인 셈이다.[48]

죽은 뒤의 공자는 권력자가 자신의 목적 실현을 위해 떠받드는 것이며 목적이 완료되면 '문을 두드리는 벽돌'처럼 바로 망각될 운명에 처한다. 공자의 지위를 높이는 것은 권력자가 공자의 높은 지위를 빌려 자신의 정통성을 세우기 위함이며, 반대로 공자를 욕하는 것은 공자를 빌려 권력 잡은 자를 비판하여 자신이 그 권력을 소유하기 위함이다.[49] 어느 경우든 공자를 진심으로 대하는 자는 없다고 할 것이다. 게다가 바다 건너 다른 세계에서도 공자 존숭의 현상이 벌어지고 있다. 루쉰이 「현대 중국의 공자」를 쓴 계기는 일본 최대 공자묘인 유시마세이도가 1923년에 소실되었다가 1935년 4월에 재건되었는데 후난성 주석 허젠 장군이 자신이 소장하던 공자 화상을 기증한 보도 때문이다. 이 보도를 보면서 루쉰은 만청 일본 유학 시절 도쿄 고분학원에서 중국 유학생들을 집합시켜 오차노미즈 공자묘 참배한 일을 떠올린다. 당시 루쉰과 중국 유학

48 루쉰, 『루쉰전집』 제8권, 419-420쪽.

49 심지어 비림비공 시기에는 공자와 무관한 자를 억지로 관련시켜 비판하는 극단적인 양상을 띠게 된다.

생들은 '공자와 그 무리'에 절망하여 일본에 온 건데 이곳에서도 참배를 해야 하는 기괴한 감정을 느꼈던 것이다. 이러한 일을 루쉰은 바다 건너 대영제국의 식민지 홍콩에서도 경험하게 된다.

홍콩에서는 대영 제국의 지배하에 공자를 숭배하고 동방문명을 잘 보존하고 있으며, 매년 공자 탄신 행사를 각계 인사들이 참여하여 성대하게 치른다. 그 목적은 공자의 도를 바로잡아 삼강오륜과 인도人道를 혼란시키는 공산주의 선전과 그 위협을 타파하기 위함이다. 공자의 가르침이 쇠락하여 사설邪說이 판치는 중국 대륙을 대신하여 홍콩이 공자의 도를 계승하는 대규모의 경축행사를 벌이고 있는 것이다. 루쉰은 이를 "뗏목을 타고 바다를 항해하려는 공자의 뜻깊은 말씀을 들은 적이 있어, 옳음을 숭상하고 사악함을 멀리하여, 다행히 대영제국의 덕정이 베풀어졌습니다"[50]라고 풍자한다.

자신을 알아주지 않아 뗏목을 타고 바다를 항해하여 다른 세계로 가려던 공자의 뜻이 실제로 바다 건너 일본과 홍콩에서 실현되고 있는 셈이다. 만일 루쉰이 18세기 유럽에서 공자열풍이 일어나 서구 근대사상 형성에 영향을 끼쳤다는 점[51]을 알았

---

50 루쉰, 『루쉰전집』 제5권, 318쪽.

51 이점에 대해선 황태연, 『공자, 잠든 유럽을 깨우다』, 김영사, 2015

다면 기괴한 감정이 더더욱 솟구쳤을 것이다. 그러나 바다 건너 어느 곳에서도 공자의 본의와 비애를 진심으로 알아주는 자는 없으며, 자신의 정통성과 권력 그리고 사유재산을 위해 공자를 떠받들고 있었을 뿐이다. 이렇게 보면 공자는 살아서도 알아주는 이를 만나지 못했고, 죽어서는 왕자의 지위에 오르고 바다 건너 다른 세계에서도 존숭되었지만 결국 권력자의 일시적인 이용대상으로 받들어진 셈이다. 루쉰은 바로 이러한 맥락에서 공자가 살아서도 죽어서도 불우한 운명을 지닌 인물이라고 평가한 것이다.

4. 남겨진 문제

공자의 인생에 대한 루쉰의 평가는 공자와 『논어』의 본의가 군주 및 관료를 위한 통치 기획에 있었다는 점을 전제로 한 것이다. 루쉰의 시각에 기반한다면, 공자의 본의를 포괄하고 있는 『논어』는 보편적인 인간과 윤리의 문제가 아니라, 올바른 정치의 함의, 국가 경영방법과 사회적 소통력, 군자가 갖추어야 할 소양과 윤리, 공자 아카데미에서의 학습과 훈련, 제자와 사회적 인사에 대한 인물평, 공동체 규범과 대인관계, 지혜로

참고.

운 처세와 즐거운 삶, 실패와 좌절 했을 때의 인생철학 등 '등용의 꿈'과 연계된 내용으로 해석되어야 한다.[52] 이렇게 본다고 하여 『논어』의 가치가 훼손되는 것은 아니다. 『논어』를 보편적 인간과 윤리를 다룬 텍스트로 전제하는 것이 오히려 『논어』를 곡해할 가능성이 더 크다. 『논어』에서는 지배/피지배 신분질서에 대한 의문이 없으며, 자신의 직분에 충실한 안정적인 질서를 유지하는 일이 주된 관심사이다. 그래서 『논어』는 신분질서를 넘어서는 보편적 가치를 주창하지 않는다. 가령, 제 경공이 공자에게 정치에 대해 묻자, 공자는 "군주는 군주답고, 신하는 신하답고, 아버지는 아버지답고, 아들은 아들다운 것입니다"[53]라고 답한다. 즉 사람 사이의 관계를 대등하게 만드는 일이 아니라, 각자의 자리에서 할 일을 제대로 하게 하는 것을 정치라고 생각한다. 이 말은 신분질서를 인정하고 있다는 점에선 보수적으로 보이지만, 자기 역할을 수행하지 않는 군주나 관료에 대해 그 권위를 인정하지 않는 비판성을 함축하고 있다. 지배/피지배 질서가 당연시되던 시대에 살던 공자에게 그것의 타파를 기대하는 건 무리한 일이며, 질서 내에서 바람직한 정

52 이러한 관점에서 『논어』를 번역하고 비평한 책이 조명화 『논어역평』 1,2(현암사, 2017)이다. 루쉰이 다소 단장취의적으로 인용한 『논어』를 전체적으로 조망할 수 있는 역작이라고 생각된다.

53 『논어』「안연」.

치를 위해 행하는 '공공연하고 대담한 파괴를 읽는 것이 중요하다.

필자는 『논어』가 조화로운 통치질서를 기획하고 있음에도 불구하고 위계적 차등질서를 재생산하게 된 것은, 『논어』를 보편적인 인간과 윤리에 관한 성현의 말씀이라 믿은 데서 기인한다고 생각한다. 앞에서 살펴본 "3년 동안 아버지의 도를 고치지 않으면 효라고 할 수 있다", "오직 여자와 소인은 양육하기가 어렵다", "예가 아니면 보지 말라", "자기만 못한 사람을 벗삼지 말라" 등을 통치 기획과 관련된 내용으로 이해했다면, 보편타당한 무오류의 진리라고 믿지는 않았을 것이다. 그러나 성현의 경전으로 규정되어 『논어』에 대해 의문을 가지는 것 자체가 불순하게 여겨지면서, 『논어』는 본의에서 멀어진 위계적 차등질서를 재생산하는 텍스트가 돼버린 것이다.[54] 『논어』의 성역을 만든 것이 바로 『논어』의 가치를 훼손시킨 원인인 셈이다.

주지하듯이 「학이」 편의 첫 장 "배우고 제 때에 익힌다는 건 기쁜 일이 아닌가, 멀리서 친구가 찾아온다는 건 즐거운 일이 아닌가, 남이 알아주지 않더라도 성내지 않는 건 군자답지 않

54 이러한 위험성은 『논어』를 고전으로 규정하면서 보편적인 배움과 지혜를 발견하려는 이들에게도 잠재되어 있다.

은가"에 『논어』의 취지가 잘 응축되어 있다. 이 구절은 배우고 익히는 일의 즐거움, 신뢰 있는 인간관계의 즐거움, 자기 반성적인 삶의 즐거움을 말하고 있는데, 공자가 이상적 정치 주체로 표방하는 군자의 덕목과 그 즐거움에 관한 이야기라고 할 수 있다. 아마도 『논어』의 편찬자가 공자의 생각이 가장 잘 나타난 총론이라고 여겨 첫 장에 배치했을 가능성이 크며, 나머지 『논어』의 구절은 총론을 세부적으로 설명하는 내용이라고 보아도 무방할 것이다. 배움과 인간관계 그리고 자기반성 그 자체는 전통시대는 물론이고 현대사회에서도 통용될 만큼 포괄적이고 보편적인 가치를 지닌다.

그런데 총론의 보편적 가치를 논할 때, 공자의 이상을 함축하고 있는 총론과 공자 시대의 현실을 배경으로 하는 세부 설명 사이에 간극이 있다는 점을 주의해야 한다. 즉 군자의 이상적 덕목과 달리 공자가 직면하고 있는 현실 세계는 전쟁과 폭력, 권모술수와 불신이 팽배한 갈등과 경쟁의 공간이라는 것이다. 공자는 바로 이러한 세계에서 살아가며 생존과 처신의 방법을 터득하고 통치 기획을 통해 등용의 꿈을 이루려 한 것이며, 『논어』의 세부 내용은 그 과정에서 축적된 경험이라고 해야 한다. 그래서 총론은 보편적 가치일 수 있으나, 『논어』 속의 배움은 군주 및 관료를 위한 통치 기획에 관한 내용이며, 인간관계는 세력과 실리를 공유할 수 있는 네트워크를 형성하는 것이며, 자기반성은 남 특히 군주가 필요로 하는 능력을 갖추기 위한 모색에 가깝다. 그렇다고 『논어』의 가치가 폄하되지는 않는다. 그것이 공자 시대의 역사적 사실에 가까울 뿐 아니라, 신분질서가 해체된 우리 시대에도 『논어』의 세계에서 벌어진 생존과 처신, 세력과 실리를 위한 인간관계가 여전히 지속되고 있기 때문이다. 오히려 이점이 『논어』를 읽어야 하는 실제적 이유일지도 모른다.

루쉰은 「꽃이 없는 장미」에서 이와 같은 문제가 공자뿐만 아니라 세계 위인들이 함께 겪고 있는 문제라고 인식한다. 그리고 아래의 루쉰의 비평은 21세기 중국 지식계의 공자 열풍에 대해 살아있는 풍자로 보기에 손색이 없다.

> 만약 공구, 석가모니, 예수 그리스도가 아직 살아있다면 그 신도는 두렵고 당황스러움을 면치 못할 것이다. 그들의 행위에 대해서 교주 선생이 어떻게 개탄할지 정말 모르기 때문이다. 그래서 살아 있다면 그를 박해하는 수밖에 없다. 위대한 인물이 화석이 되고 사람들은 그를 위인이라고 칭할 때 즈음이면 그는 이미 꼭두각시로 변해 있다. 어떤 부류의 사람이 말하는 위대함과 미미함이란 자신에게 이용효과가 큰지 작은지를 가리키는 것이다.[55]

55 루쉰, 『루쉰전집』 제4권, 326쪽.

21세기 중국의 문명국가론과 공자

1. 중국의 길

중국은 지금 동아시아 지역강대국에서 세계강대국으로 진화하고 있지만, 사실 금세기 초만 하더라도 세계는 중국의 부상에 대해 반신반의하는 분위기였다. 하지만 2008년 미국 금융위기 이후 G2의 반열에 오르면서 세계는 더 이상 중국의 부상을 의심하지 않으며, 더 나아가 중국의 사회개혁이 신자유주의의 대안세계를 창출할 것이라는 기대감을 표출하고 있다. 영국의 문화비평가 마틴 자크(Martin Jacques)는 중국의 부상 과정과 그 이후 중국 중심의 세계 변화를 예측한 저서 『중국이 세계를 지배하면』에서 그 첫 번째 변화로 '중국 중심의 세계사가 등장한다'고 주장한 바 있다. "지난 2세기 동안 세계 역사가 유럽이 제공한 설명과 개념으로 서술되었다면 다음 세기는 중국이 비슷한 역할을 할 것이다. 즉 세계사는 중국이 제공하는 완전히 다른 설명과 개념에 의해 서술될 것이다. 분열이 아닌 통합, 국민국가가 아닌 문명국가, 베스트팔렌 체제가 아닌 조공 제도, 중국인들의 독특한 인종관, 진보와 보수 간이 아니라 중앙 집권과 지방 분권 간의 정치적 역학 관계 등의 개념이 담길 것이다.…… 역사적으로 가장 창의적인 문화를 형성한 이들이 유럽 사람들이라는 이 시대의 믿음을 한꺼번에 일소시킬 것이다."[1]

마틴 자크의 예측대로 현재 중국 중심의 세계사가 등장하고 있지만, 그 세계사가 '중국이 제공하는 완전히 다른 설명과 개념'에 의해 서술되고 있다고 볼 수는 없다. 가령, 세계경제사에서 유럽 중심의 역사관을 비판하며 근대 이전 중국 중심의 아시아 경제의 헤게모니를 강조하는 시각은 케네스 포메란츠(Kenneth Pomeranz), 안드레 군더 프랑크(Frank, Andre Gunder) 등 미국 캘리포니아 학파[2]의 이론에서 비롯된 것이다. 이들의 연구 덕분에 중국의 부상은 개혁개방 이후의 최근 현상 아니라 근대 이전 세계경제사의 헤게모니 회복 과정이라는 관점을 취할 수 있었다. 또 아편전쟁을 중국근대사의 기점으로 간주하는 서술을 비판하고 명말청초에서 중국의 초기근대가 시작되었다

1 마틴 자크, 안세민 옮김, 『중국이 세계를 지배하면』, 부키, 2010, 489쪽.

2 이에 대해서는 강진아, 「G2시대의 중국 사회주의-역사적 관점에서 본 중국의 개혁개방」, 『역사비평』 106호, 역사비평사, 2014 참고.

고 인식하는 시각은 미국 신청사新清史학파[3]의 연구에서 비롯된 것이다. 이들의 연구 덕분에 전통 중국은 근대국가로 발전하지 못하는 낙후하고 정체된 세계였다는 오명에서 벗어나 문명제국의 관점에서 중국 고유의 근대사를 서술할 수 있었다. 이러한 사실은 중국 담론이 '중국이 제공하는 완전히 다른 설명과 개념'이라기보다는, 서구 중심주의의 오류를 바로잡고 새로운 대안 가능성을 찾으려는 전 지구적 차원의 비판적 연구를 기반으로 한 것이라는 점을 보여준다.

대안근대 담론은 세계를 바라보는 시각(세계관), 삶을 살아가는 의의(가치관), 인류가 살아온 과정(세계사), 나아가 인류가 살아가는 총체적 방식(문명)을, 위기에 처한 미국(서구)의 것이 아닌 새로운 근대성 패러다임으로 전환하려는 목표를 지닌다. 즉 세계를 더 이상 서구 보편주의가 만들어놓은 세상으로 바라보지 않겠다는 뜻이다. 서구 중심주의적 근대성론에서는 비서구 세계의 근대가 독자적으로 형성될 수 없고 서구 근대와 접촉하고 대응하는 과정에서 발단된 것이라고 규정한다. 그러나 비서구 세계의 근대가 서구 근대와의 충돌이 아니라 내재적인 성장과정에서 발단된 것이라고 이해하는 관점에서는 근대 형

3 이에 대해서는 윌리엄 T. 로, 기세찬 옮김, 『하버드 중국사 청, 중국 최후의 제국』, 너머북스, 2014, 서론 참고.

성경로가 더욱 복잡하고 다양해진다. 서구중심주의에서 벗어나 서구 및 비서구 세계의 다양한 근대 형성경로를 논의하기 위해선, '역사적 근대'의 개념으로 세계사의 시기를 세분화할 필요가 있다. 역사적 근대는 세계 여러 지역에서 복잡한 내외적 요인으로 근대가 형성되어 변화 발전하는 장기적인 역사과정을 지칭한다. 역사적 근대는 각 지역의 상황에 따라 다원적인 근대 형성시기를 거친다. 대체로 각 지역의 내재적 발전과정을 통해 형성된 초기 근대, 서구 근대와의 조우 이후에 형성된 식민/피식민 근대, 식민시대를 벗어나기 위해 전 지구적 차원에서 모색하고 있는 탈서구 근대 등의 시기를 경유한다. 유럽사의 1450～1640년이나 미국의 신청사학파가 제기한 명말청초 등은 초기 근대에 해당하고, 우리가 상식적으로 알고 있는 서구 중심주의적 근대는 식민/피식민 근대에 해당한다. 중국의 대안근대 담론을 비롯해 현재 세계 여러 지역에서 추구하고 있는 서구중심주의 비판은 탈서구 근대를 모색하기 위한 사회실험에 해당한다.[4]

역사적 근대는 위기에 빠진 서구 중심적 근대성론을 비판적으로 성찰하며, 그것이 부정했던 비서구의 내재적 역사를 복권하여 전 지구적 차원에서 보편적 근대성을 재정립하기 위한 시

4 이종민, 『중국사상과 대안근대성』, 현암사, 2017, 13~14쪽.

각이라고 할 수 있다.[5] 중국의 대안근대 담론은 미국의 금융위기와 중국의 부상이 교차하면서 중국의 길, 중국 모델, 중국경험, 베이징 컨센서스 등의 담론을 통해 현실적인 힘을 얻는 과정에 있다. 경제적 측면에서 보자면 중국 이전에 일본이 세계경제 2위의 대국으로 부상하여 미국의 패권적 질서에 도전한 역사가 있었다. 그러나 일본의 도전은 미국이 파놓은 투키디데스의 함정인 플라자 합의에 걸려 곧바로 장기침체에 빠져버렸다. 현재 중국은 일본과 달리 미국의 투키디데스의 함정에서

5 다중근대성(multiple modernities) 또는 대안근대성(alternative modernity)은 바로 이러한 흐름을 대표하는 입장인데, 중국의 재발견과 마찬가지로 중국 밖에서 제기되어 중국을 포함한 비서구 세계로 확장된 담론이다. 다중근대성론은 1998년 『다이달로스(Daedalus)』 "초기 근대성(early modernities)" 특집호에 처음 그 진용을 드러냈는데, 아이젠슈타트, 비트록, 아나슨 등 비교역사사회학자들이 이 입장을 대표한다. 이들은 비서구근대성의 전개양상에 주목하며 근대성의 문명적 다중성을 강조한다. 대안근대성론은 문화이론, 문예-정치 비평, 인류학 등 다양한 영역에서 제기되고 있는데, 주로 서구 내의 소수 인종사회 또는 이민자사회에서의 다채로운 근대성의 표출 양상에 관심을 가진다. 두 시각은 근대성을 단수가 아닌 복수로 이해하면서 대안적 근대성 패러다임을 모색한다는 점에서 동일하다. 그러나 새롭게 정립하고자 하는 근대성이 무엇인지 불분명하여 복수 지역의 문화 차이만을 강조하는 근대 다원주의에 빠지거나, 혹은 서구 근대성을 기준으로 비서구 근대성의 경로를 탐구하여 서구 근대성의 테두리를 벗어나지 못하는 한계를 내재하고 있다. 김상준, 『맹자의 땀 성왕의 피: 중층근대와 동아시아 유교문명』, 아카넷, 2013, 35-36쪽.

벗어났을 뿐 아니라 세계강대국이 되기 위한 궤도를 찾아가고 있다. 문명사적 차원에서 볼 때 중국의 부상이 일본과 다른 점을 꼽으라면 무엇보다 서구중심적인 패권질서를 넘는 대안세계를 모색하고 있다는 사실일 것이다. 일본은 낙후한 아시아를 벗어나 서구 유럽 문명의 일원이 되는 '탈아입구(脫亞入歐)'를 목표로 하여 독자적인 세계질서나 대안담론을 추구하지는 않았다. 그래서 일본의 부상은 이른바 일본위협론을 동반하지 않았을 뿐 아니라 미일동맹의 우산 속에서 진행되어 자본주의 진영의 수호자로 간주되었던 것이다.

이러한 흐름 속에서 최근 중국 지식계의 뜨거운 쟁점이 되고 있는 사안이 바로 중국의 재발견에 관한 문제이다. 만청 이래 동서문화 논쟁에서 80년대 문화열에 이르기까지 중국은 줄곧 세계 속에서 중국의 위치를 재인식하고 그 출로를 모색하였다. 그러나 최근의 논쟁은 과거와 사뭇 다른 목표를 향해가고 있다. 과거의 논쟁이 전반적 서구화의 흐름 속에서 중국의 낙후성을 극복하기 위한 방안을 추구한 것이었다면, 지금은 전통자원을 기반으로 한 탈서구화의 가능성을 탐색하고 있기 때문이다. 이러한 흐름에 대해 중국의 연구자 우신보武心波는 다음과 같이 주장한다. 중국의 경험을 기초로 한 중국방법은 서구 문제에 대해 포용력과 해석력을 갖추지 못할지라도 서구방법과 상호 작용하는 능력은 갖추고 있다. 동서양의 공동 성장은 세계를 완전하고 아름답게 만들기 위해 궁극적으로 추구해야 하는 것이며, 일방이 홀로 강한 국면은 반드시 공존과 공영의 국면으로 대체되어야 한다. 중국은 '세계(서구)를 방법으로, 중국을 목적으로 하는 길'을 160년간 걸어왔다. 중국이 진정으로 부상하려면 반드시 '중국의 방법으로, 세계를 목적으로 하는 중국의 길'을 가야 한다.[6]

중국의 길은 서구의 방법이 아니라 중국 내재적인 역사와 경험에 기반하여 인류사회가 공감할 수 있는 보편문명 건설을 목표로 하고 있다. 최근 중국지식계에서 논의하고 있는 문명국가론은 바로 중국의 길을 국가체제의 차원에서 실현하기 위한 이론적 모색이라고 할 수 있다. 중국이라는 국가의 성격이 무엇이고 어떠한 국가를 건설해야 하는가를 둘러싸고 활발한 논쟁이 전개되고 있는데 모두가 문명국가론을 주장하는 공통점을 지닌다. 사상적 입장에 따라 문명에 대한 정의와 문명국가의 구상이 상이하기는 하지만, 중국이라는 국가의 문명적 기초가 무엇인가라는 문제가 사유의 핵심이 되고 있다. 아울러 문명국가는 중국만의 문제 해결을 위한 특수한 정치 체제가 아니라, 중국문제를 통해 인류 보편의 문제를 해결하려는 세계질서의

6 우신보, 「'중국을 방법으로, 세계를 목적으로' 하는 중국의 길」, 먼훙화 외 주편, 성균관연구소 옮김, 『다시, 중국의 길을 묻다: 시진핑 시대의 국가전략』, 성균관대학교출판부, 2017, 351쪽.

구상을 포함하고 있다.[7] 이런 맥락에서 중국이라는 국가는 국가이면서 동시에 문명 그 자체가 되며, 중화민족은 문명국가 중국의 정치주체로서 단일한 정체성 속으로 통합되고 있는 것이다.

그런데 중국의 문명국가론을 들여다보면 그 관건이 되는 문명의 기초를 공자孔子와 유교에서 본원을 찾는 공통점을 지닌다. 물론 공자가 재부상한 것은 개혁개방 이래 민족주의 열풍과 전통문화 부흥, 소프트파워 강화 등 일련의 흐름 속에서 지속되고 있는 현상이다.[8] 하지만 선전 홍보의 차원을 넘어 공자가 중국지식계를 석권하고 문명의 중심적 지위를 차지한 것은 21세기 이후의 일이라고 해야 할 것이다. 본래 공자를 추숭한 문화보수주의자[9]들은 논외로 하더라도, 공자와 유교 비판이 자

---

7 중국지식계의 문명국가론에 대해서는 전인갑, 『현대중국의 제국몽: 중화재보편화 100년의 실험』, 학고방, 2016. 제8장 지식 패러다임의 반전과 '제국몽': 중화의 재보편화 참고.

8 이점에 대해서는 권기영, 『마르크스와 공자의 화해』, 푸른숲, 2016. 1장 중국은 왜 공자를 소환했는가 참고.

9 문화보수주의자들의 입론은 대체로 모든 사람이 군자가 될 수 있다는 도덕론과 그러한 군자들이 모여 조화로운 사회를 이룬다는 정치론, 그러한 사회(국가)들이 모여 차별과 대립이 없는 평화로운 세계를 이룬다는 천하론으로 구성된다. 가령, 천라이陳來는 유가의 인학본체론을 재건하여 왕천하의 인정과 대동사회의 현대적 의미를 사유하고, 츄펑秋風은 군자를 주체로 유가식 입헌정치를 어떻게 건설할 것인가에 대해 사유한다. 또 장샹롱張祥龍은 부모 자식간의 친애)로 현대사회

신의 사상적 근거였던 좌파의 변신과 그 문명담론에 대해서는 각별히 주목해볼 필요가 있다. 좌파이론가 가운데 공자를 문명국가 건설의 주요 자원으로 끌어들인 사람은 간양이다. 중국 문명국가의 미래가 유가사회주의공화국이라고 주장한 간양은 그러한 세계를 구현하기 위해 공자 전통, 마오쩌둥 전통, 덩샤

의 윤리관계를 재구성하여 유가식 인정仁政을 회복하자고 주장하고, 간춘숭(干春松)은 유가 왕도로 돌아가 민족국가를 초월한 보편적 세계주의 관념을 확립하자고 주장한다. 장칭蔣慶, 천밍陳明, 캉샤오광康曉光, 셩홍盛洪 등으로 대표되는 대륙신유가는 해외 신유가의 심성유학에 비해 제도 건설의 측면에서 유가사상의 의의를 주장하고 있지만, 문화보수주의 전체로 볼 때는 내부적으로 해결해야 할 다음의 문제점을 공통적으로 지니고 있다. 모든 사람이 군자가 될 수 있는 도덕적 자질을 갖추고 있다 하더라도, 모든 사람에게 공평한 교육의 기회가 주어질 때 가능한 일인데 그러한 사회조건을 어떻게 만들 것인가? 군자들이 모여 이룬 사회 혹은 최고의 군자가 통치하는 사회라 하더라도 오류가 발생할 수밖에 없다면, 그러한 잘못을 비판하고 개혁할 수 있는 정치적 공간을 어떻게 만들 것인가? 보편적 세계이념은 선험적으로 존재하는 것이 아니라 민족국가들 사이의 이해관계를 조정하고 연대·협력의 경험을 통해 형성되는 것이라면, 유가식 왕도나 천하상상은 어떠한 과정을 통해 보편적 세계이념으로 신뢰될 수 있는 것인가? 이러한 문제에 대한 해결방안이 마련되지 않은 상태에서 문화보수주의는 유가식 유토피아 담론에 머물 수밖에 없다. 실제로 중국역사에서 이 문제를 해결한 왕조는 없으며, 요순시대 대동사회라는 상상세계로 존재했을 뿐이다. 그러나 유토피아 없이 사회 변화를 추동하기는 힘들며, 관건은 지금 여기의 조건 속에서 유토피아에 가까이 갈 수 있는 실천방안을 찾아나가는 일이 될 것이다. 상상세계에만 머무는 유토피아 담론은 현실질서를 정당화하는 이론으로 작용할 수 있다.

오핑 전통의 세 가지 전통이 융합(通三統)되어야 한다고 강조한다.[10] 덩샤오핑 전통은 시장을 핵심으로 자유와 권리를 강조하는 전통이고, 마오쩌둥 전통은 평등을 강조하고 정의를 추구하던 전통이며, 공자 전통은 중국이 수천 년에 걸쳐 형성한 인정과 향정鄉情의 문명전통 혹은 유가전통이다. 그런데 공자 전통에 관한 설명을 보면, 현재의 문제와 관계하는 공자전통의 사례를 해외 화교들의 중국 투자로 들고 있다. 이는 인정과 향정을 중시하는 중국 전통문명이 개혁개방을 성공하게 만든 하나의 요소였다는 설명은 되지만, 현재의 문제와 연계되어 실천의 거울로 작용하는 전통 혹은 문명이 될 수 있는지에 대한 해석으로 한참 미흡하다. 그리고 더 중요한 결점은 공자 전통이 덩샤오핑 전통, 마오쩌둥 전통과 어떻게 융합하여 새로운 문명국가를 만들 수 있는가에 대한 해석이 없다는 것이다.

이러한 문제점은 중국 대안근대성 담론의 대표저작이라고 평가되는 왕후이 『근대 중국사상의 흥기』[11](이하 『흥기』로 약칭)의 공자(유학)) 해석에서도 드러나고 있다. 왕후이의 『흥기』는 서구근대성론의 민족국가 비판과 유교보편주의를 통해 중국 다민족 왕조의 정체성을 제국 개념으로 이해하기 위한 학술

10 甘陽, 『通三統』, 北京: 三聯書店, 2014.

11 汪暉, 『現代中國思想的興起』 4卷, 北京: 三聯書店, 2004.

적 기초를 정립하려 했고, 이러한 의도는 그 목적을 달성한 것으로 보인다. 그러나 왕조(제국) 합법성 이론으로서 유교보편주의를 넘어서기 위해선, 인민주권과 관련된 경세·민생 사상과 그 정책 및 민간의 자선조직 등에 관한 서술이 병행되어야 했다. 『홍기』는 이러한 부분에 대한 서술이 생략됨으로써 도덕정치학적 측면에서 유학의 자기 전환을 설명하고, 대일통이나 예의중국과 같은 전통 이론으로 제국통치를 합법화하는 저작이라고 비판받을 여지가 크다. 아울러 『홍기』의 공자 해석은 예악제도와 도덕의 합일을 추구하는 예의 실천론의 관점에서 접근하여, 공자사상과 중국 개혁의 연관성이 어디에 있는지를 잘 드러내지 못하고 있다.[12]

12 왕후이의 시각에 대한 비평은 이종민, 『중국사상과 대안근대성』, 현암사, 2017. 참고. 『홍기』의 유학보편주의 및 제국론에서 얻을 수 있는 교훈은 다음과 같은 것이라 생각한다. 유학은 베버식의 수동적인 현세 긍정철학이 아니라, 오히려 왕조 교체와 체제의 합법성을 정당화할 수 있는 풍부한 이론과 역사를 지닌 정치사상이다. 유학은 현세비판성과 합법화의 양면성을 지닌 사상으로서 항상 삼대를 기준으로 삼지만, 삼대는 현실 문제를 판단하는 거울로 작용할 뿐 구체적인 개혁방안을 제시해주지 않는다. 그 방안은 삼대의 이념이 아니라 자신의 현실 속에서 현세비판성 혹은 내재신성성의 윤리를 통해 실사구시적으로 찾아야 한다. 삼대의 이념과 자신의 현실문제 사이에 숙명적으로 가로 놓인 거대한 간격을 인지하고 적실한 실천방안을 모색하는 것이 유학자의 실천적 사명이다. 현세비판성이 약화된 채 합법화의 세계로 빠져드는 것은 유학에 내재한 유혹이며, 이는 유학 본연의 길

이러한 점은 무엇을 의미하는가? 공자는 문명국가론의 문명 기초로 소환되고 있지만 각 이론가의 입장을 정당화하는 문화 상징에 불과한 것인가? 그렇지 않다면 공자가 꿈꾼 문명사회는 현재 중국사회에 무슨 의미를 지니는가? 이러한 문제를 풀어나가기 위해 필자는 궈모뤄의 소설 「마르크스의 공자 방문기」(1925)[13]와 후메이[14] 감독의 영화 「공자」(2009)를 논의의 실마리로 삼아 관점을 제기한 후, 이를 바탕으로 21세기 중국 문명국가 건설에 있어서 공자가 지니는 의미에 대해 살펴보려고 한다.

2. 공자와 마르크스의 대화

영화 「공자」는 21세기 들어 시행하기 시작한 소프트파워 강화 정책과 상연 시점이 중국이 G2로 부상하는 시기라는 등의

에서 멀어지는 일이다. 현재 중국 지식계에서 좌우파를 막론하고 유학의 현대성 문제를 거론하고 있지만, 그것이 어떠한 이론으로 작동하고 있는지 성찰하기 위해선 반드시 『홍기』의 교훈을 되새겨보아야 할 것이다.

13 郭沫若, 「馬克思進文廟」, 『郭沫若全集』 文學編 10, 人民文學出版社, 1985.

14 胡玫는 1958년 생으로 중국 제5세대에 속하는 대표적 여성감독이다. 초기작인 「여간호병」(1984), 「전쟁과 멀어진 시대」(1985)는 여성 특유의 감수성과 통찰력으로 국내외 영화계의 주목을 받았다. 1990년대 이후 상업영화로 선회하였으며, 현재는 TV 시리즈물, CF 제작에 치중하고 있다.

요인으로 인해 제작 의도가 논란이 되었던 작품이다. 영화의 제작사는 중국 최대 국영영화사인 중국영화그룹이고, 감독인 후메이는 국가일급 감독으로 전국인민대표, 베이징 정협위원 등을 겸하고 있었다. 또 후진타오 주석이 이례적으로 영화촬영장을 방문하기도 했고, 정부는 당시 최고 흥행중이었던 「아바타」의 상영을 3D로 제한하는 등의 지원조치를 해주었다.[15] 하지만 「공자는」 중화민족의 위대성을 선양하거나 민족주의에 호소하는 선전물로 보이지 않을 만큼의 거리를 유지한 것으로 보인다. 오히려 춘추전국시대를 현재 중국이 직면하고 있는 정치문제와 사회적 불평등이 배태된 근원적 시공간으로 암시하고, 공자를 현실체제 개혁을 위해 분투하다 좌절하는 인물로 그리고 있다.

사실 영화의 제작 의도가 논란이 되기는 했지만 그것은 정부정책과 공자가 연결되어 있기 때문이며, 공자의 사상이나 전기적 사실을 심각하게 왜곡해서 그런 것은 아니다. 중국인들 가운데 공자의 전기적 사실에 대해 자세하게 알고 있는 사람은 드물다고 해도 무방하며, 특히 젊은 세대에게 공자 사상이 매력적인 대상이라고 보기도 어렵다.[16] 전 세계에 공자학원이 설

---

15 국가가 지원한 주선율 상업영화로서 「공자」에 대한 비평은 강내영, 『중국영화의 오늘』, 산지니, 2015, 202~207쪽 참고.

립되고, 『논어심득(論語心得)』과 같은 교양서가 베스트셀러가 되고, 학교에 유교 경전 강독이 시행되는 등 공자가 21세기 중국의 문화적 아이콘이 되고 있지만, 공자가 중국의 사회문제를 해결해줄 것이라고 기대하는 사람은 과연 얼마나 될까? 불평등과 빈부격차가 극심해지는 상황에서 마르크스가 아니라 공자를 부각시키는 것이 중국의 사회문제를 은폐하기 위한 것은 아닐까? 표면적으로 볼 때 영화에 대한 논란은 바로 이러한 의심에서 비롯된 것이다.

공자에 대한 의심이 풀어지지 않은 상태에서 영화 자체를 즐기기는 어려운 일이며, 이런 의심 속에서 공자의 문명사적 의미를 논의하기는 더더욱 어려운 일이다. 이점에 대한 실마리를 풀기 위해 중국 현대작가이자 사회주의사상가인 궈모뤄가 1925년에 쓴 소설 「마르크스의 공자 방문기」를 읽어보자. 소설이 발표된 1925년은 공자와 예교가 중국을 낙후하게 만든 봉건문화라고 극렬하게 비판했던 5.4운동이 일어나고, 직후 중국공산당이 창당되면서 사회주의 운동이 흥기했던 시기이다. 이점과 아울러 작가 궈모뤄가 프롤레타리아 문학을 급진적으로 주

16 흥행 면에서 볼 때 「공자」는 박스오피스 1억 위안에 그치고 말았는데, 1억 위안의 제작비에 국가급 지원을 받았다는 점을 감안하면 저조한 실적이며, 이는 주 관객층인 젊은 세대의 호감을 받지 못한 점과 관련이 있을 것이다.

창한 인물이라는 점을 생각하면, 소설의 내용이 마르크스의 사상을 통해 공자를 비판하고 마르크스 사상의 진보성을 역설하는 이야기일 것이라고 추측하게 한다. 그러나 예상과 달리 소설은 공자에 대한 비판이 아니라, 공자와 마르크스는 현실문제, 이상사회, 실천방법 등에서 공통점을 지니고 있고, 오히려 후세들이 두 사상의 근본을 잘 이해하지 못한 채 자신들의 필요에 의해 끌어들이는 게 아니냐는 질문을 던지고 있다.[17]

소설은 상하이의 공자사당에 마르크스가 방문하여 공자와 대화를 나누는 허구적 방식을 취한다. 공자는 당시 중국에서 인기가 높았던 마르크스가 자신을 방문한 것에 기뻐하고, 이에 마르크스가 공자를 찾아온 연유에 대해 밝힌다. "몇몇 사람들은 저의 이데올로기가 선생님의 사상과 같지 않으며, 선생님의 사상이 보편화되어 있는 중국에서 저의 이데올로기가 실현될 가능성이 없다고 말하고 있습니다. 그래서 제가 이렇게 와서 선생님께 가르침을 받고자 하는 것입니다."[18] 공자는 마르크스 저작이 번역되지 않은 상황에서 소문만 들은 것이기 때문에 그의 사상에 대해 먼저 듣기를 청한다. 마르크스는 자신의 사상

17 궈모뤄는 중국 고대 역사문화 연구에 정통한 학자이기도 한데 『십비판서十批判書』에서 공자를 노예해방가로 묘사한다.

18 郭沫若, 앞의 책, 162쪽.

은 현실세계와 인생에 대한 철저한 긍정에서 출발하여, 어떻게 해야 우리들의 생존이 최고의 행복을 얻을 수 있는지, 어떻게 해야 우리들의 세계를 생존에 적합하게 만들 수 있는지의 문제를 탐구하는 것이라고 말한다. 공자는 자신과 마르크스의 사상의 출발점이 완전히 같다고 동의하며 그가 추구하는 이상세계에 대해 묻자, 마르크스는 자신의 공산사회에 대한 이상을 설파한다. "저의 이상세계에서는 우리들이 이 현실에 생존하면서 모든 사람이 각자 자기의 재능을 평등하게 발전시킬 수 있고, 모두가 힘을 합해 일해도 보수를 바라지 않으며, 또한 모두가 생활보장을 받음으로써 굶거나 추위에 떨 근심이 없습니다. 이것이 이른바 '각자 능력껏 일하고 필요한 만큼 취하는' 공산사회입니다."[19] 공자는 절로 손뼉을 치며 마르크스의 공산사회와 자신의 대동大同사회가 일치하는 것이라고 하며, 『예기(禮記)』「예운(禮運)」편에 나오는 대동사회에 관한 저명한 구절을 들려준다.

> 큰 도가 행해지면 천하는 개인의 것이 아니라 공공의 것이 된다. 어질고 능력 있는 자를 뽑아 썼으며 믿음을 중시하고 화목을 실천했다. 그리하여 사람들은 자기 부모만을 부

19 郭沫若, 앞의 책, 164-165쪽.

모로 여기지 않았고 자기 자식만을 자식으로 여기지 않았다. 노인들은 편안히 생을 마칠 수 있었고 젊은이들은 일할 곳이 있었고 아이들은 안전하게 길러졌다. 홀아비나 과부, 고아, 자식 없는 사람, 장애인이 모두 부양을 받았다. 남자에게는 직업이 있었고 여자에게는 결혼할 사람이 있었다. 재물을 땅에 버리는 낭비는 싫어했지만 그렇다고 재물을 자기만의 것으로 소유하지는 않았다, 노동하지 않는 것을 싫어했지만 그렇다고 자기만을 위해 노동하지는 않았다. 그리하여 간특한 모의가 통하지 않았고, 남의 물건을 빼앗고 훔치는 등 사회를 어지럽히는 무리는 생겨나지 않았다. 그래서 대문이 있어도 잠그지 않고 살았다.[20]

대동사회의 모습 속에는 공자가 생각한 이상적 공동체사회의 면모가 잘 그려져 있는데 우리 시대로 말하자면 보편적 복지사회에 가깝다고 할 수 있다. 이상사회가 존재하는 시간을 기준으로 볼 때, 마르크스가 공산사회를 도달한 적이 없는 미래에 두고 현실세계를 변혁하려고 한 것이라면, 공자는 대동사회가 고대 요순堯舜시대에 구현되었다고 믿으며 이를 거울로 삼아 다시 현세에 실현하려고 한 것이다. 공자는 고대사회를 대동사회와 소강小康사회로 구분하는데, 대동사회는 대도가 행

20 郭沫若, 앞의 책, 165쪽.

해지고 천하가 공공의 것이었던 요순시대를 지칭하고, 소강사회는 대도가 사라지고 천하가 한 가문의 소유가 되었으나 예의를 중시한 하은주夏殷周 시대[21]를 뜻한다. 공자가 살았던 춘추전국시대는 예의가 무너져 한 가문끼리 골육상잔의 전쟁을 벌이던 폭력의 시대였다. 공자의 시대에서 볼 때 예의와 신뢰를 바탕으로 상생의 공동체를 이루어 자율노동과 공동체사회를 실현한 대동사회는 그야말로 유토피아와 같은 평화의 세상이었다. 공자 역시 대동사회를 꿈꾸기는 했지만 실현하기 어렵다는 사실을 알고 있었으며, 예의와 신뢰를 회복하여 전쟁과 폭력을 억제하는 윤리사회 실현을 위해 분투하였다. 이점이 바로 공자가 서주西周를 실천모델로 삼은 이유인데, 공자의 예악공

21 『예기』「예운」 편에서 공자는 소강사회를 다음과 같이 묘사한다. "대도가 숨어버렸고 천하는 한 가문의 자산이 되었다. 각기 제 어버이를 친애하고 제 자식을 사랑하고 재화와 힘은 자기를 위해 썼다. 나아가 대인은 세습을 예로 삼고 성곽과 해자를 방위시설로 삼았다. 예와 의를 기강으로 삼아 군신을 바르게 하고, 부자를 독실하게 하고, 형제를 화목하게 하고, 부부를 화합하게 하고, 제도를 설치하고, 동네를 만들고, 용감하고 지식을 갖춘 자를 중히 여기고, 자기를 위해 공을 세운다. 그래서 모략이 이를 틈타 생겨나고 전쟁도 이로 말미암아 일어났다. 이 때문에 군자는 예에 시중하지 하지 않은 적이 없었다. 예로써 의리를 드러내고 믿음으로써 약속을 이루었다. 과오를 드러내고 인을 법제화하고 겸양을 익히고 백성에게 공시하는 것이 상례다. 이 상례에 따르지 않는 자가 있다면, 권세가 있는 자가 무리를 버리게 되어 재앙이 된다."

동체의 이상은 패권경쟁과 부국강병의 현실론이 대세를 이룬 시대에서 수용되기 힘든 것이었다. 김상준의 시각에 근거하자면, 공자와 유학자들은 이러한 시대적 흐름을 바로잡기 위해 고대의 문화적 공동 재산을 체계적으로 편집하여 유학 텍스트로 만드는데, 요순의 대동사회와 하은주의 소강사회는 이러한 과정에서 재구성된 평화의 세계라고 할 수 있다. 이른바 '술이부작(述而不作)' 한 유학 텍스트 속의 성스러운 임금은 고대 자료들 안에 포함된 전쟁 영웅으로서의 폭력을 일관되고 체계적으로 걸러내는 작업으로 만들어진 것이다. 공자는 평화로운 고대사회의 이념을 통해 폭력에 대한 윤리적 혐오감이라는 새로운 감성을 형성하고 교육을 통해 이를 실천할 수 있는 인재를 양성하려고 하였다. 공자의 유학은 고대를 엄격히 따르는 것이 아니라, 고대의 자료 가운데 평화적이거나 평화를 합법화할 수 있는 기록을 성왕의 역사로 일관되게 편집하여 전쟁과 폭력이 난무하는 현실세계에 윤리적 각성을 일으키는 학술작업이었다.[22] 공자의 이러한 윤리적 실천을 통해 우리는 공자가 만들고자 한 중국문명의 시원과 평화의 이념 그리고 그 실천윤리로서 유학의 의미를 한층 의지적으로 이해할 수 있을 것이다.

22 김상준, 『맹자의 땀 성왕의 피: 중층근대와 동아시아 유교문명』, 아카넷, 2011, 139-145쪽.

그러나 소설에서 마르크스는 공자의 이상을 공상적 사회주의[23]일 뿐이라고 간주하며, 경제적 차원에서 생산성 향상의 중요성 및 생산물이 소수에 독점되어 사회적 불평등이 극심해지는 문제를 제기한다. 마르크스는 '적은 것을 걱정하지 말고 분배가 고르지 못함을 걱정하고, 가난함을 걱정하지 말고 안정되지 못함을 걱정하라'는 공자의 말에 대해, 물질이 적으면 고르게 분배될 수가 없고 가난하면 그것이 바로 불안의 근원이 된다고 반박하며, 도덕적 절제에 앞서 생산력 향상이 우선되어야 한다고 강조한다. 산업이 발전되어야만 모두가 다 잘살 수 있기 때문이며, 그런 뒤에야 비로소 모두가 자기의 재능과 개성을 편안한 마음으로 발휘하여 평등하고 공평하게 발전시킬 수가 있다는 것이다. 마르크스는 공자가 백성의 물적 욕망을 경시하고 도덕적 균등만을 강요하는 게 아니냐고 반박하는데, 공자는 자기 역시 마르크스와 마찬가지로 백성의 부유한 생활을 중시한다고 해명한다.

23 와다 하루키는 『역사로서의 사회주의』(고세현 옮김, 창작과비평사, 1992)에서 공상적 사회주의가 유토피아 사회주의에 대한 잘못된 번역이라고 지적한다. 엥겔스는 초기사회주의를 '유토피아 사회주의'라고 명명했는데, 이것이 일본에서 '공상적 사회주의'로 번역되어 부당한 과소평가를 초래했다. 사회주의는 근대 서구의 유토피아 사상이며 초기사회주의나 나중의 맑스주의도 똑같이 그 속에 포함된다고 생각해야 할 것이다.

저도 또한 '인구가 늘었으면 그들을 부유하게 하고, 부유해지면 교육하라!'는 말을 한 적이 있고 그리고 풍족한 식량, 충분한 군비와 백성의 믿음이라는 정책 방침을 말한 적이 있습니다. (……) 그밖에도 저는 '세상에 덕 있는 정치가가 나타나면 한 세대(30년) 뒤에는 반드시 인정仁政 즉 민생이 안정될 것이다'라는 이야기와 패도를 걷는 '제나라의 정치와 교육을 개혁하면 노나라의 수준은 될 것이고 노나라의 정치와 교육을 개혁하면 대도에 이를 것이다' 라는 이야기를 한 바 있지요. 저는 또한 '천하에 이상 정치를 밝히려는 자는 먼저 자기 나라에 태평을 보장해야 한다'고 말했습니다. 물질을 존중하는 것은 우리 중국의 전통사상입니다. 『상서(尙書)』「홍범(洪範)」편에 열거된 팔정八政 중에서 식화食貨의 확보가 으뜸이요, 『관자(管子)』에서도 '창고에 물건이 풍부해야 예절을 문제삼고, 의식이 충족해야 명예와 치욕을 가릴 줄 안다'고 했으니 저의 사상이나 우리나라의 전통사상은 근본적으로 선생과 똑같습니다! 요컨대 우선 산업을 발전시켜야만 비로소 (재산의) 균분을 할 수 있기 때문에 그래서 저도 재물이 땅에 떨어지는 것은 싫어하지만 반드시 자기 것으로 하지는 않는다고 말한 것이지요.[24]

사실 마르크스의 공자 비판은 공자와 유학을 순진한 도덕철

24 郭沫若, 앞의 책, 166-167쪽.

학이라고 규정하는 입장에서 흔히 할 수 있는 일반적인 비판이다. 이에 대해 공자는 백성을 부유하게 하는 민생정책을 국가 존립의 3대 요소(백성의 믿음, 풍족한 식량, 충분한 군비)[25] 가운데 두 번째 요소로 두었고, 국가의 두 가지 책무(백성을 부유하게 하고 교육시키는 일)[26] 가운데 첫 번째로 둘 만큼 매우 중시했다고 말한다. 아울러 중국 전통사상이 백성의 삶과 동떨어진 얘기를 한 것이 아니라 마르크스와 마찬가지로 백성을 부유하게 하는 일을 우선했다고 설명한다. 이는 공자가 '가까이 있는 사람은 즐거워하고, 멀리 있는 사람은 오게 하는(近者悅, 遠者來)' 그런 살고 싶은 나라를 만드는 일이 정치이며, 그

25 이점은 『논어(論語)』 「안연(顔淵)」 편 다음의 구절에 근거한다. 공자의 제자 자공이 정치에 대해 묻자 공자가 대답했다. "풍족한 식량과 충분한 병력 그리고 정사에 대한 백성의 믿음이다." 이에 자공이 다시 물었다. "부득이 버려야 한다면 이 셋 중 무엇을 먼저 버려야 합니까?" 공자가 답했다. "병력이다." 다시 자공이 물었다. "하나를 더 버린다면, 나머지 둘 중 무엇을 먼저 버려야 합니까?" 공자가 말했다. "식량을 버린다. 옛날부터 죽음이란 모든 사람이 다 지니고 있는 것이다. 그러나 백성이 믿음을 갖지 않으면 정치가 존립할 수 없다."

26 이점은 『논어』 「자로(子路)」 편 다음의 구절에 근거한다. 공자가 위나라에 갔을 때, 제자 염유가 말을 몰았다. 공자가, "사람이 많구나!"라고 감탄하자, 염유가 물었다. "나라에 백성이 많으면 여기에 무엇을 더해야 합니까?" 공자가 답했다. "그들을 부유하게 만들어야지." 염유가 다시 물었다. "이미 부유하다면 여기에 또 무엇을 더해야 합니가?" 공자가 말했다. "그럼 교육을 해야지."

주요 방법이 바로 백성을 부유하게 하는 일이라고 생각했기 때문이다. 문제는 어떠한 방법으로 백성을 부유하게 만드는가에 있다.

황태연의 관점[27]에 따르면, 공자는 민생을 위해 무위지치의 자율생산 활동과 유위지치의 공정·균형분배 정책을 겸용했다고 한다. 공자가 말하는 무위, 유위의 위는 흔히 오해하듯이 '할 위'가 아니라 '하게 할 위'로, 하게 하거나 하지 못하게 하는 일이 없이 백성들을 자유롭게 놓아두는 사회를 뜻한다. 즉 무책임한 방치의 정치가 아니라 백성들에게 자율활동 공간을 마련하고 보장하는 해방의 정치라고 할 것이다. 이러한 원리가 경제에 적용된 것이 자유시장의 상태이며, 『서경(書經)』 「주서(周書)」에서는 "농부가 내지 않으면 먹을 것이 모자라게 되고, 공인이 내지 않으면 공업이 빈약해지고, 상인이 내지 않으면 삼보(三寶. 농산물·공산물·임수산물)가 다 끊어지고, 산지기와 어부가 내지 않으면 임수산물이 적어진다."[28]고 말한다. 이것이 농본주의와 상공업이 결합된 무위지치의 경제이며, 이러한 자율활동을 통해 생산력 향상과 원활한 유통이 이루어져 백성을

27 공자사상에 대한 황태연의 관점에 대해서는 『공자와 세계』 1, 청계, 2011. 참고.

28 이 구절은 『서경』 「주서」에서 유실된 부분이며, 사마천司馬遷의 『사기(史記)』 「화식열전(貨殖列傳)」 속에서 전해진다.

부유하게 할 수 있다는 것이다.

공자는 정치경제의 전 과정을 자연의 물성과 인성을 따르는 일로 보았으며, 그 과정이 원활하게 운행되는데 필요한 물적 사회적 도덕적 조건을 마련하고 유지하는 일을 유위지치의 정책이라고 생각했다. 공자는 정확한 도량형과 신의성실의 교역 원칙을 중시했는데, 공자가 노나라에서 국사를 맡자, 석 달 만에 상인들이 저울눈과 물건 값을 속이는 일이 없어졌다고 한다. 또 가벼운 세금 원칙을 견지하여 백성들의 민생 안정화를 추구했는데, 제자 염구가 계손씨의 재무담당이 되어 과중한 세법을 시행하자 자신의 뜻을 저버린 일이라 하여 제자라고 인정하지 않았다. 공자는 무엇보다 빈부격차와 불평등이 민생을 해치는 일이라고 인식하여 균형분배의 원칙을 중시하였다. 이 원칙은 앞에서 인용한 "적은 것을 걱정하지 말고 분배가 고르지 못함을 걱정하고, 가난함을 걱정하지 말고 안정되지 못함을 걱정하라"는 말속에 그 뜻이 담겨 있다. 마르크스는 공자가 생산과 분배를 대립적인 선택의 관계로 이해하여 백성의 물적 욕망을 경시한 것이라고 비판하지만 이는 공자의 민생관을 이해하지 못한 편견이다. 마르크스는 "적은 것을 걱정하지 말고 분배가 고르지 못함을 걱정"하라는 구절에서 '적은 것'의 의미를 물질이 적은 것으로 생각하여, "저는 적은 것도 염려합니다. 가난한 것도 걱정하고 사회적 불안을 또한 염려합니다. 선생님께서 알아두어야 하실 것은 (물질이) 적으면 고르게 분배될 수 없고 가난하면 그것이 바로 불안의 근원이 된다는 사실입니다."[29]라고 말한다. 그런데 원문에서 '적은 것'의 의미는 물질이라기보다는, 백성이 적은 것을 걱정하지 말라는 뜻에 가깝다. 마르크스는 '적은 것'을 물질이 적은 것으로 이해[30]하여 공자가 물질의 중요성을 경시한 것이라고 비판한 셈이다. 이 구절의 의미는 공자가 추구한 자율생산 활동과 균형분배의 관계 속에서 이해해야 원 의미를 파악할 수 있다. 이 구절 뒤에 "대개 나라가 균형이 있으면 가난할 리가 없고, 조화로우면 백성이 적을 리가 없고, 안정되면 나라가 기우는 일이 없다"는 말이 이어지는데, 적다의 의미뿐만 아니라 공자 민생관의 함의가 잘 드러나 있다. 공자의 깊은 뜻을 알고 감탄한 마르크스는 다음과 같은 질문을 던진다. "2천여 년 전 멀고 먼 동방에 선생님과 같은 동지가 있을 줄은 정말 몰랐습니다! 저와 선생님의 견해는 완전히 일치합니다. 그런데 어째서 저의 사상이 선생님의 것과 합

29 郭沫若, 앞의 책, 166쪽.

30 '적은 것'은 물질이 부족하다는 것과 백성이 적다는 두 가지 뜻으로 해석 가능하지만, 뒤 구절에 연이어 나오는 '적은 것'의 내용을 고려할 때 백성이 적은 것으로 보아야 한다. 고대 문헌에 정통한 작가 궈모러가 『논어』의 이 구절을 오역할 가능성은 적으며, 오히려 마르크스의 공자 비판을 한층 부각시키기 위해 의도적으로 해석한 부분이라고 생각된다.

치하지 않는다거나, 중국의 실정에 맞지 않아 실행될 수 없다고 말하는 사람이 있는가요?" 이에 공자는 긴 한숨을 내쉬면서 다음과 같이 말한다. "그네들이 어떻게 당신의 사상을 실현할 수 있겠소? 저 자신조차도 이곳에서 이미 2천 년 간이나 식은 돼지머리만 씹고 있을 뿐인데!"[31]

3. 「공자」와 대동사회의 꿈

다음으로 「마르크스의 공자 방문기」 속의 공자사상을 바탕으로 영화 「공자」의 이야기를 살펴보자. 영화는 소설과 달리 공자의 인생역정에 초점이 맞춰져 있다. 영화의 첫 장면은 공자가 생을 마감하기 직전에 자신의 평생의 꿈인 예악공동체 건설을 후세에게 넘겨야 한다고 독백하는 장면에서 시작한다. 여기서부터 영화의 이야기는 크게 두 가지로 전개된다. 전반부는 공자가 노나라 관리가 되어 개혁정치를 펼치다가 현실의 벽에 막혀 좌절하는 이야기이고, 후반부는 좌절 이후 주유천하 하며 온갖 고난을 겪다가 다시 노나라로 돌아와 학문과 교육에 전념하는 이야기이다. 공자는 51세에 중도의 관리로 부임하여 1년 만에 살기 좋은 마을로 만들자, 노나라 정공이 공자의 정치를

31 郭沫若, 앞의 책, 167-168쪽.

전국적 차원에서 실시하도록 대사구에 임명하면서 개혁을 성공시킬 수 있는지 묻는 장면에서 시작된다. 당시 노나라는 세 가문의 귀족 연합체인 삼환씨가 실권을 가지고 있어서, 공자가 맡은 책무는 이들이 소유한 권력과 그 세습 문화를 개혁하는 일이었다. 공자는 늘 제자들과 함께 활동하는데, 공자가 주공의 뜻을 계승한 것처럼 제자들은 공자의 정치 이상을 실천하는 공동체를 이루어, 무도한 귀족세력에 맞선다.

전반부는 순장에 희생된 아이 구하기, 제나라와의 협곡 회맹, 성곽 허물기와 반란 진압, 귀족들의 반격으로 인해 공자가 좌절하는 사건이 인과적으로 연결되어 있다. 첫 번째 사건인 노나라 실권자 계손씨의 순장 풍습에 희생된 아이를 공자와 그 제자들이 구해낸 일은 귀족의 무도한 권력을 제한하는 윤리적 실천이라고 할 수 있다. 제나라와의 협곡 회맹은 귀족들이 군사력을 사적으로 소유하며 노나라를 위해 사용하기 거부한 상황에서 공자가 기지를 발휘하여 제나라에게 빼앗긴 땅을 회복하는 성과를 거둔 사건이다. 이 사건으로 인해 공자는 노나라 정공의 신임을 더욱 얻어 국상 자리에 오르고 귀족들의 성곽을 허물어 세력을 약화시키려 하는데, 공산뉴가 반란을 일으켜 도성을 공격하지만 공자가 이를 진압한다. 그러나 공자의 개혁에 반발한 귀족들이 제나라와 연합하여 계략을 세우고 노나라 정공을 압박하자 정공은 왕위를 잃을까 염려하여 개혁을 포기한다. 공자는 계환자가 정공과 공자 사이를 갈라놓기 위해 만든 옥결(이별을 뜻함)을 보고, 현실 정치의 실패를 인정하며 노나라를 떠나 국제적 망명의 길인 주유천하를 결행한다.

후반부는 공자가 주유천하를 떠나기 전에 제자 안회에게 자신이 실패한 이유를 묻자, 이에 안회가 노나라 정공에게 공자의 이상을 맡겼기 때문이며 또 자신의 생각이 세상에 받아들여지지 않으면 스스로를 바꿔야 한다고 답하는 장면에서 시작한다. 이는 공자가 주유천하 하는 이유와 이를 통해 깨달으려 하는 것이 무엇인지 안회의 말로 드러낸 것이라 할 수 있다. 이로부터 공자는 56세에서 69세까지 14년 동안 제자들과 함께 위, 진, 조, 송, 채, 초 등 주변국을 떠도는 망명생활을 한다. 주유천하를 하는 동안 공자는 여러 제후들과 세력가들로부터 대접을 받기도 하고 냉대를 받기도 하며, 죽을 고비를 맞기도 하고 굶주림에 시달리는 등 험난한 여정을 보낸다.

처음 위나라 영공에게 갔을 때 후한 대접을 받았으나 예만 알고 군사·전쟁을 모르는 쓸모없는 사람 취급을 받았고, 송나라에서는 공자가 나무 아래서 예를 강의하는데 사마환퇴가 나무를 뽑아 공자를 죽이려 했다. 정나라에서는 사람들로부터 공자의 모습이 주인을 잃고 천대받는 상갓집 개와 같다는 조롱을 당하고, 진나라와 채나라의 중간 지역에서는 공자가 초나라로 가는 길을 막으려는 세력들에 포위되어 식량이 떨어지고 굶주림에 시달린다. 게다가 공자를 모시던 제자들이 관리가 되어 헤어지게 되는데, 염구는 제나라의 침입을 받고 공자를 몰아낸 것을 후회한 계환자가 청하여 떠나게 되고, 자로는 위나라 제후가 청하여 떠나게 된다. 그리고 영화 속의 허구[32]이기는 하지만, 자로가 전장에서 죽고 또 공자가 가장 아낀 제자 안회가 언 강을 건너다 물에 빠져 죽으면서, 공자의 고난과 슬픔이 극에 달한다. 이때 계환자가 공자의 귀국을 진심으로 청한다는 뜻의 옥환을 보내자 공자는 드디어 주유천하를 끝내고 노나라로 돌아갈 것을 결정한다.

노나라로 돌아온 공자는 정치 불참을 선언하고 남은 생을 학

32 자로와 안회가 죽는 것은 주유천하를 마친 이후의 일인데, 영화의 장면은 국제적 망명자인 공자의 절망적 심정을 극대화하기 위한 설정이라고 해야 할 것이다. 아울러 논란이 될 만한 것이 영화 속의 공자가 부인에게 자상한 남편으로 그려지고 있다는 점이다. "여자와 종을 길들이는 것이 가장 힘들다. 너무 가까이하면 신중함을 잃고, 너무 거리를 두면 화를 낸다"는 공자의 여성 폄하와는 다른 모습을 보여주고 있기 때문이다. 이 장면은 공자를 미화한 것이라고 비판할 수 있지만, 『논어』「자한(子罕)」편에서 공자는 "배꽃이 나부껴 펄럭이네. 어찌 그대를 생각하지 않으랴만 집이 너무 멀구려" 라는 시를 읊은 다음, "이는 그리워하지 않은 것이다. 참으로 그리워했다면 어찌 먼 것이 문제겠는가?"라고 평한다. 이 구절은 사랑에 대한 공자의 감정을 잘 보여주는데, 영화 속 공자의 모습은 여성을 폄하하던 봉건시대의 한계를 벗어나 인류보편적인 사상으로 현재화될 수 있는 가능성으로 논의하는 것이 더 건설적이라고 생각한다.

문과 교육 활동에 전념한다.[33] 주유천하를 통해 공자가 얻은 깨달음이 무엇인지는 그가 정리한 책속에 들어있을 터인데, 마지막 장면에서 공자는 후세가 자신을 이해하는 것도 이 책을 통해서이고 자신을 오해하는 것도 이 책을 통해서일 것이라는 긴 여운의 말을 남긴다. 현실정치의 개혁자로서 공자, 개혁에 실패한 후 국제적 망명자 신세가 된 공자, 그리고 정치와 단절하고 학문과 교육에 전념한 만년의 공자. 영화는 익히 알려진 공자상에서 벗어나 공자 인생역정의 세 가지 모습을 혼합하여 재연하고 있다. 중국의 소프트파워 강화를 목표했다면 위대한 성인의 모습이 부각되어야 하나, 그렇게 보기엔 현실정치의 패배자로서 공자의 모습이 더 선명하다. 위대한 교육자의 모습을 부각시키려면 주유천하 이후 공자의 인생철학에 대해 묘사해

---

33 영화 「공자」의 이야기는 대체로 사마천의 「공자세가(孔子世家)」를 바탕으로 구성된 것이다. 시라카와 스지카는 「공자세가」가 『사기』안에서도 가장 부정확하고 틀린 데가 많은 편으로 다른 세가나 열전 연표 등과 비교해보면 연대기적인 일이나 사실 관계가 일치하지 않는 곳이 매우 많다고 지적하며, 공자의 일생을 실증적으로 고찰하여 『공자전』(장원철·정영실 옮김, 『공자전』, 펄북스, 2016)을 서술한다. 시라카와 스지카의 『공자전』에 근거하면 영화 「공자」 속의 이야기는 대부분 공자와 관련된 일화를 허구적으로 재구성한 것이라고 볼 수 있다. 시라카와의 공자상에서 주목할 점은, 주유천하 과정에서 인생의 깨달음을 얻은 공자의 만년 사상을 높이 평가하고, 정치개혁가로서 공자의 실천방안에 대해서는 상대적으로 소략하게 다루고 만년의 성숙을 향해나가는 좌절의 과정으로 인식한다는 것이다.

야 하나 영화 앞뒤의 짧은 영상만으로 처리할 뿐이다. 더 아쉬운 점은 스펙터클한 영상에 밀려, 공자가 꿈꾼 문명사회가 무엇인지, 나아가 오늘날 중국의 문명국가 건설에 공자가 어떠한 의미를 지니는지의 문제가 모호하게 처리되어 있다는 점이다. 공자가 남긴 책을 통해 고민해보라는 암시를 할 뿐.

4. 문명국가의 거울

공자는 살아서도 현실정치에 수용되지 못했지만 죽어서도 3백년이 훨씬 지난 한 무제 때에 이르러서야 비로소 정치의 전당에 오를 수 있었다. 전당에 오른 후에도, 인간의 도리를 아는 부유사회를 만들고자 한 공자 본연의 사상은 희미해지고, 왕권통치를 정당화하는 관방 유학의 모습으로 변질되곤 하였다. 심지어 한족을 지배한 이민족 통치자에게도 왕조의 정통성을 합법화하는 문화이데올로기로 활용되었다. 인간과 인간 사이의 도리를 표현하고 상대를 배려하는 마음을 드러내는 예는 인간의 영혼을 구속하는 감옥으로 인식되어, 20세기 중국에서 공자는 식인예교의 주범으로 공격당하는 신세가 되었다. 물론 2천년 간 공자는 사당의 맨 윗자리에서 최고 성인으로 추앙되었지만, 마르크스 앞에서 내쉰 긴 한숨처럼 자신의 사상이 제대로 실현된 적이 드물었다.

수난의 시대였던 20세기가 지나고 21세기 중국에서 공자는 다시 새로운 문명사회로 안내해줄 성인으로 추앙되고 있다. 공자를 통해 후진타오 정부는 포용적 성장과 조화사회의 이념을 정당화했고, 시진핑 정부는 소강사회와 대동사회로 가는 중국의 꿈을 선사해주었다. 지식인 사회에서도 보수 진보의 입장 차이를 막론하고 모두 공자(유학)를 통해 중국사회 개혁의 비전 즉 문명국가론을 제시하고 있다. 이러한 현상이 중국 정부의 소프트파워 정책이나 민족주의적 경향성을 넘어서기 위해선, 무엇보다 공자를 통해 새로운 문명을 만들 수 있는지의 문제를 살펴보아야 한다. 다시 말하면 공자가 꿈꾼 세계와 그 실천방법이 현재 중국이 직면한 문제를 해결하는 거울이 될 수 있는지 물어보아야 한다는 것이다.

「마르크스의 공자 방문기」에서 공자와 마르크스는 사상의 출발점, 이상세계, 그리고 부유사회 추구 등의 원론적 측면에서는 공통점을 확인했지만, 그 실천방법에서는 확연한 차이를 드러낸다. 마르크스는 공산사회의 실천방법으로 사유재산의 폐지를 요구하며, "이러한 힘의 원동력이 바로 프롤레타리아이고, 사유재산을 폐지하는 데 찬성하는 사람이면 모두가 해당한다. 혁명이 처음에는 국가를 단위로 하지만 그 다음으로 국제적으로 전개되면, 물질적 정신적으로 모두 각자의 욕구를 충분히 만족시킬 수 있고, 인류의 생존은 그런 뒤에야 비로소 최고의 행복에 도달할 수 있다."[34]고 주장한다. 20세기 중국 사회주의는 이러한 마르크스의 실천방법을 기반으로, 사유재산의 폐지와 생산수단의 국유화, 실천주체로서 노동자를 중심으로 한 인민대중, 인민대중을 지도하는 전위 당, 그리고 정치체제로서 당-국가가 중심이 되어 만든 사회였다. 그러나 개혁개방 이후 폐지된 사유재산권이 다시 인정되고, 국유제 일변도의 소유제가 개인소유, 법인소유 등을 인정하는 혼합소유제로 다변화하고, 자본가를 인민의 범주에 포함시켜 당원의 자격을 얻게 하는 등 고전적인 사회주의의 모습을 탈피하고 있다. 이러한 흐름은 덩샤오핑이 "생산력을 해방하고 발전시키며 착취를 소멸시키고 부의 양극화를 해소하며 최종적으로 공동 부유에 도달하는 것"[35]을 사회주의의 본질이라고 정의한데에 기반하고 있다.

현재 중국의 모습은 마르크스의 실천방법과 상이한 길을 걸어가고 있지만, 사유재산 폐지의 궁극적 목적이 공산사회의 전제가 되는 공동 부유사회 건설에 있었다는 점을 감안한다면, 중국이 탈사회주의의 길로 간다고 단정하기는 어렵다. 실제로

34 郭沫若, 앞의 책, 166쪽.

35 鄧小平, 「在武昌,深圳,珠海,上海等地的談話要點」, 『鄧小平文選』3卷, 人民出版社, 1993, 373쪽.

1920년대 중국 사회주의 논쟁에서 생산수단의 사회화는 빈부 격차 해소와 아울러 자본주의사회의 생산력을 앞서는 효율적인 생산방법이라고 인식되었다.[36] 그리고 1930~1940년대는 자본주의사회가 세계 대공황의 위기에 빠져있는 동안 소련이 계획경제를 통해 고도성장을 이룩함에 따라 마르크스 실천방법의 유효성을 입증하였다.[37] 신중국 건립 이후 중국이 국공내전과 한국전쟁 참전으로 인한 경제위기를 극복하기도 전에 생산수단의 사회화를 급진적으로 완결한 것도, 이데올로기적 요인을 넘어 이것이 생산성 향상의 길이라고 믿었기 때문이다. 당

36 1920년대 중국 사회주의논전에 대해서는 蔡國裕, 『一九二0年代初期中國社會主義論戰』, 臺灣商務印書館, 1989. 참고.

37 20세기 중국의 자유주의자와 사회민주주의자들은 1930~1940년대 전 세계적인 자본주의 폐해 속에서 소련식 '계획경제'를 공정사회를 실현하는 방안으로 수용하였다. 이점에 대해서는 쉬지린,『왜 다시 계몽이 필요한가』(송인재 옮김, 글항아리, 2013), 제7장 자유와 공정 사이에서: 중국의 사회민주주의 참고. 그러나 쉬지린은 계획경제의 수용을 세계 자본주의의 불황으로 인한 일시적인 환상이라고 평가하며, 이를 중국 자유주의자와 사회민주주의자의 한계라고 비판한다. 홉스봄은 『극단의 시대: 20세기 역사』(이용우 옮김, 까치, 1997)에서 1930년대부터 신자유주의로 전환하는 1980년대 이전의 인류 역사를, 인류 공공의 적인 파시즘에 맞서 자본주의와 사회주의가 일시적인 연대를 하여 경제 황금시대를 이룩하고, 인류사회가 직면한 위기를 두 체제의 경쟁과 협력으로 해결해나간 과정이라는 관점을 제기한 바 있다. 홉스봄의 이러한 시각을 참고할 때 쉬지린의 관점은 사회주의 및 계획경제의 시대적 의미를 과소평가한 것이라고 볼 수 있다.

시 중국에는 15년 내에 영국을 따라잡고 30년 내에 미국을 따라잡는다는 부강의 꿈이 만연하였다. 이러한 점은 생산수단의 사회화가 이데올로기적인 테제 이전에 자본주의 생산방법보다 더 풍요로운 물질 생산이 가능하다는 믿음에서 비롯된 것임을 의미한다. 그러나 생산수단의 사회화가 기대했던 생산성 향상을 이루지 못했을 뿐 아니라, 자본주의사회의 3대 격차(노동자와 농민, 도시와 농촌, 정신노동과 육체노동의 격차)가 사회주의 중국에서도 여전히 존속됨에 따라 내부의 위기가 가중되었다.[38]

개혁개방은 이러한 위기를 극복하기 위해 시장경제를 수용함으로써 고전적인 사회주의 실천방법을 전환시킨 대사건이라고 할 수 있다. 그러나 전환의 방향은 사회주의도 자본주의도 아닌 역사적 경험들이 혼합된 미지의 길이다. 사유재산과 소생산자의 존중은 시장경제를 수용한 것이기도 하지만 사회주의 이전의 중국사회와 이어진 것이기도 하다. 17~18세기 중국경제는 세계경제의 정점에 서 있었는데, 그 기반은 노동집약적 소농과 수공업이 고도로 분업화·상업화된 시스템에 있었다. 이러한 시스템의 초기적 형태는 선진시기부터 형성되었으며, 공

38 이점에 대해서는 모리스 마이스너, 김수영 옮김, 『마오의 중국과 그 이후』 1, 이산, 2004, 2부 새로운 질서, 1949-1955년 참고.

자가 추구한 농본주의와 상공업이 결합된 자율생산의 경제가 바로 그것이다. 물론 당송교체기 이전에는 세습 귀족들의 대농장 경작이 중심이었지만 선진 이래 소농경작이 나라의 근간으로 인식되었으며, 송 이후에는 가족경영 중심의 소농체제가 일반화되었다. 또 남송 강남의 농민들은 벼농사 소농경작을 하면서 동시에 베짜기, 양잠, 유채·사탕수수 재배 등의 다양한 부업을 통해 상업적 수공업망에 연계되어 있었고, 도시에는 상당히 큰 규모의 도자기, 비단, 면직, 차 생산 단위가 형성되어 있었다. 이러한 소농과 수공업 결합시스템은 국내외의 광범한 교역망과 연결되어, 명청시대에 이르면 세계경제를 주도하는 중국 특유의 경제성장 방식으로 활성화되었다.[39]

39 근대 이전 중국 중심의 아시아 경제 헤게모니를 강조하는 미국 캘리포니아 학파의 이론 역시 이러한 중국 특유의 경제성장 방식을 승인하고 있다. 『국부론』에서 아담 스미스는 농업의 확대가 공업과 무역의 발전으로 이어지는 비자본주의적 발전노선의 대표적 사례로 중국을 들고 있으며, 스미스의 이러한 논리를 현대 중국경제에까지 적용하여 연구한 책이 조반니 아리기의『베이징의 애덤 스미스』(강진아 옮김, 길, 2009)이다. 그러나 근대 이전 중국경제의 성장이 비자본주의적 발전노선으로 발전했다고 하여 그 사회가 경제적 불평등과 고용불안이 없는 안전사회였다고 확신할 수 없다. 마크 엘빈은 『코끼리의 후퇴』(정철웅 옮김, 사계절, 2011) 7장 '자연의 풍요로움에서 경제적 풍요로: 가흥현 이야기'에서 소농과 수공업을 결합하여 부유하게 된 가흥현의 사례를 통해 가흥현 하위계층 농민들의 노동압박과 불안정한 삶에 대해 서술하고 있다. 이점은 비자본주의 발전노선이 곧바로 불

개혁개방 이후 중국의 농촌경제는 집단농장 중심의 인민공사에서 소농경작과 향진기업으로 개편되는데 이는 사회주의 이전의 전통적인 성장방식과 연계된 것이다. 최근 지역균형발전의 차원에서 진행되고 있는 신농촌 건설 사업과 중소도시 건설 사업으로 자립적이고 현대화된 소농·소생산·유통서비스가 새로운 경제영역으로 등장하고 있다. 또 도시 중산층 양성 정책까지 감안한다면 이른바 소자산계급의 경제활동이 중국사회의 성장과 변화에 상당한 역할을 할 것으로 보인다. 중국의 진보적 지식인 추이즈위안崔之元은 이러한 변화가 소자산계급 사회주의로 전환하는 과정이라고 인식한다. 그 핵심은 고전적 사회주의가 노동자 계급을 영원히 프롤레타리아 계급으로 머물게 하는 것에 반대하고, 소자산 계급의 보편화가 미래의 희망이 되어야 한다는 주장이다.[40]

사회주의를 생산수단의 사회화 테제와 연계지어 생각하던 사람들에게는 소자산계급 사회주의라는 말 자체가 모순처럼 느껴지며, 맑스적 의미의 사회주의가 아니라 수정자본주의에 가까운 것으로 이해된다. 자본주의가 필연적으로 소수에게 부

평등 해소와 공정분배를 보장하지 않으며, 지금과 같은 경제민주화를 위해선 별도의 제도적 장치가 구축되어야 한다는 점을 시사한다.

40 추이즈위안의 시각에 대해서는 추이즈위안, 김진공 옮김, 『푸티부르조아 사회주의 선언』, 돌베개, 2014 참고.

가 독점되어 불평등이 심화되는 체제라면, 자본주의 내에서 공동부유 사회를 만든다는 것 자체가 역설일 수 있기 때문이다. 그러나 소생산자를 중시하는 이론가들은 소생산자경제가 자본수익만을 추구하는 자본주의 발전노선이 아니라, 자본수익 너머의 자유로운 인간의 연대와 협력을 중시하는 비자본주의적 발전경로라고 주장한다. 가령, 권력과 자본이 결탁하여 수익을 독점하는 불평등한 자본주의와 자율적인 생산활동 및 교역이 이뤄지는 투명한 시장경제를 구분했던 페르낭 브로델(Fernand Braudel)이나, 재분배 호혜경제를 강조한 칼 폴라니(Karl Polanyi)의 시각은 경제시스템의 차원에서 비자본주의의 길을 열어가려는 이론적 실천[41]이었다. 또 사회주의는 실천목표가 아니라 자본주의사회의 反문화로서 미지의 세계를 탐험하는 초월적 정신이자 생동하는 유토피아라고 주장한 지그문트 바우만(Zigmunt Bauman)은 정신적 차원에서 비자본주의의 길을 열어가려는 시도였다.[42]

소생산자경제라는 측면에서 볼 때 공자는 귀족들의 불공정

41 브로델과 폴라니의 시각에 대해서는 백승욱, 『자본주의역사강의』, 그린비, 2006, 1강 페르낭 브로델의 세계체계분석의 전사와 2강 칼 폴라니와 세계체계 분석의 전사 참고.

42 지그문트 바우만, 윤태준 옮김, 『사회주의, 생동하는 유토피아』, 오월의봄, 2016.

한 경제독점을 반대하는 비자본주의적인 길을 고독하게 밀고 나간 개혁자라고 할 수 있다.[43] 공자가 추구한 자율생산은 브로델적 의미의 투명한 시장경제에 가까우며, 균형분배는 폴라니적 의미의 재분배 호혜경제에 해당한다고 볼 수 있다. 공자 시대에도 정확한 도량형과 신의 성실의 교역원칙이 지켜지지 않아 투명한 시장경제가 형성되지 않았으며, 과도한 세금과 빈부격차로 인해 재분배 호혜경제가 이뤄지지 않았다. 공자가 노나라 및 주유천하 하며 여러 제후국에서 설파한 개혁론이 받아들여지지 않은 이유가 흔히 공자의 도덕론이 현실과 맞지 않아 그런 것이라 생각된다. 하지만, 공자의 부유사회 방안이 각국 세력가들의 권력과 이익을 제한하는 것이어서 거부된 것이라고 볼 수 있다. 공자의 예절에 관한 학식에 대해서는 인정하고

43 시라카와는 공자를 노예해방가로 묘사하는 궈모뤄의 시각에는 동의하지 않지만 귀족들의 권력독점체제에 저항하는 반체제인사라는 점은 승인한다. 지금까지 군자/소인의 관계를 위계화하고 군자불기君子不器를 얘기한 점 등을 근거로 공자를 보수적 도덕정치가로 평가하는 경향이 있었다. 『논어』를 통해 볼 때 공자가 제자들에게 농업, 상업 등의 생산 활동보다는 백성을 평안하게 하는 정치 활동을 권장한 것은 사실이다. 하지만 배움에 신분의 차별을 두지 않고 백성을 부유하게 하는 일을 나라의 첫 번째 책무로 생각하는 점 등을 종합하여 본다면, 공자를 보수적 도덕정치가로 규정하는 것은 일면적인 평가라고 생각된다. 우리가 알고 있는 공자상은 공자 사후 수천 년 동안 만들어진 이미지들이다. 우리 시대의 공자상은 공자가 우리 시대에 어떠한 의미를 지니는지에 대한 재발견을 통해 새롭게 사유될 수 있다.

문의하려 했지만, 공자의 소생산자 중심의 부유사회 방안을 따르려는 세력가들은 드물었기 때문이다. 공자도 이러한 현실을 직시하며, 요순시대의 대동사회를 이상세계로 꿈꾸었지만 실제에서는 주공을 모델로 하는 소강사회를 실천목표로 삼았다. 공자에게 대동사회는 지그문트 바우만적 의미의 유토피아로서 사회주의이며, 소강사회는 공동 부유사회에 해당한다. 공동 부유사회는 천하가 공공의 것인 공산사회가 아니라 소생산자들(소자산계급)이 법과 예를 지키며 함께 부유하게 사는 사회라고 할 수 있다.

공자는 소강사회를 이루는 우선적인 문제로 백성을 부유하게 하는 것이라고 했고 그 다음의 문제가 백성을 교육하는 것이라고 했다. 부유는 생계에 대한 근심 걱정이 없는 풍족한 상태를 의미하며, 교육은 인간의 도리를 알고 법과 예를 지키는 사회를 만들기 위한 것이다. 교육에 있어 공자는 사람과 사람 사이, 사람과 자연 사이의 감정이 통하여 서로 아끼는 공감윤리(仁)를 근본으로 생각했다. 이러한 공감윤리를 진실하게 표출하는 예를 인간관계의 중요한 요체라고 여겼고, 법은 이러한 인과 예의 바탕 위에서 만들어진 사회규범이라고 인식하였다. 이러한 교육 없이 부유하게 되면 이기적인 개인이 되거나 이해관계에 따라 결집한 배타적인 이익공동체가 될 따름이다. 개혁개방 이후 선부론을 따라 상당수의 중국인들이 부자의 꿈을 이루었으나, 참된 삶의 가치를 잃어버린 사람이 많고 또 갈수록 사회적 불평등이 극심해진 것은, 함께 부유한 사회를 만들어가려는 교육의 문제가 뒤따르지 않았기 때문이다. 물질적 차원에서 보면 중국은 2020년에 전면적 소강사회에 도달하겠지만, 균형분배와 공동체복지가 구현된 공자적 의미의 소강사회라고 보기는 어려울 것이다. 이를 위해선 무엇보다 자본주의적 시장경제가 파괴한 공동체적 신뢰관계를 재형성하고 공정분배 제도를 확립하여 공동으로 부유할 수 있는 사회적 여건을 마련해야 한다. 공자를 통해 새로운 문명을 만들 수 있는지 여부는 바로 중국이 공자의 소강사회에 대한 이상을 거울로 삼아, 사회주의 시장경제가 직면한 불평등과 빈부격차 문제를 해결하고, 나아가 인류가 직면한 자본주의 위기 너머의 새로운 삶을 찾아갈 수 있는지에 달려있다. 이것이 바로 공자의 꿈을 21세기 중국 문명국가의 길로 승화시키는 실천방안이라고 생각된다.

Ⅲ. 디아스포라와 작가정신

디아스포라 문학의 정체성 연구

양쿠이와 장혁주 비교 연구

디아스포라 문학의 정체성 연구*

— 나이폴과 까오싱지엔의 경우

1. 들어가는 말

20세기 이래 세계에는 전례 없는 사회적 대재난이 일어났다. 식민주의 쟁탈, 1차 2차 세계대전, 소련과 동유럽 국가에서 벌어진 지식인에 대한 박해 등으로 유례없는 망명 대오가 나타났다. 게다가 글로벌경제와 전지구화 및 세계화는 자본과 노동의 이동과 유연화를 가져왔고 결혼 및 노동, 생계, 망명을 위해 국경을 넘는 이주자들이 출현하면서 디아스포라 문학에 대한 관심이 높아졌다. 그것을 증명하듯이 21세기 벽두의 노벨문학상 수상은 디아스포라 문학에 쏠렸다. 2000년도 수상자 까오싱지엔[1]부터 2001년도의 나이폴[2], 2003년도 존 맥스웰 쿳시, 2007년

* 본 글은 2017년 12월 30일 한국문화학회가 발행한 「중국학논총」 56호에 중국어로 수록된 논문을 번역한 것이다. 필자 외 두 사람의 공저자가 있는데 각각 영문 감수와 중국어 번역을 담당해주었다.

도리스 레싱, 2009년 헤르타 뮐러 등, 이들 작가에게는 문학가로서의 생존방식이나 창작 주제에 하나의 공통점이 확실히 존재하고 있다. 바로 '디아스포라'이다. 그들의 개체적인 생명과 문학 생명이 이 '망명(流亡)'에서 비롯한 것은 틀림없다. 까오싱지엔의 경우가 개체의 망명이라면(헤르타 뮐러 역시 까오싱지엔과 비슷한 시기인 1987년에 조국 루마니아의 독제체제를 피해 독일로 망명했다.), 나이폴은 식민주의 역사 배경에서 비롯된 식민지인의 망명이며 쿳시는 식민지 개척자로서의 망명자이다. 어쨌거나 민족국가의 영토를 벗어난 이주자는 고국과 거주국 사이

---

1 한국에서의 까오싱지엔에 대한 연구로는 이욱연, 「중국인 디아스포라와 高行健문학」, 『中國語文學誌』, 姜鯨求, 「高行健 노벨 문학상 수상의 중국적 해석」, 『中國語文學』 第45輯, 趙憲章, 「『靈山』 文體分析」, 「중국문학과 동아시아문학 국제학술회 자료집」(2002.12), 등 수십여 편과 해외의 연구성과물은 趙毅衡, 「導讀：渡子之歌--高行健小說選序」 香港明報出版社, 1999, 李春霞, 陳昭容, 「解讀『靈山』」, 『河西學院學報』 第19卷 第四期, 2002.11.25., 周怡, 「諾貝爾關注的文學主題：流亡與回鄉」, JOURNAL OF LITERATURE, HISTORY AND PHILOSOPHY 2005年 第一期, 2003.08.09 등 수백 여편에 이른다.

2 한국의 나이폴에 대한 연구로는 오은영(Eunyoung Oh), 나이폴의 『비스와스 씨를 위한 집』에서 식민지 공간인 트리니다드의 재현(한국현대영미소설학회, 「현대영미소설」 23권 1호. 2016, 2), 이석구(Suk Koo Rhee), 나이폴의 "객관적 비전"과 누락의 죄(영미문학연구회, 「안과 밖」 17권 0호. 2004), 지왕철(Chull Wang), 나이폴과 콘라드의 대화적 관계: 『강의 한 굽이』와 『어둠의 심장』에 나타난 아프리카의 이미지(한국현대영미소설학회, 「현대영미소설」 11권 1호. 2004) 등 수십편이 있다.

에서 민족적·언어적·문화적 갈등과 정체성의 혼란을 겪으며, 경계인, 이방인, 소수자, 디아스포라로서 타자적 위치에 놓인다. 이주자는 이중 언어와 이산자아, 다문화적 상황에 놓이며, 자기정체성 추구, 고국에 대한 향수, 문화의 혼종성, 타국에서의 차별과 배척이라는 조건 속에서 디아스포라 정체성을 획득하기 마련이다.

까오싱지엔이 2000년도 노벨문학상 수상자로 발표되자 중국 안팎에서는 많은 논란이 일어났다. 노벨문학상의 정치성이라든가 여타 중국 작가들과 비교하여 까오싱지엔의 문학 수준에 대해, 그밖에 중국 문학의 경계 등에 대해 의견이 분분했다.[3] 나이폴은 까오싱지엔에 연이어 2001년 노벨문학상을 수상했다. 서인도제도 출신의 대표 작가, 제3세계의 솔제니친, 신생 제3세계 문학의 기수, 신식민주의의 역겨운 하수인 등 다양한 별칭을 갖고 있는 나이폴 역시 잡음이 따랐다. 미국이 아프가니스탄의 탈레반 정부에 대해 '대테러전쟁'을 벌이고 있던 상황과 관련해 나이폴의 노벨문학상 수상에 정치적 의도가 깔려 있지 않느냐는 비판이 제기되었던 것이다.

본고는 작품 외적인 이런 논쟁에서 벗어나 디아스포라 문학

3 姜鯨求,「高行健 노벨 문학상 수상의 중국적 해석」,『中國語文學』第45輯, 2쪽.

의 정체성에 주목하고자 한다. 편의상 이들 두 작가의 대표작품을 대상으로 하여 디아스포라 문학의 정체성을 논하고자 하는데, 이들 두 이방인, 경계인이 드러내는 시선의 공통점과 차이점이야말로 향후 21세기 디아스포라문학의 다양성과 향방을 예고해준다고 하겠다.

2. 두 디아스포라 작가의 문학과 정체성

1) 나이폴과『비스와스 씨를 위한 집』

나이폴(V.S.Naipaul)은 트리니다드에서 태어난 영국 국적의 인도계 작가이다. 조부는 20세기초 인도에서 이민 왔고 농장에서 노역을 했다. 부친은 영국 식민교육을 받은 기자이자 작가이다. 1950년에 나이폴은 고등학교를 졸업한 후 영국 정부 지원을 받아 옥스퍼드에 입학했다. 졸업 이후 BBC 기자로 활동했지만 후에 문학 활동에만 전념하기로 했다.

나이폴은 영국에서 생활했지만 식민지 개척자의 고통을 겪은 망명자 후손으로서 영국의 문화 분위기는 그의 뿌리를 찾는 열망을 만족시키지 못했다. 60년대초부터 세계 여행을 시작하여 북미, 남미, 중동, 아프리카 등 모두 다녀왔다. 여행을 통해 식견을 넓힌 나이폴은 현실을 목도하면서 유랑자 생활을 이질적인 문화 배경과 융합할 수 있는 사람은 없으며 이민자에게는 영원한 문화적인 무소속과 소외감 밖에 다른 것이 없다고 생각하였다.

나이폴은 “세계 작가”의 호칭을 받았는데 본인도 스스로 “세계 공민”이라고 칭하였다. 다른 모든 이민 작가들처럼 자신의 문화 귀숙처歸宿處를 찾지 못하였다. 나이폴은 자기의 이런 정신 상태에 대해 깊게 분석했다. 이것은 나이폴의 작품에서도 단초를 보여준다. 나이폴 작품의 등장인물 속에는 항상 “내 세계”와 “그들의 세계”가 서로 다르게 구분되어 있다.

그의 네 번째 소설인 『비스와스 씨를 위한 집』은 실제 사건을 극화하고 알레고리화 하는 수준을 넘어 가진 것 없는 이민자 2세로 힘든 생을 살았던 자신의 아버지에 대한 존경과 자신의 어린 시절에 대한 상세한 기록이다. 이 소설은 나이폴이 처음으로 대중적인 인지도를 얻은 작품으로 각종 매체 선정 20세기 100대 소설에 꼽힐 만큼 문학적으로도 인정받은 작품이다.

험난한 세상에서 오로지 내 집 장만과 가족 부양을 위해 살아가는 가장이자 교양 없고 능력도 없는 변변치 못한 아버지의 모습을 그리고 있는 이 작품은 비참한 현실을 경쾌한 어조와 유머로 표현한다. 비스와스 씨는 가난한 가정에서 태어나 일찍 아버지를 여의고 여기저기 전전하며 더부살이를 한다. 그런데 엉겁결에 한 결혼조차 봉건적 집단 문화를 따르는 집안과 하면서 처가집의 대저택에서 가족을 위한 방 한 칸도 없이 복닥거리며 살게 된다. 비스와스 씨는 없는 돈을 긁어모아 좁고 허름할지언정 자신의 가족만을 위한 집을 짓기로 한다. 그러나 이 단순하고도 강렬한 소망은 실현되기 어려웠다.

이곳은 단순한 거처를 넘어 비스와스 씨가 추구해온 자신의 세계를 상징한다. 한편, 비스와스 씨의 "집"에 대한 집념은 우리가 가지고 있는 "집"의 관념과는 다르다. 어릴 때부터 아버지를 여의고 가족이 뿔뿔이 흩어졌는데 35년 동안 "집"이라고 할 만한 곳이 하나도 없었고, 오랫동안 이방인 생활을 해 온 비스와스 씨에게는 내 집을 갖고 있다는 것이 단지 내 집을 갖고 있다는 것을 증명하는 것이 아니다. 비스와스 씨의 '집'에 대한 집착은 어디서도 이방인 같은 개인성을 용납하지 못하는 구시대적인 사회 체제와 영국 식민주의, 미국 자본주의의 잠식 모두로부터 정체성, 독립성을 찾고자 하는 열망을 상징한다.

나이폴은 동시에 몇 가지 신분을 갖고 있다. "트리니다드의 인도인", "영국의 트리니다드인", "탈식민세계의 지식인", "한 뿌리도 없는 아웃사이더". 이렇게 복잡한 신분을 가지면서 세계를 여행하는 나이폴은 독특하고 예리한 통찰력으로 탈식민시대의 사회와 제3세계국가를 재조명한다. 그의 작품에서는 슬픈 유머와 가혹한 현실성이 드러난다.

비스와스 씨는 탈식민시대의 문화적 상처를 받은 전형적인 인물로서 그의 경력을 통해 우리는 역사적 죄악의 지속성을 알아볼 수 있다. 작품에서는 타향에 살고 있는 인도인을 다음과 같이 묘사한다.

> "그들은 영어를 모른다. 하지만 지금 살고 있는 땅에 관심이 없다. 여기서 잠깐만 머무르고 싶었는데 예상보다 오래 살았다. 항상 인도에 간다고 이야기하지만 기회가 올 때 오히려 포기해 버린다. 미지의 세계에 대해 겁이 나기도 하고 잠시 익숙해진 그곳을 떠나기도 어렵다."[4]

나이폴의 창작 주제가 유랑자로서의 곤경과 아웃사이더로서의 소외감이라는 서방 언론 평가는 맞다. 서인도 식민지에서 자란 인도계 어린이, 불어 환경에서 영어 교육을 받은 청년, 영국에 정착한 서인도 작가, 제3세계국가에서 떠돌아다니는 서양화된 지식인, 이런 복잡한 신분들은 그에게 영원한 타향인의 소외감에서 벗어나지 못하게 한다. 사실 나이폴은 계속 영국에서 살고 있고 영국 기사 작위도 받았다. 이런 소수 종족의 후예나 탈식민 작가들이 수상을 받았다고 해서 서양 주류 사회에 편입되었다고 할 수 있는가? 그는 인도 브라만 계급 출신으로

4 周怡, 「諾貝爾關注的文學主題: 流亡與回鄉」, JOURNAL OF LITERATURE, HISTORY AND PHILOSOPHY, 2005年 第一期, 2003.08.09., 120쪽.

서, 평생을 영국에서 생활하면서 고향이나 영국 어느 곳에도 결코 안주하지 못하고, 언제나 방랑자이자 국외자로서 나그네의 관점에서 삶과 문명과 문학을 바라볼 수밖에 없었다.

2) 나이폴의 글쓰기와 정체성

『도착의 수수께끼』에서, 영국 식민지였던 인도를 떠나 또 다른 식민지인 트리니다드 섬으로 이주해온 이민자의 후손이었던 나이폴은 자신이 어떻게 제국주의자들의 땅에 힘겹게 뿌리를 내려 두 번째 인생을 맞이하게 되었는지, 어떻게 평생 처음으로 '집'이라고 할 만한 곳에 '도착'했는지를 이야기한다.[5]

『도착의 수수께끼』의 주인공은 여행을 다녀올 때마다 "귀가의 기쁨"을 느낀다고 하는데 여기서 한 문제를 제기한다. "왜 끊임없이 떠돌아다닌가? 귀가의 기쁨을 느끼기 위해선가? 아니면 "타향을 고향으로 받아들인다"는 것을 환기 시키는 것인가?

이는 바로 주인공의 정체성의 모호함을 설명한 것으로 작가의 내심 세계를 말해 준 것이다.

"경험하던 것과 거리를 두어야 그것을 더 또렷하게 볼 수 있다. 이런 거리로 인해 과거 경험에 대해 지리적 역사적 의미뿐만 아니라 감정 및 미학적인 침전과 승화도 얻을 수 있다."[6] 나

---

5 나이폴 저·최인자 역, 『도착의 수수께끼』, 문학과 지성사, 2015, 10쪽

6 오은영(Eunyoung Oh), 나이폴의 「『비스와스 씨를 위한 집』에서 식민

이폴은 세계 각지의 문화와 생활에 대해 깊고 광범위한 고찰과 연구를 했다. 고토古土 문화에 대한 그의 "애증이 뒤섞여 있는 정서"는 역시 디아스포라 문화 정체성의 전형적인 심리 상태라고 할 수 있다.

또한, "나이폴은 평생 서인도제도 출신이라는 꼬리표가 붙는 것을 불만으로 여겼고 자신을 서인도제도 작가로 표지에 넣으려는 출판사와는 계약을 취소할 정도로 강경한 태도를 취했다. 1981년 뉴스위크와의 인터뷰에서 "나는 평생 동안 그 서인도제도라는 꼬리표를 떼려고 노력해왔다. 그것이 내가 거부하는 전부이다. 그게 나는 아니니까"[7]라고까지 말한다.

자신의 고향과 뿌리를 강하게 부정하는 데에서 나이폴은 상실감과 허무의식으로 점철된 망명자로 규정된다. "작가가 아버지의 혼을 입히면서 동시에 자신의 망명에서 오는 고립과 방랑을 뒤섞어 만들어낸 비스와스 씨라는 인물이 바로 망명자 나이폴 자신이기 때문이다."[8]

나이폴의 핸디캡 중 하나는 확고한 정체성의 소속감의 부재라고 할 수 있다. 그는 "미국인들은 내가 너무 영국적이라 날

지 공간인 트리니다드의 재현」, 한국현대영미소설학회, 『현대영미소설』 23권 1호. 2016, 87쪽.

7 위의 글과 같음.

8 위의 글과 같음.

원하지 않는다. 영국 대중은 내가 너무 외국이라서 날 원하지 않는다."[9](V.S Naipaul, "London", Hammer5)라고 자신의 고통을 토로한다. 자국에서는 자신의 작품을 읽어 줄 독자층이 없으며, 트리니다드를 배경으로 지방색이 짙은 작품만을 계속 쓸 수도 없는 상황이다. 자국에 남아있게 될 경우에는 대중의 무관심으로 인한 자아 소멸의 두려움이 남게 되고, 종주국에서 남아 있게 될 경우에는 이방인으로서 슬픈 운명에 직면하게 된다. 이것이 나이폴이 처한 고민이다. 자국을 떠나 낯선 세계를 찾아 떠나는 그의 공간적 이동과 문학적 항해는 불안 그 자체였다. 인도-트리니다드-영국 어느 곳에서도 안도감과 소속감을 느끼지 못한 그는 결국 소설에서 그의 안식처를 찾는다. 그런데 글쓰기도 결코 쉽지 않았다.

> 내가 작가의 길을 걷기 시작했을 때 앞길에 대한 대책이 없었다. 단지 책을 쓰고 싶었을 뿐이었다. (……) 프랑스인 혹은 영국이 글을 쓰고자 하면 인도해주는 많은 모델 작가들이 이미 존재했다. 그런데 나에게는 아무 것도 없었다. 인도 공동체에 관한 나의 아버지의 이야기는 과거에 속했다. 내 세상은 아주 달랐다. 나의 세계는 더 도회지풍이며 더 뒤죽박죽되어 있었다.[10]

9 https://site.douban.com/readinglife/widget/notes/319427/note/337552007/ (檢索日 : 2017.9.14.)

역설적으로 문학적 전통의 부재는 나이폴이 독창적인 작가가 되는 데 자극제가 되어주었다. 그리고 여행은 그에게 소재의 고갈과 시야의 편협성의 문제를 해결해주었다.

이처럼 그의 문학세계는 제3세계나 서구문명의 어느 한쪽에 치우침이 없다. 서구의 제국주의 문명과 제3세계의 모순과 허위를 동시에 비평하였다. 작품 내용은 당연히 냉소적일 수밖에 없고, 따라서 등장인물들 역시 소외된 사람들일 수밖에 없다. 그럼에도 빼어난 문체와 탁월한 언어 구사력으로 현대 영문학을 대표하는 작가 가운데 한 사람으로 평가받고 있으며, 매우 난해하면서도 진지하며 밀도 있는 작가로 평가받는다.

3) 까오싱지엔과 『영산』

내면으로의 순례이면서 동시에 현실과 허구, 기억과 환상을 가로지르는 반성적 여정의 기록으로 평가되는 그의 자전적 소설 『영산(靈山)』은 "나"/"당신"이 "영혼의 산"이란 미지의 산을 찾아가는 실제와 환상의 여행기이다. 까오싱지엔은 『버스 정류장』[11]의 상연 금지 후, 심한 정신적인 충격을 받고 사천성

10 V. S. Naipaul-Nobel Lecture, https://www.nobelprize.org/nobel_prizes/literature/laureates/2001/naipaul-lecture-e.html (檢索日: 2017.9.12)。

11 『버스 정류장』은 까오싱지엔의 대표적인 희곡 작품들을 엮은 책으로 동양의 전통 사상과 정서를 현대 부조리극으로 형상화했다. 이는 중국 정치 현실에 맞서야 했던 망명 작가의 향수와 상실의 고통이 배어

서북 대자연보호지구로 갔다. 그는 반년 동안 사천성을 중심으로 1500킬로미터 되는 도보 여행을 한다. 이때 중국밑바닥의 삶과 대자연, 문화와 문명을 체험하고 민간의 창소리, 설화, 무속을 채집했다. 여기서 수집한 풍부한 자료들이 『영산』의 배경이 되었다.

작품은 주인공이 아내와 이혼 후 폐암 선고를 받았으나 오진임이 밝혀지는 내용으로 시작된다. 여행은 현재의 "나"에 대한 반성을 바탕으로, "내가 진정 존재한다는 것"을 입증하기 위한 여행이다. "나"는 양자강을 따라 펼쳐져 있는 티베트, 청해, 사천, 운남, 귀주 등지를 여행하면서 그곳에 살고 있는 소수민족 특히 강족羌族, 이족彝族, 묘족苗族 등의 생활 풍습과 민간신앙, 민속 예술을 깊게 살펴보고, 소수민족의 민속 행사에 참여하기도 하고, 향촌의 사당, 도관, 절을 탐방하여 잊혀진 문화 뿌리를 확인하려 하였던 것이다.

전체 81장으로 이루어진 이 이야기는 제1장 "당신" 여행의 출발에서 시작하여 제 81장 "나"의 북경 귀환으로 끝난다. "당신, 당신은 영산으로 가는 길을 찾고 있고, 나, 나는 양자강을 따라 거닐며 진리를 찾고 있다", 이 여행은 쌍방향으로 진행하지만 두 여행은 둘이면서 하나이다. "당신" "그" "그녀"가 사

있는 수작들로 평가 받는다.

실은 "나"의 다른 측면이고 이 소설은 여행기와 명상록의 결합이라고 볼 수 있으며 실존적인 차원에서 일어나는 "나"의 시원, 존재의 고향을 찾아가는 여행이다.[12] "나"로 서술되는 부분은 현실세계이고, "너"로 서술되는 부분은 상상의 세계라고 보기도 한다.[13]

다음에는 세 개 차원에서 『영산』을 분석해 보자고 한다. 첫째, 영산은 무슨 산인가? 영산은 "나"한테는 "나"의 고향, 민족의 뿌리를 상징한다, "내"가 도시에서 벗어나고 나의 존재를 진정히 느낄 수 있는 곳이다. 참새들의 재잘거림과 비둘기의 구구거림이 아낙들과 아이들의 소리와 호응하고, 자연과 사람이 하나가 된 영혼의 산이다. 둘째, 산은 어디에 있고 어떻게 찾을 수 있는가? 산은 번화한 북경도 아니고 상해도 아니고 중국의 중심에서 멀리 떨어져 있는 변방에 위치한다. 양자강을 따라 오, 월 고토와 강족, 묘족, 이족 등의 거주지를 거쳐서 찾을 수 있다, 마치 장강의 지류를 따라 장강의 기원을 찾는 것처럼 무속, 전설, 신화, 민요, 도교, 방언, 태초의 혼돈 등을 체험하고 이해해야만 민족의 뿌리를 찾을 수 있고 "나"의 존재를

---

12 강경구, 「高行健『靈山』의 모색」, 『中國語文學』 第44輯, 2004.12, 426쪽.

13 趙憲章, 「『靈山』文體分析」, 『중국문학과 동아시아문학 국제학술회 자료집』, 2002.12, 165쪽 재인용.

절실하게 느끼게 될 것이다. 셋째, 왜 영산을 찾는가? 영산은 왜 변방에 있는가? 왜 소수민족의 문화를 이렇게 중요시하는가? 즉 작가의 의도가 무엇인가? 사실은 변방이든가 지금까지 살아 있는 소수민족의 문화든가 한결같이 중국의 근대성 신화에 희생된 것들, 억눌린 것들을 상징하는 것이다.

실제로 그가 찾고자 하는 것은 영산 자체라기보다는 '나'와 '민족'의 정체성이다. 그래서 그에게 있어 '영산'은 공간일수도 시간일 수도 역사이자 미래일 수도 있는 하나의 상징이다. '영산'은 중국문화의 원류이자 자신의 정체성의 근원으로 해석된다. 작가는 이런 입장에서 현대 중국 역사를 비판하는 것이다. 그 역사 속에서 인간은 현대성 신화에 사로잡혀 자신들의 전통문화를, 자연을 파괴한다. 이것은 중국 문화의 재난이다. 영산을 찾는 것은 작가가 중국 현대성 신화와 한족 중심주의를 해체하고 주변을 복원하려고 하는 것이다.[14]

자오이헝趙毅衡이 지적한 대로, 까오싱지엔의 마음속에 "황하-중원-이성-남권-교화"라는 상징과 결합된 관방 문화와 여기에 대항하는 "장강-파촉오월(巴蜀吳越)-반이성-여성-자연"으로 표상되는 반체제 문화가 대립적으로 자리하고 있다. 그는 전자를 대표하는 것이 유가를 중심으로 한 한족 중심주의와 인민공

14 李旭淵, 「중국인 디아스포라와의 高行健문학」, 『中國語文學誌』, 400쪽.

화국이라고 보고 있으며 후자를 통해 전자를 해체하려고 한다.[15] 국가가 아닌 민족문화야말로 디아스포라의 지친 영혼을 달래줄 고향이고 귀숙처歸宿處다. 리어우판李歐梵의 지적대로 1989년 천안문사태 이후 자의든 타의든 해외로 떠난 중국 사람들의 충성 대상은 모국이 아니라 중국문화이다. 이런 현상은 모국을 떠난 중국인에게 폭넓게 존재하며 『영산』에서도 드러난다.

까오싱지엔은 경계에 선 이방인으로 내부를 들여다보는 자기민족문화의 성찰을 통해 자신이 생각하는 민족문화를 제시하고자 했다. 자신을 포함한 '민족'의 시원始原으로서 '영혼의 산'을 한족 중심의 주류문화를 황하유역에서가 아니라 변방에서 찾고 있다. 그는 분명 중국인이지만 동시에 한족 중심주의를 벗어나고자 했다.

4) 까오싱지엔의 글쓰기와 정체성

작가들이 정치와 이념, 속박에서 벗어나 내심의 소리를 표현할 때 그것은 진실한 목소리며 시공을 초월하여 세계인을 감동시킬 수 있다. 문학 창작은 자기 구원의 방식이자 생존 방식이며, 창작하는 이유 역시 나 자신을 위한 것이지 세상이나 다른

15 趙毅衡, 「導讀：渡子之歌--高行健小說選序」 香港明報出版社, 1999, 5쪽.

사람을 개조하기 위한 것이 아니라는 것이 까오싱지엔의 문학관이다. 까오싱지엔은 그 같은 창작활동을 할 수 없는 상태가 되자 망명이라는 '도망'을 선택했다. 까오싱지엔에게 있어서 중국에서의 도망은 단순한 망명이 아니라 자신만의 창작공간을 확보하고 자유스러운 글쓰기를 하기 위함이다.

고향을 잃을 때 사람은 다시 새 생활터를 만드는 것처럼 유랑자의 작품은 그들이 새롭게 만든 정신적 고향이다. 까오싱지엔은 "한 유랑 작가에게는 문학과 예술의 창작을 통해서만 스스로를 구할 수 있다"[16] 고 한 바가 있는데 이는 상기하던 "정신적 고향 재건"을 실증한다.

이른바 모국이란 곳을 떠나서 거리를 두고 글 쓸 때 오히려 더 냉정해진다. 중국 문화는 이미 나의 피에 녹아 있어서 전통 중국 문화의 장단점에 대해 나는 혼자 다 정리했다. 서양 작가와의 차이점을 말하자면 그것은 바로 조용히 관찰한 태도이다. 나는 사회와 자아에 대해 다 이런 태도를 취한다.[17]

까오싱지엔이 언급한 "거리"란 어떤 이념과 정치적 속박도 받지 않겠다는 의미이다. 문학 작품을 창작하는데 고독한 내면

16 高行健, 『我的創作觀』演講。http://www.xuemo.cn/show.asp?id=15070.

17 李春霞, 陳昭容, 「解讀『靈山』」, 『河西學院學報』 第19卷 第四期, 2002. 11.25.
高行健, 『我的創作觀』演講。http://www.xuemo.cn/show.asp?id=15070.

의 소리를 들으면서 차가운 시선으로 거리두기-객관적 글쓰기를 하겠다는 것이다.

『나 혼자만의 성경』은 이 점을 잘 보여준다. 까오싱지엔은 이 작품에서 인간의 자율과 존엄성이라는 인간의 보편적인 가치를, 문화대혁명이라는 중국 현대사의 특수한 사건을 통해 드러내고 있다. 주인공은 작품 전반에서 개인의 자유와 독립을 옹호하고 인간을 억압했던 당시의 사회주의 규율을 비판하는데, 당시의 사회상으로 볼 때 이것은 매우 힘들고 자신의 목숨까지 걸어야 할 정도의 위험이 내재된 일이었다. 정체성을 잃지 않기 위해 그는 "가면"을 쓰고, 섹스를 통해 억압된 육체에 대한 자유를 회복하고자 하며, 글쓰기를 통해 살아있음을 느끼고자 한다.

이 작품에서 '그'는 군중과의 동화를 거부하면서 개인성을 유지하고자 하는 인물로 묘사된다. 그것은 '나'를 실체로 보는 자아의식이자 일정한 거리 밖에서 객관적으로 관조하는 것이다. 그리고 '너'는 '그'를 자신과 동일시하지 않고 거리를 두면서 객관적으로 관찰하고자 한다. 개인의 권리가 위협받는 상황에서 '그'가 취한 생존전략으로서 방관자 혹은 관찰자로서의 삶을 유지하려는 것이다.[18]

18 高行健,『一個人的聖經』, 臺北, 聯經出版社, 1999, 452쪽.

이 점은 까오싱지엔이 사회와 자아와의 거리를 두면서 '냉정한 시선'으로 세상을 관찰하려는 '주의 없음'과 '차가운 문학'의 창작 운용이다. 차가운 문학이란 작가에게 있어 일종의 '생존의 문학'으로 사회나 집단에 의해 말살되지 않고 정신적인 자기구원을 얻을 수 있는 문학을 말한다.[19] 이념과 정치 체제로부터 벗어나 냉정한 시선과 거리두기(객관성)을 지켜야 진실한 창작을 할 수 있으므로 작가는 '주의'에서 벗어나야 한다는 것이다.

나이폴도 거리두기를 통하여 세계 각지의 문화와 생활에 대해 깊고 광범위한 고찰과 연구를 하였다. 그러나 그 '거리두기'는 까오싱지엔과 분명한 차이가 있다. 까오싱지엔은 『영산』, 『한 개인의 성경』에서 알 수 있듯이 국가적 정체성은 부정하지만 민족 문화적 정체성은 부정한 것이 아니었다. 오히려 중국문화에 정체성을 귀속시키면서 디아스포라의 천형을 감당하고 있는 것으로 보인다.

3. 나가는 말

나이폴과 까오싱지엔은 모두 경계에 선 이방인들이다. 그러

19 앞의 책, 『沒有主義』, 17쪽.

나 앞에서 서술한 바와 같이 디아스포라 문학창작 방식과 그 정체성에서는 차이가 난다. 까오싱지엔의 경우는 억압된 정치현실을 벗어나 자유스러운 창작을 하기 위해 선택한 자진망명(self-exile)이다. 그래서 그는 어떠한 이념과 정치, 사회관습 같은 것에 얽매이지 않고 내면의 소리를 표현하는 글쓰기를 주장하였다. 한 마디로 '주의'없는 글쓰기였다. 또한 '거리 두기'를 통하여 자신의 조국을 객관화시켜 보았으며 그 방법으로 경계에 서서 안을 들여다보았고 자신이 생각하는 민족문화를 제시하고자 했다.

반면, 나이폴은 어느 곳에서도 뿌리를 내리지 못한 이민 3세대로 식민주의 역사 배경에서 비롯된 식민지인의 망명이다. 자신의 의지와 관계없이 낯선 곳에 떨어진 이방인이다. 인도-트리니다드-영국 어느 곳에서도 안식을 느끼지 못하는 그는 작품 도처에 뿌리를 내리기 위해 몸부림치는 모습을 보여주고 있다.

나이폴의 작품 『비스와스 씨를 위한 집』에서 주인공 비스와스 씨가 평생 동안 제 집 하나를 소유하고자 한 것은 바로 한 망명자의 처지를 설명한다. 주인공이 자신의 집을 장만하고 꾸미는 일에 집착하는 것은 그 집이 배척, 불공평, 괴로움 등을 막아 주고 상처 받는 마음과 항상 떠있는 영혼을 달래 주는 망명자의 안신처와 정신적인 귀속처이기 때문이다.

『도착의 수수께끼』 또한 마찬가지이다. 나이폴 작품의 주인공은 작가나 작가의 친척, 주변사람의 모습을 투영시킨 것으로 식민지인이 겪는 이방인, 경계인이 겪는 고통과 내심의 세계를 적나라하게 보여주고 있다. 세상 어디에도 속할 수 없는 영원한 이방인 나이폴에 비해 까오싱지엔의 정체성은 보다 더 확실하다.

『영산』을 통해 살펴보았듯이, 까오싱지엔은 중국문화에 정체성의 뿌리를 두고 있다. 다만 그는 현재 중국이 문화중국의 길을 도모하기 위해 내세운 유가 정통의 민족 정체성에 머물지 않으며 중국 대륙 정권의 소위 현대화 구축 사업과 한족 중심주의를 비판할 뿐이다. 탈중국, 탈이념을 선언하고 자유스러운 영혼의 목소리를 담는 작품을 창작하고자 한 까오싱지엔은 정작 역설적으로 여전히 중국에 관심을 가지고 중국의 갈 길을 제시한 디아스포라 작가이다.

본고는 2000년, 2001년 노벨문학 수상작가를 정체성의 문제에서 단순하고 범박하게 살펴보았는데, 최근 가중되는 각종 테러의 위협과 혼란한 정치, 수많은 난민사태의 발생은 21세기 세계문학을 더욱 다양하고 복잡하게 만들 것이라고 예상한다. 이에 따라 디아스포라 문학에 대한 연구 또한 더욱 예민하고 활발해질 수밖에 없을 것이다.

양쿠이와 장혁주 비교 연구

— 역사의 그물망에 걸린 작가들을 다시 보다

1.

작가란 역사 앞에서 자유롭지 못하다. 특히 위대한 작가라면 시간성과 역사성을 견뎌내야 한다. 그것이 작가의 숙명이자 고통이며 영예이다. 본고에서 살펴보고자 하는 양쿠이楊逵와 장혁주張赫宙는 역사의 그물망에서 자유롭지 못한 작가의 숙명을 잘 대변해주는 작가이다. 20세기 전반기, 역사의 격동기 속에서 수많은 좌절과 고뇌 속에 문제작을 낳았던 이 동아시아 인접국가의 두 작가의 삶과 작품을 살펴보는 작업은 21세기를 살아가고 있는 우리의 현재 삶과 세계관을 거듭 성찰하게 한다.

1905년 타이난台南 신화新化의 가난한 노동자 가정에서 태어난 양쿠이原名楊貴는 1924년 일본으로 건너가 야간대학에 다니면서 문학과 예술을 공부했다. 1927년 타이완으로 돌아와 농민조합에 종사하면서 농민운동을 하다가 두 차례 투옥되었는데,

한차례는 무려 12년간 감옥살이를 해야 했다. 당시 중국은 신해혁명, 5.4운동, 3.18사건, 5.30운동, 4.12정변, 만주사변 등 중국 근대사에서 가장 혼란하고 불안한 사건이 발생하고 있었다.

양쿠이와 같은 해에 태어난 장혁주 또한 한일합방, 3.1운동, 1950년 한국동란, 일본으로의 귀화 등 한국 민족근대화 과정에서 가장 혼란한 시기를 경험해야 했다. 그는 1952년에 일본인으로 귀화하여 평생 디아스포라인으로 살아갔다.

상술한 바와 같이, 얼핏 보았을 때 이들 두 작가의 삶은 많은 유사점을 안고 시작되었다. 일제강점기와 격동의 시대에, 그것도 같은 해에 똑같이 가난한 집안에서 태어났으며, 공교롭게도 1932년에 화제의 문제작 『신문배달 소년(送報夫)』, 『아귀도(餓鬼道)』를 일본에서 각각 발표하였는데 둘 다 2등으로 당선했다. (1등은 선발하지 않음)

처음에는 두 사람 모두 비참한 식민지 현실을 세상에 알리고 민중을 계몽하고자 문학을 선택했다. 그러나 창작심리와 작가의식의 차이로 말미암아 그들은 각자 상이한 삶을 살게 되었으며, 그들의 문학작품 또한 작가의 삶만큼 다르게 창작되었다. 그 결과, 비슷한 시간적 공간적 환경 속에서 태어나 똑같이 일본에서 유학하고 비슷한 문학적 업적을 남겼지만. 그들에 대한 문학사의 지위와 평가는 확연한 차이가 생겨났다. 잘 알려진 바와 같이, 양쿠이는 타이완에서 훌륭한 문학가이자 사회 사상가, 실천가로 일컬어져 왔다. 반면에, 1990년대 초까지 왕성한 작품 활동을 했던 장혁주의 작품은 일본에서와 달리 한국에서는 거의 연구조차 이뤄지지 않았다. '타이완의 루쉰'으로 양쿠이가 추앙받은 것과 대조적으로 장혁주는 친일분자에다 일본으로 귀화했다는 배신자의 딱지에서 벗어나지 못한 것이다. 다행히 최근에는 그러한 편견에서 벗어나 장혁주의 작품을 객관적이고 공평한 시각으로 조망하고자 하는 노력들이 보인다.[1]

본고의 연구목적은 두 작가의 문학성과의 크고 작음을 비교하는 데 있지 않다. 봉건체제가 붕괴된 직후, 식민지 시대의 어두운 그림자 아래에서 살아간 두 인접국가 작가의 문학작품과 그 작가정신을 비교, 탐색하는 데에 있다. 그들이 문학을 선택한 것, 더욱이 근대화 시작 시기에 문학을 구국의 목적으로 삼은 것, 훗날 각자 위치한 사회적 환경과 국가 정세의 차이로 인해 야기된 다른 방향의 작품과 인생 결과 등을 분석하는 작업은 당시 한·타이완 양국 지식인들의 고뇌에 대한 이해를 도울 뿐만 아니라 한·중 근대 및 현대문학에 있어서 역사관의 문제

1 시라카와 유타카白川 豊는 장혁주를 반민족 작가라며 비판하지도 않고 소설가라면 작품으로만 평가해야 한다며 옹호하지도 않는다. 그리고 당시 한국과 일본이 장혁주에게 보인 반응을 서술함에 있어서도 냉온의 차이를 구분하지 않는다. 저자가 인지한 장혁주는 '친일작가'가 아니라 식민지라는 특수한 환경에 놓여 있었던 한 명의 소설가였을 뿐이다. http://blog.daum.net/poetlsh/6940754.

를 새롭게 조망하게 해줄 것이다.

2.

양쿠이는 1905년 10월 18일, 타이난臺南의 노동자 계급에서 태어났다. 1915년에 시라이안西來庵 항일무장 투쟁사건이 발생하는데 당시 초등학생이었던 그는 일제에 의해 혁명운동이 진압되는 장면을 목도한다. 그는 이때부터 식민통치의 무자비함과 강권에 대해 반감을 품게 된다. 한번은 고서점에서 일본인 쓴 『타이완 비적(臺灣匪志)』를 보았는데, 그것은 시라이안 사건을 왜곡, 편집한 것이었고, 여기에 커다란 충격을 받게 된다. 그것은 그가 소설의 형식을 빌어 날조된 역사를 시정하고자 하는 계기가 되었다.

1924년 일본으로 건너간 그는 일을 하면서 다른 한편으로는 야학을 했다. 당시 일본은 대정大正 소화昭和 교체시기로 자본주의 체제가 이미 비약적인 발전을 이루었으나 1차 세계대전 후 세계경제공황과 맞물려 일본의 기업들은 도산하고 수많은 실업과 시위가 빈번하게 발생하던 시기였다. 이때, 그는 많은 일을 하면서 일본사회의 각종 상황을 체험하게 된다. 이러한 실제 노동의 체험과 경력이 그의 소설 창작의 근원이 된다. 그의 첫 번째 소설 『신문팔이 소년』은 본인이 실제 일하면서 체험했던 것을 작품화한 것이다. 이 작품에서는 당시 불안한 일본사회를 적나라하게 반영하고 있다. 이 시기 양쿠이에게 가장 큰 영향을 끼친 것은 일본의 좌익 사회주의 사조였다.

그는 1927년 조선인들의 반일 연설회에 참석하다 처음 투옥되었다. 출옥 후 타이완으로 돌아온 그는 발 빠르게 타이완 사회운동을 추동시켰고 농민운동에 참가했다. 그리고 이때, 일생의 반려자 이에타오葉陶를 만난다. 1929년 그는 장화彰化에서 우연히 라이허賴和를 만나게 되고 그로부터 깊은 영향을 받게 되는데, 이는 그의 문학의 전환점이 된다. 1932년에는 타이완에 『신문팔이 소년』을 발표하지만 내용이 불순하다는 이유로 전문全文이 다 실리지 못하고 2년 후 일본 잡지에 실리게 된다.

1935년, 양쿠이는 『타이완 문예』잡지의 일어 편집부에 초빙된다. 11월에 『타이완 신문학』잡지를 창간하여 한편으로는 민중을 계몽하면서 반일운동을 전개하고 다른 한편으로는 타이완문학을 정리했다.

1937년 양쿠이는 수양농원首陽農園으로 돌아와 문학 활동을 계속했다. 그는 프로문학이론을 구축하기 시작했는데, 예를 들어 「문예대중화」, 「행동주의」, 「보도문학」, 「식민지문학」등이다. 문학이론의 구축 외에 동시기에 소설 『난산』, 『장난꾸러기 귀신 징벌하기(頑童伐鬼記)』, 『모범촌』, 『꼬마의 입학시험』, 『공공학교』등을 발표했는데, 이러한 소설 창작에 실제적으로 이론을 운용한 흔적을 볼 수 있다. 이 단계의 소설에서는 여전히 무산계급의 억압에 대한 자본주의를 묘사했으며 또 다른 한편으로는 식민지 체제에 대한 비판을 강화했다.

한편, 1936년 후펑胡風에 의해 양쿠이의 작품뿐만 아니라, 당시 일본어로 창작되었던 장혁주의 작품도 번역되어 중국에 알려지게 된다.[2] 장혁주는 1905년 한국 평양에서 태어났다. 그는 어렸을 때부터 일본인과 살았던 덕분에 일본어에 능통했다. 아버지는 구 한국군 장교였으며 어머니는 기생으로서 두 번째 부인이었다. 어렸을 때부터 사랑을 받지 못하고 인정받지 못한 장혁주는 서얼이라는 열등의식과 부모에 대한 불만으로 가득 차 있었다. 1913년 4월 경주 공립보통학교에 입학하여 '국어'로 일본어를 배웠던 그는 조선어보다도 일본어에 더 능통했다.

장혁주는 1932년, 일본 잡지 『개조(改造)』에 조선농민의 저항과 투쟁을 그린 『아귀도』를 발표하여 주목을 받았다. 일본어로 쓰인 소설이지만, 조선 식민지의 참혹상을 현실적으로 묘사하여 당시 계급문학에서 유행하던 농민소설에 못지않은 현실비판 의식을 담고 있다는 평가를 받았다.

일본 문단에서 활동하던 장혁주는 사실주의적 작풍이 살아

2 胡風의 『朝鮮臺灣短篇集』에 실린 작가와 작품은 장혁주의 『山靈』과 『上墳去的男子』, 李北鳴의 『初陣』, 鄭遇尙의 『聲』(以上 韓國), 양쿠이의 『送報夫』, 呂赫若의 『牛車』, 楊華의 『薄命』(以上, 臺灣)의 7편이다.

있는 장편『무지개』, 복잡하게 얽힌 남녀 간의 애정 관계를 묘사한『삼곡선(三曲線)』(1934～1935) 등, 점차 통속적인 경향의 소설을 한국에서 발표했다. 그러나 그는 1939년 무렵부터 점차 친일적 글쓰기로 경도되어 갔다. 임진왜란 때 조선을 침공한 일본인 장수 가토 기요마사를 다룬『가등청정(加藤淸正)』(1939)을 시작으로 그는 전시 체제에 협력하는 친일 작품을 집필하는 등 자신의 성장과정을 담은 자선적인 사私소설을 대량 집필하면서 자신의 친일행위와 재혼 등을 합리화시켰다. 그 같은 글쓰기의 배경에는 자신의 생모가 기생출신이자 첩이라는 데에서 오는 열등의식과 조혼한 조선의 아내에 대한 불만 등이 작용한 것으로, 지극히 개인적이고도 심리적인 면과 관계가 깊었다.

친일행적에 부담을 느낀 장혁주는 1952년에 일본으로 귀화했으며, 1997년에 사망하기까지 왕성하게 창작활동을 했다. 평생 장편을 포함한 단행본 약 50권, 단편과 희곡 약 80편, 기타 평론 및 수필 등, 많은 저작을 남겼지만 역사의식의 결여와 훼절로 인해 그의 작품은 여전히 폄하되고 있다.

위의 두 사람 중 일본에서 먼저 작가로 데뷔한 사람은 장혁주였다. 당시 일본 식민지였던 타이완과 한국의 문학청년들은 더 이상 중국어나 한국어로 작품을 쓸 수 없었다. 모국어를 쓸 수 없던 상황에서 그들은 일본어로 식민지의 비참한 현실을 알리고자 했다. 또한, 자국보다는 제국의 수도 동경에서 입신출세하고자 하는 개인적인 욕망도 작용했다. 역사의식과 저항의식으로 충만했던 양쿠이가 전자의 부류에 속한다면 장혁주 같은 이는 후자 쪽 부류에 속한다. 당시 이 두 작가 외에도 타이완의 뤼샤뤄呂赫若, 롱잉종龍瑛宗과 조선의 김사량[3], 백철白鐵,

3 장혁주와 같은 조선인이면서 그의 후배였던 金史良은 1914年 3月 3日 평양의 부유한 가정에서 태어났다. 1936년 동경제국대학 독문과에 입학했던 그는 동창들과 일본어 평양의 빈민지역을 배경으로 한『土城廊』을 발표한다. 1939年 10月에『文藝春秋』에『光芒之中』을 발표하여 일본 문단에 데뷔하였다. 金史良의『빛속으로』를 발표할 때는 태평양전쟁으로 치닫고 있는 시점으로 일본인들마저 일본내에서 자유로운 집필이 힘든 상황이었지만 그는 일본어를 통하여 내선일체를 우회적으로 비판하였다. 내선일체라는 것은 조선적인 것을 말살하고 조선인을 모두 일본인으로 만드는 조선적인 것의 부정을 의미했다. 그러한 역사를 배경으로 하여 이 소설은 씌었고 주목을 받았던 것이다. 그러나 이 소설은 내선일체를 찬양했던 것이 아니다. 조선인이 인간다운 생활을 하려면 조선적인 것을 긍정해야 함을 김사량은 말하고 싶었던 것이다. 내선일체를 말하면서도 그것을 역행하고 있는 것이었다. http://blog.naver.com/PostView.nhn?blogId=kyorai&logNo=120057283044 참조)

1941年 太平洋戰爭時期 그는 구류되었으며, 1942年 2月 귀국 후, 평양에서 소설 창작에 전념하였다. 1945년, 학도병 위문단으로 중국으로 파견할 때, 김사량은 연안으로 탈출하였고 조선의용군에 참전하였다. 8.15해방 후, 김사량은 북한 문화 운동의 주도적인 역할을 하였다. 1950년 종군작가로 유격대에 참여하다 전사하였다. 김사량은 한말의 격동의 시기에 한민족의 비통한 근대화 과정을 유감없이 보여준 인물이다. 김사량은 루쉰의『阿Q正傳』의 영향을 받았다. 1940年에『天馬』,

유진오兪鎭午 등이 일본에서 활동하고 있었다. 그들은 각각 자신이 처한 입장에 따라 이중어(일본어와 자국어)로 활발한 창작활동을 펼치고 있었다.

그들의 창작정신과 문학을 살펴보기에 앞서 당시 일본의 문단흐름을 살펴볼 필요가 있다.

일본문단은 1925년을 전후하여 농민문학이 유행했다. 양쿠이는 1924~27년에, 장혁주와 김사량金史良은 1930년대에서 1940년대까지 일본에 체류했다.

"1920년대 중반기의 프롤레타리아 문학계 조직은 28년에 전일본무산자예술연맹(全日本無産者藝術聯盟: NAPE)으로 결집되어 29년에는 그 하부단체로 일본 프롤레타리아 작가연맹(약칭: NALP)도 성립되었다. 이 해에는 일본 프로문학 사상 2대 걸작으로 유명해진 고바야시다끼지小林多喜二의 『게잡이 배(蟹工船)』, 도쿠나가 스나오永直의 『태양이 없는 거리』가 발표되기도 했다. 이 당시 1930년경 NAPE의 기관지인 『전쟁 깃발(戰旗)』만 최대 3만부가 팔려나갔고 기타 프로문학계 신문, 잡지

『草深し』을 창작하였고 이어 『Q伯爵』·『Q伯爵』에서는 조선의 阿Q가 더욱 구체화되었다. 김사량의 이 삼부작에서는 모순된 사회구조를 비판한 루쉰의 정신과 현실주의 정신이 여실히 수용되어 있다. 일제의 억압과 내선일체의 부당성 아래 정체성을 찾지 못한 문인의 모습과 조선 문인들의 허위가 적나라하게 표현되어 있다.

를 포함하면 10만부가 나갔다."[4] 당시 프로문학에 대한 관심과 지지가 얼마나 높은가를 알 수 있는 대목이다.

이 시기의 세계공황은 국제대립을 가속화시켰으며 자본주의 국으로서 기초가 약한 독일·이탈리아·일본 등에 심각한 영향을 주었다. 중소기업이 도산하고 대량실업과 노동운동이 빈번히 발생했다. 시대상황을 반영하는 프로문학이 만연했으며 작가들 또한 그 영향을 받을 수밖에 없었다.

1924년, 19살의 나이로 일본에 건너간 양쿠이는 학비를 벌기 위해 신문배달을 비롯하여 각종 육체노동을 해야 했다. 그는 자연스럽게 일본 프로문학운동의 영향을 받았다. 양쿠이의 『신문배달 소년』은 작가 자신의 체험과 함께 당시의 시대상을 적나라하게 보여준 작품이다.

주인공 소년의 아버지는 일제의 농토강제수매에 반대하다가 혹독한 고문을 받고 죽는다. 결국 집안이 망하게 되자 소년은 혈혈단신 동경으로 유랑, 고학하게 된다. 그는 신문팔이 소년들과 함께 보급소장으로부터 압박을 받고 착취를 당한다. 어머니는 자식의 학업과 성공을 위해 집을 팔아 아들에게 돈을 보내고 자신은 목을 매어 자살한다. 어머니가 죽었다는 소식을

4 白川豊, 『戰前期日本文學界의 狀況과 장혁주』, 『일본학』 8호, 1989, 138쪽.

듣고 상심한 소년은 따라 죽고 싶었지만 어머니의 유언과 함께 일본의 억압에 맞서 싸워야 한다는 명분으로 동경에 머물면서 계속 일을 한다.

이때 신문사의 모순된 구조와 보급소장의 수탈에 맞서 주인공은 배달부 소년들과 힘을 합쳐 보급소장에 대항한다. 여기에서 작가는 계급적 입장이 같은 착취당한 사람끼리 국가를 초월하여 연대할 것을 강조한다. 피착취 계층은 수탈자와 맞서 싸우기 위해 민족을 떠나 연대해야 하는 것이다. 이렇게 이 작품은 노동계급의 연대, 국제주의, 투쟁을 통한 문제 해결 등을 부각시키고 있다. 일본인 친구 다나까田中과 사토우佐藤가 나의 친구가 되고 같이 연대하는 내용은 당시 일본에서 유행한 프로문학의 영향을 그대로 받은 것이다.

이와 비슷한 시기인 1920년대부터 일본 프로문학의 영향을 받은 조선 작가들 로는 백철白鐵, 강문석姜文錫 등이 있다. 이 프로문학이 해체될 시점, 장혁주는 카토오카즈오加藤一夫(1889-1951)가 주재하는 『대지에 서다(大地に立つ)』지에 『백양목』을 투고하고, 이것을 수정하여 『아귀도』로 일본의 문예잡지 『개조』에 다시 투고하여 입상한다. 조선농민의 저항과 투쟁을 그린 이 작품은 조선 식민지의 참혹한 현실을 사실적으로 묘사하여 당시 계급문학에서 유행하던 농민소설에 못지않은 현실 비판 의식을 담고 있으며 "극명한 리얼리즘 수법과 빈틈없는 구

성, 에피소드의 교묘한 배치 등으로 칭찬"[5]받았다. 또 다른 한편으로는 구성력이 미약하고 일관된 감정과 심리묘사가 없다며 "가장 초기적 경향을 띤 사실소설로 밖에 볼 수 없다."[6]는 비판을 받기도 했다.

초기 작품을 통해 두 사람의 작가정신을 살펴볼 때, 둘 다 모두 좌익적 성향을 갖고 있으며 부정하고 모순된 사회구조를 고치려는 비판 정신이 살아있음을 알 수 있다. 1939년 『조선의 지식인에게 호소함』이란 친일적 글을 쓰기 전까지만[7] 해도 장혁주 또한 무정부주의와 프로문학에 관심을 갖고 있었으며 민족에 대한 관심과 역사의식도 어느 정도 견지하고 있었다.

『신문배달 소년』과 『아귀도』는 각기 풍격이 다르다. 우선, 발표지면과 관련해서 보면 양쿠이가 작품을 발표한 『문학평론』은 정치적 지향을 가진 저널이었고 장혁주가 발표한 『개조』는 상대적으로 문학적 지향이 강했다. 작품 내 모순과 해결

5 白川豊, 『장혁주에 대한 한일양국에서 동시대의 반응』, 『일본학』 10호, 1991, 102-103쪽.

6 위와 같음.

7 이후 임진왜란 당시의 왜장을 미화하거나 일제의 만주 침략을 정당화하는 다수의 작품을 집필하였으며, 조선 청년을 황군에 자원입대시키려는 목적으로 출간된 단편집 『岩本志願兵』과 같은 국책적 작품을 집필하다가 해방을 맞았다. 김학동, 장혁주의 『조선괴뢰부대의 최후론』, 『일본학보』 제83집, 2010.5 164쪽.

구조 등을 볼 때 『신문배달소년』과 『아귀도』는 둘 다 '운동으로서의 문학'적 성격이 강하다. 두 작품에 따르는 풍격의 차이는 물론 두 작가의 개인적 차이에서 기인한 점도 있다. 양쿠이의 『신문배달소년』과 장혁주의 『아귀도』가 발표된 시기는 20년대에 발생한 일본의 프로문학이 30년대에 들어서 퇴조하던 시기였다. 그러나 한국에서는 일본의 대외침략과 사상탄압이 점점 강화되고 있었고 이에 맞서 노동운동과 농민운동 등이 치열하게 전개된 시기였다. 카프가 1, 2차 방향 전환을 하던 시기였고, 장혁주의 작품은 이러한 조국의 상황을 반영한 것이다.

"일반적으로 타이완의 근대문단이 형성된 시기는 1920년대부터로 보는데, 주로 이 때 타이완민보 계열 신문과 잡지의 문예란을 통해 근대문학작품이 탄생했다. 초기문학은 문화계발과 민족의식 고취의 계몽적 성격이 주요 내용이었고, 이어 25년간 식민통치로 누적된 불만과 비판이 문학을 통해 드러나면서 20년대 중반 이후는 경찰, 법률, 제도, 규칙 등 식민통치가 작동하는 사회적 메커니즘에 대한 비판이 주류를 이루었는데, 이는 바로 피지배계층인 타이완 농민과 노동자가 억압받는 현실을 비판하는 문학화로 이어졌다."[8] 양쿠이의 『신문배달 소년』은

---

8 최말순, 『1930년대 타이완문학 맥락 속의 장혁주』, 『사이間SAI』 제11호, 67쪽.

1920년대 노동운동이 한창 일어났던 일본에서 유학생활을 하면서 체험한 것을 소설화한 것으로, 타이완의 문학흐름과 무관하지 않다.

이들의 식민지국가 작품이 제국의 수도 도쿄에서 환영받았던 이유는 당시 일본잡지사의 성향과 일본 독자들의 식민지에 대한 호기심 즉 이국취미에서 기인한다.

장혁주가 발표했던 『개조』지의 소유자는 야마모토요시히코山本實彦(1885-1952)으로 진보적인 인사였다. 그가 창간한 『개조』지는 『중앙공론(中央公論)』지와 더불어 2대 잡지로 간주되고 있었다, 야마모토는 원래 민족주의, 국가의식, 동양주의적 의식을 가진 사람이었으며, 1932년경 한국작가를 등단시킨 것은 당시 침체된 일본문단의 경향을 타개하고자하는 의도였다. 이것이 장혁주의 『아귀도』가 입선하게 된 배경이다. 또한, 흥행을 노리며 잡지사는 거액의 문학상금으로 식민지 문학청년들을 끌어들였다.

"1932년 장혁주는 일본의 대표적인 종합잡지 『개조』가 주최한 제5회 현상창작공모에 2등(1등이 없는)으로 당선했다. 잡지 『개조』의 10주년(1928. 4) 기념사업의 일환인 현상창작공모의 상금은 1등 1500엔, 2등 750엔이었다. 『개조』현상공모사상 1등 입상이 나온 것은 단 두 차례뿐이었고, 그 외에는 2등 당선자를 복수로 내고 상금을 등분하여 수여하는 것이 관례였다."[9]

양쿠이 또한 2등상을 수상한 바 있는데 이 같은 배경에서 기인한 것이다.

1920년대에 흥성한 일본의 프로문학이 1930년도에 들어서 퇴조할 무렵, 타이완과 조선에서는 오히려 흥성하였으며 타이완과 조선의 문예계는 서로 연대하여 일제 탄압에 맞섰다. 1924~1927년 사이, 양쿠이는 동경에서 한국 학생들의 독립시위를 지원하다 체포되어 감옥에 갇히기도 했을 정도로 같은 식민지 국가의 억압민족으로서 한국의 독립운동에 많은 관심을 가지고 있었다.

"또한 일본 프로문학의 탄압 분위기 속에서 1932년 코프(KOPF)내에 타이완과 조선의 좌익운동을 돕기 위해 조선타이완협의회가 설립되자 이엔치우무葉秋木, 린뚜이林兌 등은 조선인의 가두시위를 지원하고 식민지 좌익운동의 단결을 외치기도 했으며, 조선인검거사건 후 동경, 타이완인 문화동호회의 활동 역시 영향을 받았다.

일본과 식민지에 대한 사회주의운동의 탄압과 전향이 이루어지던 1934년 후에도 양쿠이는 프로문학 퇴조 후 사회주의 리얼리즘에 대한 자신의 견해를 밝히고 새로운 리얼리즘을 탐색

---

9 고영란, 『제국 일본의 출판시장 재편과 미디어 이벤트』, 『사이間SAI』 6호, 117쪽.

하면서 김두용金斗鎔의 『혁명적 리얼리즘』에 대해 언급할 정도"[10]로 조선 문학에 관심을 가지고 있었으며 서로 연대하여 일본의 탄압에 공동으로 대응하였다.

타이완 문단과 조선 문단의 이 같은 교류 속에서 장혁주의 문학작품이 타이완 작가들 사이에 널리 읽혀졌다. 타이완 좌익 소설의 주요 작가인 뤼스뚜이呂石堆는 장혁주와 꿔모뤄郭沫若의 이름을 하나씩 따서 필명을 뤼샤뤄呂赫若이라 지었으니, 양쿠이 또한 장혁주를 인식하고 그의 글을 읽었다는 것은 자명하다.[11]

이렇게 타이완에서 잘 알려진 장혁주는 후펑胡風의 『조선·타이완단편집』에 그의 소설 『산령(山靈)』과 『산소에 가는 남자(上墳去的男子)』가 실리게 되어 중국에까지 그의 이름이 알

---

10 崔末順, 『1930년대 타이완문학 맥락 속의 장혁주』, 『사이間SAI』 제11호, 66쪽.

11 양쿠이는 1935년말 연맹에서 독립해 따로 타이완신문학사(타이완신문학사)를 설립하고 타이완신문학을 발행하면서 창간호에는 『타이완의 신문학에 대한 의견』과 『반성과 지향』이란 두 질문지를 각각 일본과 타이완 문학자에게 보내 그들에게서 온 회신을 특집으로 꾸몄다. 그 중 전자는 당시 일본문단에서 활약하던 도쿠나가 스나오德永直, 니이이타루新居格, 하야마 요시키葉山嘉樹, 나카니시 니노스케中西伊之助, 기시 야마치貴司山治 등과 당시 장혁주가 포함되어 있다. 양쿠이楊逵는 새로운 잡지를 출범시키면서 두 가지 질문에 대한 의견을 요구했는데 하나는 식민지문학이 나아가야 할 길이고 다른 하나는 타이완의 편집, 작가 및 독자에 대한 건의사항이었다. 최말순, 『1930년대 타이완문학 맥락 속의 장혁주』, 『사이間SAI』 제11호, 69쪽.

려진다. 그러나 중일전쟁이 일어나고 내선일체가 강화될 무렵, 그는 친일적인 글을 쓰기 시작하여 임진왜란 당시의 왜장을 미화한 『카토오키요마사(加藤淸正)』이나 일제의 만주 침략을 정당화하는 다수의 작품[12]을 집필하고 만다. 조선 청년을 황군에 자원입대시키려는 목적으로 출간된 단편집 『이와모토 지원병(岩本志願兵)』과 같은 국책적 작품을 집필하는 등 그는 자신의 정체성까지 부정하기에 이른다.

『조선괴뢰부대의 최후』를 보면, 장혁주는 조선의 항일독립군을 조선괴뢰군이자 적으로 인식하고 있으며, 조선을 식민지배하고 있는 일본제국은 쉽사리 망하지 않을 것이며 조선민족이 살아남기 위해서는 그들의 지배 하에서 하루 빨리 독자적인 위치를 모색해야 한다고 주장하고 있다.

노구치 미노루野口稔라는 일본인 이름으로 출간한 단편집 『이와모토 지원병』(1944.1) 의 서문에서 그는 "완전한 일본인이란 즉, 진정한 황국신민을 말하는 것"[13] 이라며 "나는 서서히 황민화의 길을 향해 걸어왔으나 만주사변을 통해 자각된 국가에서 대동아전쟁을 맞이하여 애국 완수의 기회를 학수고대

12 『칠년의 폭풍』(1941), 『和戰 어느 쪽도 不辭하다』(1942), 『浮沈』(1943), 『開墾』(1943), 『행복한 신민』(1943) 등이 있다.

13 장혁주, 『序に代えて』, 『岩本志願兵』, 興亞文化出版株式會社, 1944, 1쪽.

하고 있었다"[14]면서 "징병제 실시는 조선의 황민화를 인정받는 날", "이러한 성은에 보답하기 위해 우리들은 한층 연성鍊成에 힘쓸 것을 맹세하는 바이다"와 같이 온갖 찬사를 동원하여 감격의 마음을 표출시킨다.

장혁주의 이러한 변절은 어디서 연유하는 것인가? 그의 사소설私小說을 보면 불행한 가정과 사랑의 결핍, 조혼, 열등의식에서 기인한 것임을 유추할 수 있다.

장혁주의 자전적 작품으로는 『인왕동시대』(1934), 3부작 『인간의 굴레』(1941), 『아름다운 억제』(1941), 『푸른 북녘』(1941)과 『고독한 영혼』(1942), 『민족』(1946), 『위선자』(1949), 『협박』(1953) 등이 있다. "이 가운데 『민족』(1946)과 『협박』(1953)을 제외하면 거의 모두가 기생인 생모의 사생아로 태어났다는 불우한 가정환경과 조혼한 조선의 아내에 대한 애증의 감정을 표현하는 데 중점을 두고 있다. 작가는 구 한국군 지휘관의 첩으로 있던 생모가 부관인 대위와 관계를 가지는 바람에 태어났다. 아버지의 추격을 피해 남해안 각지를 떠돌아 다녔던 생모는 경주에 정착하여 술집을 경영했다. 작가가 중학교에 입학하기 위해 대구에 거주하던 친부와 적모嫡母의 집으로 들어갈 때까지는 문란한 생활을 하는 생모와 함께 지낼 수밖에 없었으며

14 위의 책, 77쪽.

생모와 손님이 벌거벗은 모습으로 정사하는 모습을 목격하곤 했다고 여러 작품에 묘사하고 있는 것이다. 또한, 그는 생모의 강요로 15세 무렵에 4살 연상의 여인과 결혼하여 자신이 원하지 않는 여자와 살게 되었다. 이 때문에 자신의 청춘을 잃어버렸으며, 그가 새 삶을 찾기 위해 새로운 일본 여자를 만나 정착하게 되었다는 내용 역시 많은 작품에서 그려지고 있다."[15]

장혁주는 출신성분에 대한 열등의식과 조혼의 갈등으로 조선의 모든 것에서 탈피하고자 노력했으며, 이 같은 작가적 환경이 일제말기의 친일적 글쓰기에 쉽게 경도되도록 작용했다고 작가는 변명했지만, 무엇보다도 근원적인 것은 작가의 역사의식 부재이다.

해방 후 일본인으로 귀화한 장혁주는 유엔 특파원 신분으로 6.25를 취재하러 한국에 들어왔다. 그러나 그에 대한 국내의 비판은 거셌고, 그는 민족의 의미를 축소하고 자신의 행적을 합리화하기 위한 이론 개발에 주력했다. 1950년대 후반까지 한국전쟁이나 '내선결혼(內鮮結婚)' 등 민족 문제를 다뤘던 그는 1958년 10월 발표한 장편 『검은지대』를 하나의 분기점으로 해서, 이후에는 보통의 일본작가를 지향해갔다. 그것은 이른바

15 김학동(2009.2), 『장혁주의 자전적 작품에 대한 비교 고찰』, 『일어일문학연구』 제68권 2호, 한국일어일문학회, 48-49쪽.

'조선적인 것'을 자신의 문학에서 배제한 모습을 나타내는 것이었다."[16]

이에 반해, 양쿠이는 전쟁시기에도 불굴의 정신과 저항정신, 투철한 역사의식을 가지고 창작했다. 양쿠이는 전쟁시기였던 1942년에서 전쟁이 끝나는 1945년까지 『타이완문학』에 『무의촌(無醫村)』을 발표했다. 이 단계의 문학창작은 전시체제의 영향을 받았다. 전쟁기의 소설은 이전의 강렬한 계급투쟁의식 같은 것을 나타낼 수 없었다. 『무의촌』, 『긴다리 모기(長脚蚊)』, 『신사일화(紳士軼話)』, 『낡은 신발(破舊的鞋子)』 등에서 양쿠이의 소설이 프로소설로 전화한 흔적을 볼 수 있다. 한편으론 「황민화주제」 창작이 비록 전시체제의 주제에 부합하지만 양쿠이는 본문 속에서 국책에 정면으로 호응하지 않았으며 오히려 전화戰火 속에서 노동자들의 생존의지와 정신을 주목했다. 프로소설의 전화든 혹은 황민화 주제의 창작이든 간에 전쟁시기 양쿠이의 소설은 여전히 무산계급의 창작 입장과 역사의식을 견지한 것이었다.

양쿠이는 『어마 거위 시집가다(鵝媽媽出嫁)』에서 일본의 기만적인 대동아 공존공영을 비판했다. 『봄빛은 막을 수 없다(春光關不住)』에서는 항전말기 한 수학교사가 학도병을 이끌고

16 신승모, 『戰後의 장혁주 문학』, 『일본언어문화』 제13집, 327쪽.

산 아래 해변에서 노동하는 모습을 서술하고 있다. 땅을 정리할 때, 진흙 아래 눌려져 있는 한 송이의 장미꽃을 발견한다. 천신만고 끝에 장미를 살려냄으로써 희망과 고무를 이끌어내는데 이는 바로 장미꽃은 피억압자의 불요불굴의 정신을 상징한 것이었다.

전쟁이 끝난 후에도 양쿠이는 그 투지를 하나도 잃지 않는다. 그는 국민당이 타이완으로 이주한 후 벌이는 난동과 행패에 대해 거침없이 비판하였다. 1949년 상하이의 『대공보』에 『평화선언』을 발표하였는데 이는 당시의 성주석인 천청陳誠을 진노하게 만들었다. 그는 뤼따오綠島에서 복역하기까지 12년간 옥살이를 했다. 1961년 출옥 후, 양쿠이는 동하이東海대학 부근에 황무지를 매입하고 "동해화원(東海花園)"으로 명명하고는 여기에 은거하였다. 그는 70년대 말기, 메이리섬美麗島 잡지사의 고문이 되었다. 미려도 사건이 발생하기 전후에 친구들은 조심하라고 경고했지만 그는 여전히 강권에 대한 저항 정신을 바꾸지 않았다. 별세하기 3년 전 1982년 미국 방문길에서도 2.28사건에 대해 누락하여 쓰지 못한 것들이 많다면서 반드시 그 진상의 모든 것을 쓰겠다며 굴복하지 않는 작가정신을 내보였다. 그는 죽을 때까지 해야 할 말은 반드시 해야 한다는 강인한 저항정신을 견지했다.

양쿠이의 창작은 라이허賴和와 그의 작품의 영향을 깊게 받았다. 그의 작품에서는 "침묵 중에 폭발하지 않으면 곧 침묵 속에 멸망한다."[17]는 루쉰의 말과 불요불굴의 정신이 발견되는데 양쿠이의 관찰과 필치는 라이허보다 더 날카롭다. 그는 사회주의자이자 타이완의 첫 번째 사회주의 사상의 문학가였다.

3.

양쿠이와 장혁주의 문학세계에 대하여 개괄적으로 살펴보았다. 상대적으로 말하자면 양쿠이와 장혁주의 문학은 식민지 시대 어느 작가보다도 풍부하고 다채롭다. 그러나 이것은 본고가 바라는 토론의 주제가 아니다. 양쿠이와 장혁주의 인생은 식민지통치하의 타이완과 조선의 역사를 대표한다. 그들은 시작부터 문학을 깊이 연구할 권리를 빼앗겼다. 그들의 생애는 재기 넘치는 문인이 국가와 사회를 위해 마땅히 어떻게 공헌을 해야 하는지를 우리에게 가르쳐 준다. 그들의 삶과 작품은 세상 사람들에게 하나의 전범이 된다. 양쿠이는 감옥살이를 겪으며 시련의 삶을 혹독히 치뤘다. 일본의 회유와 강압에 굴복하지 않고 끝까지 지조를 굴하지 않는 양쿠이의 정신은 연약한 지식인

17 "不在沈默中爆發, 便在沈默中滅亡"「紀念劉和珍君」,『華蓋集續編』,『魯迅全集』 3권, 275쪽.

들에게 잊지 못할 경종을 울린다. 반면, 장혁주는 친일한 '변절 작가'라는 족쇄를 영원히 풀기 어려운, 불행하고도 비극적인 작가의 초상을 남겼다.

서술한 바와 같이 이웃 국가의 동시대 작가로서 양쿠이와 장혁주의 문학은 시작시기에는 매우 많은 공통점을 지니고 있었다. 그들은 제국주의의 침략과 반봉건적 사회 환경뿐만 아니라 서로 비슷한 사상형성의 배경을 지녔다. 모두 일제의 억압을 받는 식민지 지식인이었으며 비슷한 시기에 일본을 유학함과 동시에 일본 문단에 데뷔하였다. 초기에는 둘 다 프로문학을 지향하였고 억압받는 타이완과 조선의 비극적 현실을 알림과 동시에 모순된 사회를 타파하고자 하였다.

그러나 양쿠이가 올바른 역사의식과 불요불굴의 투쟁정신을 작품에서 일관되게 반영하였음에 반해 장혁주는 그렇지 못했다. 그는 역사의식의 결여와 열등의식 등으로 말미암아 작품에서 현실개조의 추진력이 되는 민중의식을 불러일으키지도 못하였고 사회의 양상을 포괄적으로 보여주지도 못하였다. 결국 장혁주의 작품은 일관성을 잃었을 뿐만 아니라 자신 또한 정체성을 잃음으로 말미암아, 몇몇의 수작에도 불구하고 호평 받지 못한 실정이다.

양쿠이와 장혁주, 두 사람의 삶과 작가정신은 타이완과 한국, 양국의 근대사를 돌아보게 하는 동시에 역사로부터 자유롭지 못한 작가의 숙명과 풍부한 고뇌를 보여준다. 그들의 삶과 작품을 돌아보는 일은 지금 우리에게 어떻게 살아가야 하는지, 어디를 바라봐야하는 지를 제시해준다.